"东方家庭丛书"编委会

主　任： 徐　枫

副主任： 刘　琪

编　委：（按姓氏笔画排序）

邓伟志　杜亚松　杨　雄

李　丹　沈奕斐　范　斌

顾秀娟　桑　标　程福财

儿童福利与家庭发展

ERTONGFULI YU JIATINGFAZHAN

主　编　刘　琪　杨　雄
副主编　顾秀娟　曾燕波

上海社会科学院出版社
SHANGHAI ACADEMY OF SOCIAL SCIENCES PRESS

序 一

儿童是民族发展的希望、国家强盛的未来,也是家庭幸福的所在。第十一届上海"为了孩子"国际论坛聚焦"儿童福利与家庭发展"的主题内容,探讨政府、社会和家庭在儿童成长中的责任,为建立完善儿童福利体系,为儿童健康成长给予更多的关心和支持,提供一个探讨交流、相互借鉴的机会,也是上海按照"儿童优先"原则,建设全球卓越城市、创建儿童友好型城市的重要举措。

上海市委、市政府历来高度重视儿童事业和儿童工作,从20世纪90年代开始,已连续制定并实施了5个儿童发展五年规划,对儿童的教育、卫生、医疗、健康、体育、家庭生活以及社会发展予以充分的制度性保障和政策支持。上海市妇联在市委、市政府的领导和支持下,把促进儿童全面健康成长作为重要的工作目标和内容,在牵头家庭教育工作、承接政府事关妇女儿童家庭发展的实事项目、提出保护和发展妇女儿童利益的政策建议、营造儿童全面发展的良好社会环境等方面发挥着作用。但是随着经济发展、社会转型,特别是社会公共需求的日趋多元和不断增加,如何健全完善儿童福利政策、构建家庭公共政策体系,通过城市发展来支持家庭发展、促进儿童发展,又向我们提出了新的课题。希望借助"为了孩子"国际论坛的交流成果,阐述儿童研究的思想观点、提供对策建议、推广科学方法,共同为儿童健康、家庭幸福提供有力的智力支持。

徐 枫

上海市妇女儿童工作委员会副主任

上海市妇女联合会主席

序 二

儿童发展水平是国家文明程度的指针。党和政府一直高度重视儿童福利事业的发展。我国是最早签署并批准实施《联合国儿童权利公约》的国家之一,我们在20世纪80年代就颁布实施了《义务教育法》,并在20世纪90年代先后制定实施了《未成年人保护法》《母婴保健法》《预防未成年人犯罪法》等一系列国家法律,制定出台了一系列有关儿童福利发展的法规和政策性文件。目前,我国已经面向所有适龄儿童开展免费九年义务教育,全国城乡所有儿童都纳入了医疗保障体系,困境儿童保障的政策体系也在逐步完善之中。

当然,相比儿童的福利需要,我国儿童福利制度的发展还面临一些突出的问题。比如,各地儿童福利与保护工作尚缺乏必要的组织保障和人员保障,基层社会缺乏懂得儿童福利与保护知识与技能的专业工作人员;儿童福利与保护工作的财政经费保障不够;儿童福利保障的法制化水平依然不足。这些问题的存在,实际制约了我国儿童福利的发展。为此,我们必须从学理层面认真反思我国现行儿童福利制度的合理性,认真研究适合我国政治、经济、社会与文化实际的儿童福利制度建设的目标与路径。

我们热切期待看到各位专家精彩的研究成果与学术交锋,大家的研究是推动中国儿童福利制度发展的重要力量。作为党和政府的智库,上海社会科学院曾参与中央和上海许多涉及儿童发展的公共政策的制定与修改。我们愿在此基础上,和各位专家共同探讨与儿童福利相关的议题,并为儿童福利的提升贡献自己的力量。

何建华

上海社会科学院原副院长

目 录

序一 / 001
序二 / 001

一、儿童发展与儿童政策

儿童福利法律保护现状与完善趋向 / 003
上海市公共托育政策瓶颈及对策研究 / 010
法国困境儿童的公共帮辅策略:"家庭化代养"模式 / 021
儿童研究理论与儿童福利研究的路径选择 / 034

二、儿童发展与家庭教育

上海市嘉定区家庭内儿童权利保护的现状与分析 / 043
中国 0～3 岁与 3～6 岁儿童家庭的父母角色比较 / 056
儿童气质、父母教养方式与儿童行为问题的关系 / 066
共同养育:养育者的角色期待 / 078
不同家庭教育模式对儿童发展的影响 / 088

三、儿童发展与教育指导

1～3 岁婴幼儿家庭玩具开发与使用研究 / 101

0～3岁儿童早期家庭教育指导实践研究
　　——以广东省东莞市早期家庭教育为例 / 109
我国家庭教育指导需求研究综述 / 119

四、儿童发展与社会支持

大力发展公益性校外教育　营造儿童健康成长空间 / 133
多维融合：聚焦儿童发展的"成长共同体" / 140
共青团在儿童福利中的角色、困境与探索 / 145
社会组织推动儿童福利督导员队伍建设模式研究 / 154

五、特殊儿童发展研究

特殊学生课堂问题行为的调查 / 165
差异与困境：单亲留守儿童社会支持厘析 / 174
学前流动儿童教育关爱模式初探
　　——以上海市一民办三级幼儿园教师绘本阅读培训项目为例 / 184
因果互构：洋留守儿童的家庭流动与教育策略 / 190
进城务工人员随迁小学生校园欺凌综合干预效果评估 / 199

后记 / 207

一、儿童发展与儿童政策

儿童福利法律保护现状与完善趋向

在党的十九大的报告中,"完善社会救助、社会福利、慈善事业、优抚安置等制度"已经明确作为执政党"提高保障和改善民生水平"的重要举措,增进儿童福祉则是"加强社会保障体系建设"的重要内容。①2019年民政事业改革发展新征程中提到"全面提升儿童福利保障水平"。儿童福利的保护在各国的人权保护中占有极其重要的地位,儿童福利法律制度的建设无疑为儿童福利的保护提供了最为基本的法律基础。关于儿童福利方面的立法规划和具体要求在《中国儿童发展纲要(2011—2020年)》和《国家人权行动计划(2012—2015年)》中就已提出,但立法的缺失与现实儿童忽视、虐待、贫困造成的恶性事件频发引起了社会的广泛关注。最新人口数据表明,2017年全国出生人口1 728万人,0—14岁儿童人口达2.47亿,②儿童福利的保护事关国计民生,儿童福利制度的完善也愈显重要,而儿童福利制度中法律制度的完善是其中最重要一部分,是保证儿童福利制度良好发展的前提,对儿童福利法律制度的研究意义重大。

一、儿童福利保护法律体系及实际运行层面均存在改进空间

(一)儿童福利法律法规零散

我国并未颁布专门针对儿童福利的法律,缺少一部基本性的《儿童福利法》及针对特定主体、特定福利事项的专门法。当下涉及儿童权利保护的法律散布在《宪

---

① 习近平:《决胜全面建成小康社会 夺取新时代中国特色社会主义伟大胜利——在中国共产党第十九次全国代表大会上的报告》,人民出版社2017年版,第44—47页。
② 《最新儿童数据来啦!——2017年末各省儿童人口数据分析》,源自北京师范大学中国公益研究院儿童福利研究中心。

法》《民法总则》《婚姻法》《刑法》《未成年人保护法》《妇女儿童权益保护法》《预防未成年人犯罪法》等法律中,主要从家庭、学校教育、收养、社会保护、司法、母婴保健、未成年人的不良行为矫治等方面规定儿童权利义务,并没有以儿童发展的视角去立法。国务院及其部委等的规定,对孤儿、流浪未成年人、弃婴等特殊儿童给予医疗、救助以及其他方面的帮助,涉及儿童福利的政策法规制定方式颇多,但由于儿童福利涉及诸多实施主体,其制定的主体也不同,职责权限不统一,而且我国儿童福利的各项社会服务是采用嵌入式并入普通公民的社会保障制度中,导致在涉及儿童福利不同的领域制定的相关涉及儿童的政策法规分散。我国的城乡二元制的差异也使得城市与农村的关于儿童福利的教育、医疗健康、安全等法律法规参差不齐,内容分散零碎。在基本生活保障、医疗保障、教育保障、特殊儿童保护中的各项儿童福利法律制度是零散的,这些规定难以构成一个系统的儿童福利法律制度体系。

(二)儿童福利立法层次偏低

我国涉及儿童福利的法律文件主要是法律、行政法规和规章、地方性法规和规章。在法律层次方面,我国没有《儿童福利法》去规范儿童福利的各方面运作。全国人大及其常委会制定的法律,从广义上规定了国家和政府的职责、基本原则和任务,规定了儿童享有的基本权益和政府、家庭、社会等应尽的义务。[①]而国务院及其部委发布的规范性法律文件的内容则涉及儿童福利方方面面的工作实施,在儿童收养上有《中国公民收养子女登记办法》《外国人在中华人民共和国收养子女登记办法》;在儿童救助上有《社会救助暂行办法》《城市生活无着的流浪乞讨人员救助管理办法》《城市居民最低生活保障条例》《农村五保供养工作条例》等规定;在残疾人预防和康复上有《国务院关于全面建立困难残疾人生活补贴和重度残疾人护理补贴制度的意见》《残疾预防和残疾人康复条例》等具体方面规范了我国儿童福利事业工作的运行。还有的是地方性法规规章,有的地方是采取设立未成年人保护委员会来对未成年人进行保护的策略,有的则是增设国家机关保护的规定,国家各级机关有职责进行保护未成年人的工作。儿童福利的法律规范有着鲜明的"规多法少"特点,易形成"头痛医头,脚痛医脚"的状况,但是民政部的部门规章,才是起到具体实施的主要作用,且其立法层次低,较法律的强制性、适用性差,难以达成全体儿童这个弱势群体的普遍福利保障。

---

① 牛凯:《儿童福利立法相关问题探讨》,《人民法院报》2017年3月1日第5版。

(三)儿童福利法律法规缺乏可操作性

现有的儿童福利立法中原则性条文较多,缺乏程序性和可操作性,儿童福利实施机制薄弱的缺点被无限放大。①不少关于儿童福利保护的法律规定,在儿童权利受到侵犯时,根本无法寻求法律的保护,甚至有时谈不上司法保护。在行政法规中,儿童福利制度由于涉及卫生、教育、安全等多元的交叉重叠,也难以做到各部门相应规章规定的有效衔接。儿童福利制度的实施有赖于完善齐全的运行机制,但我国法律没有规定统一的儿童福利行政机构,常常出现多头管理现象,我国儿童福利事业通常由教育、民政、卫生、共青团等部门条块分割式管理,各种资源不能及时协调,造成专门机构、具体实施操作、儿童福利保障措施等制度性的缺失。加之我国儿童福利的行政管理混乱,出现多头管理,职权分界不明等情况,使得我国的儿童福利法律制度的落实难以实施,多部门出具的相关规定各自为政,协同性不够,且缺乏内在的衔接性,难以进行对接并轨。儿童福利制度不仅需要一个可靠的法律体系去规范,也需要一个独立、稳定、系统的管理机构去执行,更需要一个集反馈、评估、监督于一体的机制去驱动。儿童福利行政执法不仅需要内部监督,也需要外部监督,确保在对儿童福利行政执法的时候不应出现漠视法律、滥用职权、徇私舞弊的情况,确保公平公正地对待每一位儿童。

二、儿童福利法律保护实践探索模式的比较考察

(一)韩国模式

韩国1961年制定的《儿童福利法》设置了儿童保护的专门条款,历经1981年、2000年和2012年的三次全面修订和多次局部修改完善的《儿童福利法》,规定儿童保护的内容包括:儿童保护措施、丧失亲权制度、预防儿童虐待措施和儿童安全制度。②1988年颁布《未成年人法》,确保良好地培育未成年人。2005年5月颁布《流浪儿童救助法》,促进流浪儿童得到保障回归家庭和康复,帮助流浪儿童在回家后能适应社会等事项,使流浪儿童及其家庭的福利得到保障。1997年颁布《家庭暴力防治法》,以预防家庭暴力,保护受害者。2004年颁布了《校园暴力防治法》,以保护受害

---

① 吴鹏飞:《中国儿童福利立法模式研究》,《江西财经大学学报》2018年第1期。
② 易谨:《韩国儿童保护法律制度的特色与启示》,《青少年与社会发展》第37卷(总第196期)。

学生,引导和教育施暴学生,调停受害学生与施暴学生,把学生培养成为健康的社会成员。2009年6月颁布的《儿童和青少年免遭性虐待保护法》,目的是规定有关性侵儿童与青少年(19岁以下)特殊案件的处罚规则与处罚程序、救济和帮助受害儿童与青少年的初步程序,系统地管控针对儿童或青少年的性犯罪。2014年颁布的《关于虐待儿童犯罪处罚的特殊案件法》,目的是规定对虐待儿童的犯罪的惩罚和处罚程序的特殊规则、规范受虐儿童保护程序,使之成为儿童免受虐待的保护伞。韩国以《儿童福利法》为基本法,与儿童救助与矫治、儿童免遭虐待暴力、儿童安全和治理有害环境等方面的单行法律形成了一个多层次多内容的儿童保护法律体系。①

(二)日本模式

《日本国宪法》在理念上确定了儿童作为独立权利主体的观念,儿童和成年人的法律地位是平等的并且享有基本人权。②日本《儿童福利法》制定于1947年,其间经过多次修订,最后的修订时间是2013年6月14日。《儿童福利法》确立了日本儿童福利制度的基本框架,旨在保障所有儿童在补贴、医疗、教育、救助等方面的权益,并明确了家庭、中央政府、地方政府、社会团体在儿童养护方面的责任划分,该法律随着时代的发展不断修改以适应日本的国情。其内容涉及国家和社会对障碍儿童的治疗与救助义务,对儿童心理问题的配套商谈设施建设,基层民生委员会配置专职的儿童委员,专职保育员的配置等涉及儿童福利保障的实际问题,其目的在于"使一切国民皆应培养儿童,并致力于儿童身心的健康成长,一切儿童平等,其生活必须得到保障与爱护"。③日本还制定了一系列的专门法律,在儿童津贴支付领域有《儿童津贴法》《儿童抚养津贴法》《有关特殊儿童抚养津贴的支付等的法律》,在单亲家庭援助方面有《母子及寡妇福利法》《支援母子家庭中母亲就业的特别措施法》等,在教育领域有《教育基本法》《学校教育法》,更明细的还有《义务教育费国库负担法》《私立学校法》《学校保健法》《学校伙食法》,等等。此外,在少子化社会对策、虐待儿童等领域都有相应的法律规定。日本建立了一套系统缜密的儿童福利保障的法律体系,从根本上保障了儿童的权益。④

(三)中国台湾地区模式

中国台湾地区于1973年颁布有关儿童福利方面的制度,该制度虽然仅有30

---

① 易谨:《韩国儿童保护法律制度的特色与启示》,《青少年与社会发展》第37卷(总第196期)。
② 尹琳:《从未成年人法律体系看日本的儿童权利保护》,《青少年犯罪问题》2005年第2期。
③④ 刘璐瑶:《日本儿童福利制度对我国的启示》,《青少年研究与实践》2018年第3期。

条,但是对于儿童福利设施的设定、儿童福利权益的保护以及法律责任问题均有所涉及。少年福利方面的制度是与儿童福利方面的制度并列的制度,适用于不同的人群,台湾地区于2003年将这两部制度合并为儿童及少年福利制度,主要有关于儿童及少年福利与权益保障的制度及其施行细则,关于儿童及少年的保护通报及处理、执行的办法,关于无依儿童及少年的安置处理办法,防止儿童及少年遭受性剥削的条例,关于儿童寄养的办法,关于儿童的生活扶助及医疗补助办法,关于儿童及少年福利机构设施、安置和教养机构设置管理办法等。2011年该制度又改为儿童及少年福利与权益保障方面的制度,对儿童及少年福利制度做了进一步修正,是台湾地区儿童福利方面的核心制度。台湾地区儿童福利立法呈现出以下特点:(1)儿童最佳利益原则贯穿福利制度建立的始终。(2)以家庭为主导的儿童福利。(3)强化初级预防机制。台湾儿童福利制度将预防性服务工作视为关键性的工作,确保儿童能够在早期就享受到遍及卫生、医疗、教育等方面的福利待遇。(4)建立通报制度。[①]台湾地区的儿童福利方面的制度体系设立呈现树状分支结构,儿童及少年福利与权益保障方面的制度为顶端,余下的其他规定均以分支搭建,使之体系结构严谨且具有操作性,支撑起整个儿童福利制度保障体系。

三、行政、司法、立法三位一体的改进路径

(一)规范儿童福利行政联动机制

在中央和地方各级政府设立主管儿童福利事务的职能部门,建立协调教育、卫生、民政、工青妇、新闻等部门的联动机制,形成整体推进儿童福利制度建设的行政力量。儿童福利事务职能部门协调各行政机关并明确规范儿童保护事务的分管机关的职责,以及主管机关与分管机关工作如何实现分工合作。儿童福利事务职能部门的领导在中央层面可由总理或副总理兼任,便于有效协调行政力量,聘请儿童福利、儿童保护方面的学者、专家、民间机构、团体的代表组成专家问策库。为加强对儿童福利保护问题的行政执法力度和行政法治监督,完善监督机制需要建立健全举报制度,设立专用举报电话或网络平台,拓宽群众对儿童福利保护施政行为的监督渠道,对举报线索材料予以重视,以此加强对儿童福利保护的执行力度。

---

① 张琦:《儿童福利立法问题探析》,《黑龙江生态工程职业学院学报》2018年7月第31卷第4期。

（二）完善儿童福利的司法保护

《未成年人保护法》第50条明确规定了公安机关、人民检察院、人民法院以及司法行政部门保护涉诉未成年人权利的义务。实施儿童司法保护的主体主要有公安机关、人民检察院、人民法院、看守所、监狱，等等。许多检察院建立了未成年人保护专门机构，全国法院设立少年法庭也达到一定数量，许多公安机关成立有专门办理未成年人案件的部门或者办案组。除专门的未成年犯管教所外，有的地方还成立了专门的未成年人社区矫正机构。①但由于儿童司法制度具有特殊性，现实生活中，很多儿童受到侵害后不知表达或者不敢表达，都是通过媒体曝光引起公众较高的关注度，相关部门和司法机关才会介入。在司法保护机制中应建立完整的强制报告制度，通过司法程序来进行后续调查、处理，来对受虐儿童给予有效的司法救助，对于知情不报者，法律上也规定了相应的惩罚。在处理侵犯儿童福利案件中，需要加强法检系统与公安系统之间儿童司法理念上的一致性，加强配合与衔接工作。

（三）加强儿童福利机构和人才队伍建设

近年来，未成年人保护机构及其职业社会工作人才队伍建设状况稳步推进，但难以满足困境儿童的现实需求，我国社工队伍发展快速但仍处于起步阶段，儿童领域社工缺乏。在儿童福利机构建设方面，重点是拓展现有儿童福利院、流浪儿童救助保护中心等儿童福利机构的功能，并将其逐步转型为可提供短期安置、心理咨询、医疗转介等服务的儿童福利资源中心。儿童专业社会工作人员作为完成儿童福利服务"最后一公里"的使者，具有上传下达的关键作用，在儿童情况监测、问题发现、资源协调和服务提供等方面都发挥着关键的作用。②可以通过学历教育、岗位培训、资格考试等方式培养一大批儿童专业社工人才，设立相应的儿童社工岗位，提升儿童社工的收入水平，激励优秀人才进入儿童福利工作领域。

（四）健全儿童福利分层立法法律体系

制定一部综合性的关于儿童的《儿童福利法》势在必行，由此提高儿童福利的立法层次。确定儿童的权利主体，明确国家、家庭、学校、社会的职责，对所保障的儿童范围和范畴、不同主体的权责、具体的福利事项等进行规定，保障儿童公平平

---

① 孙谦：《关于建立中国少年司法制度的思考》，《国家检察官学院学报》2017年7月第25卷第4期。
② 张柳：《儿童社会服务稳步发展但仍面临严峻挑战》，源自北京师范大学中国公益研究院儿童福利研究中心。

等地获得国家、社会等各方的儿童福利服务。《儿童福利法》是整个儿童福利法律体系的统领性文件,根据我国儿童福利事业的发展现状,在立法时应采用分类分层的原则,由全国人民代表大会及其常务委员会制定涉及不同福利内容的专门法,由国务院制定相关行政法规对儿童福利的具体制度出台具体法律规定,由省、自治区、直辖市人大及其常委会依照当地的经济文化特点和儿童福利需求制定地方性法规,完善的分层立法法律体系可以使保护儿童机制运行的时候有法律规范约束并具有可操作性。

(谢佳兴)

上海市公共托育政策瓶颈及对策研究

一、研究背景

在生养儿童的问题成为改善人口结构、提供劳动人口问题的当下,家庭生育问题既是具有私人属性的个人事务,又是具有重要公共利益性的公共事务。[①]对此,国家、社会应该对儿童养育提供必要的政策支持。

(一) 0～3岁婴幼儿家庭带养困难重重

2016年2月21日,全国首个"二孩家庭日"暨二孩家庭关键数据发布会上公布:86.5%的二孩家庭将"没人照管"列为要二孩的最大困难。[②]本文研究开展的《上海市社区公共托育服务需求调查》问卷(有效问卷1 692份,涉及上海10个区)也显示影响二孩生育的缘由"照料困难"比例是最高的,达69.3%。90.7%的家庭表示需要社区提供就近的、小规模、喘息式的公共托育服务。

(二) 社会提供公共托育服务的资源在不断萎缩

据上海市教委提供的数据,上海目前共有集体办和企事业单位举办的、具备独立法人的托儿所仅39个,实际办学点为90个(因为部分区域将多所托儿所整合成一个集团或公司管理)。这些为数不多的托儿所,由于历史遗留问题较多(主管单位各异、从教但不姓"教"、师资队伍不稳定等)严重制约了其自身发展,并致其每年在不断减少。

(三) 社会力量申请开办托育服务阻力大,运作不规范

社会力量开办的早教机构没有托育服务资质,但因为社会有需求,仍有不少早

[①] 马春华:《重构国家和青年家庭之间的契约:儿童养育责任的集体分担》《青年研究》2015年第4期。

[②] 《网络调查二孩家庭显示:"没人带"是最大困难》,http://www.gd.xinhuanet.com/newscenter/2016-02/22/c_1118120961.htm。

教机构偷偷开设所谓的托育班级。经调查,这些早教机构均表示:社会力量办学的经济、财力、场所、人员均很难达到教育局、民政部等出台的社会办学要求,且国家尚未出台关于托儿所、早教中心等机构的相关管理规定,虽然社会有托育服务需求,但因主管单位不明、监管单位多头,申请开设托育服务机构阻力大。

二、研究内容

(一) 公共托育核心概念的确定

托育的问题从家庭层面讲,是家庭自身的问题,但从社会发展、国家战略层面上看,越来越多的国家已经认识到,家庭生育问题既是具有私人属性的个人事务,又是具有重要公共利益性的公共事务。20 世纪中叶以来,一个世界性的趋势是传统由家庭承担的儿童照顾责任,逐渐变为由政府主导的公共托育服务机构来承担,从而帮助家庭平衡工作与育儿之间的矛盾。在公共托育制度的建制过程中,不同国家通过制定各种法律政策、收入保障(如税收减免、育儿津贴等)、社会服务(如托育服务、家庭保教育等综合性公共服务)等来支持婴幼儿家庭。这些儿童公共托育服务可能是政府包揽型,可能是市场运作型,可能是社会组织主导型,但共同的特点是,他们均有明确的政策制定、主管认证、监督纠错等主导部门。要构建我国的公共托育服务体系,国外的经验值得借鉴。问题是我国关于公共托育服务的法律政策、监管主体及其权利义务、研制公共托育机构管理规范和公共托育服务的标准几乎空白。

1. 相关职能部门的瓶颈

从我国历史沿革来看,与公共托育服务相关的部门主要有教育部门、卫生与计划生育部门、民政部门以及现已取消的集体企事业管理办公室(集管办)。但在实际操作中,国家教委出台的教育政策偏向于幼儿园教育,对 3 岁前的托儿所教育没有明确的政策规范。卫生部门对托育工作有业务规范方面的指导,但在行政或机构管理上,不存在行政责任,当然也就不存在相应经费的倾斜等。民政部门从未将托育纳入工作范畴。直至今日,托育服务的主管单位始终是不明确的。

(1) 教育部门。幼儿入园进入高峰,教育资源已无潜力可挖;公共托育服务纳入教育部门工作主体缺乏政策支持。根据市教委 2015 年年底统计,全市在园儿童数达 53.6 万人,比 2005 年净增约 24.9 万人,增幅达 86.7%。参照市卫计委对未来

3年本市常住人口出生情况预测,上海未来3年接受学龄前儿童数将增至70万人,即在现有基础上净增约20万名儿童,增幅将达40%。现有校舍、师资等资源已显超负荷,根本无法满足适龄儿童的入园需求。其次,在教育培养体系中,只注重3~6岁幼师的培养,导致0~3岁婴幼儿早期教育专业人才的稀缺。再次,从历史发展沿革、国家地方政策以及从依法办学的角度来说,都没有法律或文件规定教育部门应该承担0~3岁的早期托育。

(2) 卫生与计划生育委员会。相关职能以卫生监管为主,指导服务为辅;随着卫生与计生的合并,指导服务的职能在逐渐弱化。根据《托儿所幼儿园卫生保健管理办法》,卫生行政部门将托幼机构的卫生保健工作作为公共卫生服务的重要内容,加强监督和指导。所以,目前卫生部门仅对托幼机构的卫生监管相关内容进行监管和指导。原人口计划生育委员会曾将"推进儿童早期发展工作"作为工作重点,要求省、自治区、直辖市等都要开展人口早期教育工作。但是,随着卫生与计生的合并,原计生委这块的职能逐渐弱化。

(3) 民政部。儿童的早期发展、社区托育等公共服务尚未纳入民政部门的工作范畴。因国情与各地发展不均的影响,我国儿童在福利受利方面,目前只能做到"补缺型"的公共待遇。儿童的早期发展、社区托育等公共服务明显与国情不符。

(4) 集体企事业管理办公室(集管办)。随着改革开放不断深入,集体企事业管理办公室(集管办)已退出历史舞台。中华人民共和国成立初期,我国的许多托儿服务作为福利由企业或街道提供,[1]但随着企业的市场化,企业已完全退出提供托育服务的体系,而集管办同样受到市场化的巨大冲击,以致其原有占有服务的半壁江山所剩无几,托儿所的数量也因此急剧减少。

综上所述,除已取消的集管办,上述3个与0~3岁的公共托育相关的部门,几乎都没有0~3岁的公共托育服务的功能,且都不存在直属管理的职能。

2. 相关政策的瓶颈

(1) 主管归属不明确。历史上我国对托儿所的主管归属问题不明确。[2]我国

---

[1] 邓锁:《从家庭补偿到社会照顾:儿童福利政策的发展路径分析》,《儿童保护与儿童福利》2016年第2期。

[2] 吕萍:《建国以来我国关于幼儿教育事业发展的政策述评》,《中国青年政治学院学报》2008年第2期;何媛、郝利鹏:《我国当代0~3岁婴幼儿教育政策分析》,《广西师范大学学报》(哲学社会科学版)2009年第6期。

现有的法律政策中缺乏针对 0～3 岁托育服务的相关条文,导致到目前为止 0～3 岁的公共托育服务没有主管部门。虽在中华人民共和国成立初期将托儿所划分为卫生部门主管,但其主管内容仅限卫生保健监督,办所主体、经费来源、人事管理等均未明确涉及。卫生部门对托儿所与幼儿园的卫生管理也不够完善。

(2) 托育事业未纳入公共服务。我国 0～3 岁婴幼儿托育事业的发展未纳入公共服务,儿童的早期发展与家庭的需求支持未能得到有效保障。从历史沿革来看,托育事业直接受国家政治经济以及政策文件的影响。20 世纪五六十年代,为鼓励女性就业,托育服务作为福利由企业或集管办提供,有效缓解了家庭的托育困难。①随着改革开放和市场经济的发展,企业的托育服务消失殆尽,集管办的托育服务也大范围萎缩,而家庭对公共托育服务的需求却又呈上升态势。忽升忽降的背后,是 0～3 岁公共托育事业仍处于社会服务的认知盲区。

(3) 政策环境不清晰。我国对 0～3 岁婴幼儿教育的经费来源、师资标准、社会力量办学等方面的事项均没有明确规定,缺乏政策规范和引导。我国对 0～3 岁早期教育的政策基本处于与幼儿园教育混为一体,出台的政策文件不多;②与幼儿园发展相比,面向 0～3 岁的托儿所在人力、经费以及场地等方面均存在无法得到保障的问题(见表1)。

表 1　我国幼儿园与托儿所相关政策比较③

	教育部(幼儿园)	卫生部(托儿所)
学　制	《关于改革学制的决定》(1952)中明确界定:"实施幼儿教育的组织为幼儿园,幼儿园收三足岁到七足岁的幼儿"; 《幼儿园工作规程》(2016)规定幼儿园适龄幼儿一般为 3 周岁至 6 周岁	无

---

① 和建花、蒋永萍:《从支持妇女平衡家庭工作视角看中国托幼政策及现状》2008 年第 8 期。
② 唐淑、钱雨、杜丽静、郑影:《中华人民共和国幼儿教育 60 年大事记(上)》,《学前教育研究》2009 年第 9 期。
③ 程晓明:《对中央政府有关幼儿教育政策文件的分析与建议》,《学前教育研究》2014 年第 1 期;唐淑、钱雨、杜丽静、郑影:《中华人民共和国幼儿教育 60 年大事记(下)》,《学前教育研究》2009 年第 10 期。

续　表

	教育部(幼儿园)	卫生部(托儿所)
师　资	《中华人民共和国教师法》(1993)规定取得幼儿园教师资格,应当具备幼儿师范学校毕业及其以上学历;幼儿园教师属于中小学教师范畴; 《幼儿园工作规程》(2016)规定幼儿园按照国家相关规定设园长、副园长、教师、保育员、卫生保健人员、炊事员和其他工作人员等岗位,配足配齐教职工。并就不同岗位的资质与职责分别说明	无
管　理	《幼儿园暂行规程(草案)》(1952.3); 《城市幼儿园工作条例(试行草案)》(1979); 《幼儿园工作规程》(1989,2013,2016)	《城市托儿所工作条例》(试行草案)(1980)
教学内容	《幼儿园暂行教学纲要(草案)》(1952.7); 《幼儿园教育指导纲要(试行)》(1981,2001)	《三岁前小儿教养大纲(草案)》(1981)
用　地	《托儿所、幼儿园建筑设计规范》(1987); 《城市幼儿园建筑面积定额(试行)》(1988); 《中华人民共和国城乡规划法》(2007):镇的建设和发展,应当结合农村经济社会发展和产业结构调整,优先安排供水、排水、供电、供气、道路、通信、广播电视等基础设施和学校、卫生院、文化站、幼儿园、福利院等公共服务设施的建设,为周边农村提供服务	《城乡建设环境保护部、国家教育委员会托儿所、幼儿园建筑设计规范》(1987)
经费保障	《九十年代中国儿童发展规划纲要》:积极发展学前教育,坚持"动员社会力量,多渠道、多形式地发展幼儿教育"的方针。进一步完善"分级办学,分级管理"的新体制,建立起以政府财政拨款为主、充分调动社会参与办学的有效机制,进一步缓解经费不足的紧张状况; 《国务院办公厅转发教育部等部门(单位)关于幼儿教育改革与发展指导意见的通知》:地方各级人民政府要加强公办幼儿园建设,保证幼儿教育经费投入,全面提高保育、教育质量	《教育部、卫生部、内务部关于托儿所幼儿园几个问题的联合通知》(1956):关于各种类型托儿所、幼儿园的经费、人事、房屋设备和日常行政事宜均由主办单位各自负责管理
社会力量办学支持	《国务院办公厅转发教育部等部门(单位)关于幼儿教育改革与发展指导意见的通知》:积极鼓励和提倡社会各方面力量采取多种形式举办幼儿园。社会力量举办的幼儿园,在审批注册、分类定级、教师培训、职称评定、表彰奖励等方面与公办幼儿园具有同等地位; 《中华人民共和国民办教育促进法》; 《教育部关于鼓励和引导民间资金进入教育领域促进民办教育健康发展的实施意见》(2012):鼓励和引导民间资金进入学前教育和学历教育领域。积极扶持民办幼儿园特别是面向大众、收费较低的普惠性幼儿园,引导民办中小学校办出特色,鼓励发展民办职业教育,积极支持有特色、高水平、高质量民办高校发展	未出台全国性的文件

续 表

	教育部(幼儿园)	卫生部(托儿所)
事业发展指标化	发展指标量化； 《九十年代中国儿童发展规划纲要》：3至6岁幼儿入园(班)率达到35%；城市入园(班)率达70%；农村学前1年幼儿入园(班)率达60%； 《中国儿童发展纲要(2001—2010年)》：大中城市和经济发达地区适龄儿童基本能接受学前3年教育，农村儿童学前1年受教育率有较大提高； 《中国儿童发展纲要(2011—2020)》：学前3年毛入园率达到70%，学前1年毛入园率达到95%；增加城市公办幼儿园数量，农村每个乡镇建立并办好公办中心幼儿园和村幼儿园	发展指标无量化，仅指导思想； 《中国儿童发展纲要(2001—2010年)》：建立并完善0~3岁儿童教育管理体制； 《中国儿童发展纲要(2011—2020)》：积极开展0~3岁儿童科学育儿指导

通过梳理中华人民共和国成立之后与托幼事业相关的法律、政策、纲要、意见等具有政策规范性的文件，从中可以看出，我国针对0~3岁早期教育的政策相对幼儿园而言是极不完善的，3岁前儿童的教育在政策文件及整个幼儿教育行政部门的工作中都处于边缘位置(见表2)。

表2 我国中央政府有关托幼事业政策文件数量分布

	0~6岁	0~3岁	4~6岁
1979年前	5	1	13
1979~2000	12	6	37
2001年后	8	1	24
小　计	25	8	74

(二)家庭对公共托育的要求

1. 家庭对公共托育服务的内容、时间、入托适合的年龄等有要求

目前，家庭都很重视儿童的早期教养与开发，在选择托育服务时，更关注服务质量(包括机构资质、教师与工作人员资质、机构硬件设施等)。同时，在托育服务中，除了"托"和"育"的功能外，家长还看中"教"的内容(见图1)。在访谈中，有家长表示："若把孩子放托育中心，只管基本的吃喝拉撒不够，还要教孩子怎么玩、怎么学，能为进幼儿园做准备"。家长认可的入托年龄集中在1.5岁以后(见图2)。家长的上述需求，在对托育服务机构的访谈中也得到佐证：2岁以后入托的需求比较旺盛，尤其是在每年的年初及9月新学期开始前，很多家庭都会选择把孩子送进早教或托育机构,提前一年或半年做好托幼衔接。对公共托育服务的时间需求上,61.9%的家长希望能全天托育(一孩家庭60.8%,二孩家庭72%),52.5%的家长希望有延时托育服务,另有48.2%、36.5%、34.8%的家庭有弹性托育(如每周2~3天)、临时托育(如临时有事需托育)或半天托育的需求;除全天托育外,一孩家庭与二孩家庭对其他服务时间的需求无明显差异;户籍家庭(50.9%)与非户籍家庭(63.7%)在延时托育服务需求上有差异。半天托育服务中普遍倾向上午托育。

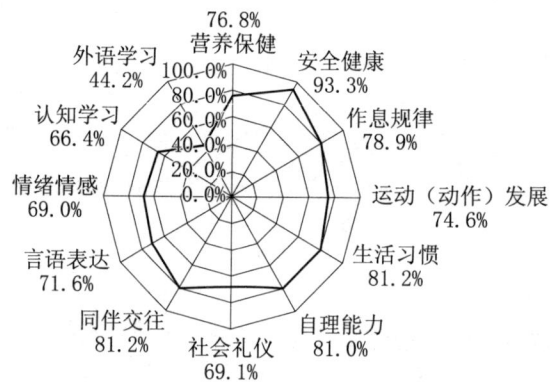

图1 家庭对公共托育中育儿的要求

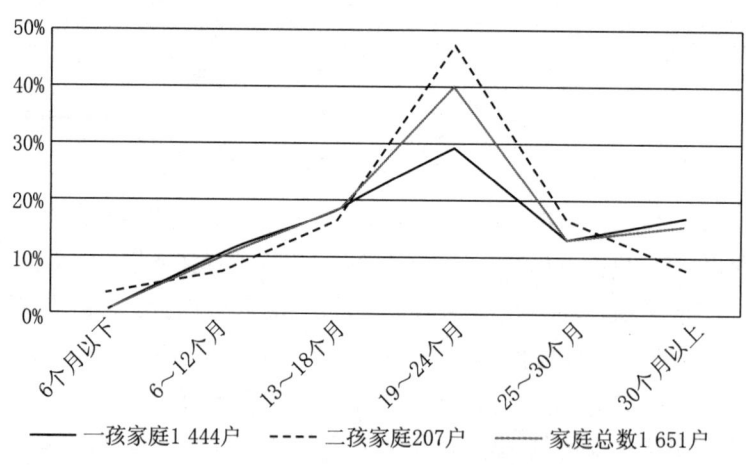

图2 家长能接受的托育年龄

2. 家长认同政府性质的、正规性的、公益性为主的社区公共托育,重视机构的师资资质、服务质量及场地设施的完善等

调查数据显示,家长们普遍认同早期育儿责任主体还在家庭自身(75.5%)。但对于社区公共托育服务的主体,家长比较认同由教育部门主管(65.7%),有18.5%的家庭认为可由妇联主管,10.4%的认为应该是民政部门主管(见图3)。在开设社区托育的具体组织机构方面,家长比较期待早教中心(50.3%)(见图4)。在对社区公共托育服务的期待与需求中,不少家长表示需要安全卫生、正规化、公益化、价格合理、师资综合素质好、专业化、小班化等,以及统一监管协调的政府部门(见图5)。

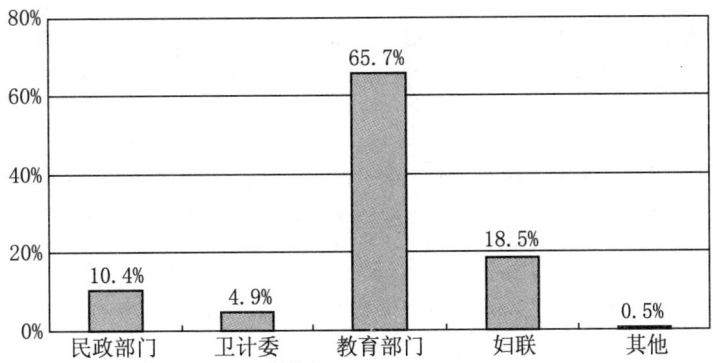

图 3 家长对托育服务主管部门的选择

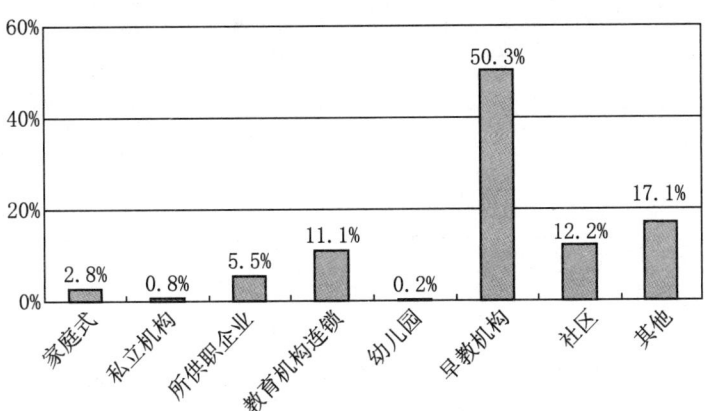

图 4 家长对托育服务机构的选择

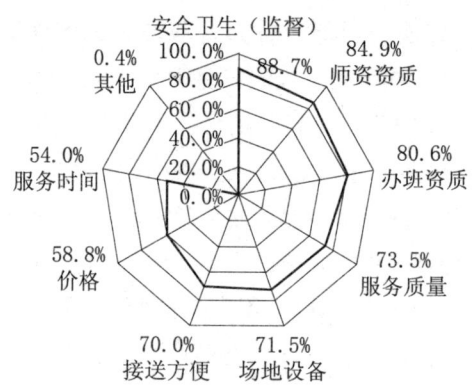

图 5　家庭选择公共托育机构的依据

3. 推动社区公共托育服务的相关政策意向,成为大多数家长的共同愿望

72.9%的调查对象赞同在社区中开设政府主导的托育中心,或者实施在幼儿园年龄段延展至2周岁的入园规定;65.9%的调查对象对父母育儿假制度表示欢迎;对企业中兴办托管中心或者国外较多采用的社区育儿保姆制度等则不受家长欢迎。家庭虽然对这些政策建议给予期望,但在政策实现可能性的推测中,家长普遍不抱太高希望。家长们认为我国未将儿童照料与支持纳入儿童福利(28%)、儿童早期托育尚未纳入公共服务范畴(28%)、缺乏明确的主管部门(16.5%)以及财政经费投入过少(15.1%)、缺乏儿童相关的法律条文(9%)等都是导致儿童托育政策很难推进和落实的主要原因(见表3)。

表3　0～3岁婴幼儿家庭对托育政策的建议(%)

选项	选择倾向			可能性预测		
	一孩家庭	二孩家庭	总体	一孩家庭	二孩家庭	总体
鼓励社区开设政府主导的社区托育中心	73.5	71.0	72.9	21.8	14.6	20.9
幼儿园年龄段延展至2周岁,即增扩托班	72.2	77.8	72.6	38.5	45.4	39.4
推动父母的育儿假制度	66.5	65.7	65.9	3.6	0.5	3.2
对社区托育服务机构给予税收减免、经费补贴等	61.7	57.5	60.9	5.0	4.4	5.0
选择政府指定的社区公共托育时,可以领取托育补贴	58.6	58.5	58.3	5.9	6.8	6.0

续　表

选　　项	选择倾向			可能性预测		
	一孩家庭	二孩家庭	总体	一孩家庭	二孩家庭	总体
选择政府指定的社区公共托育时,托育费用按比例向用人单位报销	52.7	46.9	51.7	4.0	2.4	3.8
选择政府指定的社区公共托育时,政府按人数补贴早教机构托育经费	50.6	57.5	51.3	5.2	5.4	5.2
生育二胎时,发放二胎生育津贴	49.0	64.3	50.6	8.8	13.7	9.4
鼓励企事业单位中开设托育中心	50.6	51.2	50.4	5.3	5.4	5.3
规范社区保姆制度,推动家庭式托育模式(将儿童托管在家附近有资质的保姆家庭中)	24.8	23.7	24.6	1.9	1.5	1.8

三、对策建议

(一)明确将0~3岁家庭托育纳入公共服务范畴

政府公共服务主要分为两类:一类是基本公共服务,由政府承担主要责任,提供公益普惠的服务;另一类是公共服务,由政府主导、社会参与,如教育领域中的3~6岁的幼儿园教育和高中教育就属于此类。事关儿童发展与民生问题的公共托育服务是属于基本公共服务还是更大范畴的公共服务,必须在政策上给予明确,并分清政府、社会、社区、家庭等在托育服务体系中应该承担的角色和职能定位。

(二)明确主管部门和辅助部门

鉴于大多数家长认同公共托育由教育部门主管的意愿,以及从0~3岁婴幼儿身心发展的规律看,我们认为,0~3岁公共托育主管部门理应由教育部门承担。相对而言,现有的幼儿教育机构体系、教育资源、专业人员、专业背景等方面均有一定的基础,这决非企业或集管办托育服务所能企及的。同时,卫计委也应与时俱进,在已有3~6岁幼儿园保健措施的基础上,制订出0~3岁公共托育的保健措施。

(三)重视0~3岁早期教养、公共托育、家庭教育等的立法工作

早期教育的重要性随着脑科学的发展日益凸显,各国政府在20世纪80~90

年代相继推出学前教育改革或纲要;有些国家通过立法保证早期教育、儿童托育服务的经费投入已成惯例。①我国在0~3岁早期教育、儿童福利方面的政策法规处于空白阶段,应积极开展相关立法工作调研,系统思考0~3岁早期教育的发展方向、公共托幼服务体系的形式内容等政策法规。

(四)加强顶层设计,建立并健全公共托育服务体系

应建立并健全公共托育服务体系,明确不同早期服务的公共服务范畴,由相关部门协力沟通、整合资源,真正确立由政府主导的公共托育服务体系。尽早编写科学的、符合世界潮流的0~3托育服务的教材,并培养相应的师资力量。

(五)完善家庭福利政策,支持家庭照顾儿童;出台优惠政策,鼓励社会力量参与

国家有责任确保儿童获得机会平等和生活机会的均等,减少儿童困难家庭对儿童身心发展的影响,打破贫困和社会不平等的代际循环。②我国对托育服务和学前教育的公共投入不足,导致不少家庭不得不向市场购买所需服务,致使年轻的父母背上了沉重的负担。中低收入家庭只能够依赖亲属或者自身来照料子女,特别是0~2岁的婴幼儿。而在这种非正式的照顾形式中,因照料者的文化层次、教育理念或忙于日常生计等因素的影响,并不能让这些婴幼儿获得公平、科学的早期教养。有研究者认为:儿童津贴可以减少儿童贫困对儿童生存的影响,实现儿童人力资本积累最大化;高品质、普惠性的儿童日托服务和学前教育,可以减少因家庭经济状况不同对于儿童发展的影响,促使儿童认知发展均等化,帮助父母实现工作和家庭的平衡。为保证每个儿童都有一个良好的开端,应不断延展我国儿童福利事业,有条件的地区试点发展普惠性的家庭福利政策(如儿童保育政策及税收政策资助),加强补差型福利政策的落实与提升;对处境不利儿童的早期教育服务给予资助;帮助父母协调工作与亲职的双重要求,减轻家庭儿童照料压力。

(陈彩玉　何彩平　华怡佼)

---

① 周兢、陈思、郭良菁:《国际学前教育公共经费投入趋势的比较研究》,《全球教育展望》2009年第11期;和建花:《部分发达国家幼儿照看和教育体制及新政策概述》,《学前教育研究》2007年第7—8期。

② 马春华:《重构国家和青年家庭之间的契约:儿童养育责任的集体分担》,《青年研究》2015年第4期。

法国困境儿童的公共帮辅策略:"家庭化代养"模式

困境儿童的抚养和教育从来不是哪个国家、哪个时代的特殊问题。在全球性的工业化和城镇化进程中,家庭成员的流动性和家庭结构的不稳定性随之增加,而传统家庭原有的教育和保障功能也迅速弱化。这是各个国家在历史进程中普遍存在的现象。由此,在奉行"达尔文主义"的现代社会中,家庭贫困、父母迁移或失职、自身有生理或心理缺陷的儿童最容易成为弃养、虐养、失养的对象,从而变成被边缘化的弱势群体。出于教育公平和人道主义的考量,以及对未来社会安全、人口优化和国家发展的思虑,各国政府和国际组织一直以不同方式在探索困境儿童的救助、帮辅和教育策略,以期弥补其家庭教育的不足,并使其能够在成年后正常地融入社会。

在欧洲,自工业革命至战后初期,由政府和公益组织出资成立的收容院和寄宿学校曾是困境儿童的主要救助机构。然而随着社会科学研究的发展,特别是社会学、教育学和心理学的跟踪调查,这些机构的养育方式和救助效果开始广受学界质疑。在此背景下,20 世纪 80 年代,法国家庭教育学者提出了"家庭化代养"(Suppléance familiale)的帮辅方案(Durning P., 1986)。这一方案强调借助家庭教育干预机构和专业人士的作用,让被救助儿童在家庭之外也能感受到类似家庭的氛围,同时采用"非隔离"的方式,试图维持亲子交流,并使之往良性化方向发展,以便逐渐恢复家庭在教育中的主导地位。方案提出后,不仅《儿童保护法》在 2007 年 3 月依此进行了修订,还得到了来自官方和民间的肯定,且纷纷将这一思路运用于政策制定和帮辅行动之中。如今,"家庭化代养"已成为法国乃至西欧和北美主流的困境儿童帮辅方式。

然而随着 30 多年的实践,许多新问题又浮出水面(Lemay, 1979; Chartier, 1989; Frechon, Dumaret, 2006; Kaës, 2008)。它们的结点就在于家庭和社会的教育角色分工并不明确,私域权利与公域权力的界限难以界定。因而,有学者指出,"家庭化代养"仿佛是一个过于理想的模型(Berger, 2003),企图以制式化的社会公共服务来修复亲子之间复杂多元的情感联结和心理互动,这既自相矛盾、脱离现实,又常常会使家庭关系受到外来因素的干扰,变得更加难以厘清。近些年,不少研究者和家庭教育工作人员尝试对"家庭化代养"进行重新审视,并加以修正。目前,如何帮助困境儿童走出困境,为他们提供自然、健康的成长环境,仍然是个远未找到答案的难题,但单就法国这一帮辅策略的提出、推广和修正过程来看,依旧可为我国的相关政策提供借鉴及警示。

一、法国"家庭化代养"的提出背景与发展历程

法国大革命之后,整个法国社会的价值理念出现了巨大变革,这为其此后政治制度的确立和保障体系的构建打下了基础。而变革的核心之一便是私域空间的收缩和公域权力的扩张。在当时看来,家庭就是私域空间的代表,象征着保守的族群势力和代代相传的等级阶层;而公共事务和市民生活则是公域领域的标志,具有自由、平等、开放的内涵。受民主精神引领的法国人自然而然地倾向于对公域领域的重视,表现在制度层面,便是对政府责任、公共服务和社会保障的强调。而就儿童抚育和教育而言,公办的托管机构和公立学校逐渐成为主角,而家庭则退居次位。这在当时被认为是有利于培养现代公民意识且符合社会发展潮流的策略。

作为亟须得到保护和救助的群体,贫困儿童、残疾儿童、受虐儿童、遗弃儿童等处在困境的未成年人随即成为公共教育关注的焦点。在当时,教育学界仍秉承着大革命时代的主张,认为家庭是一切问题的根源,困境儿童所遭受的苦难是其家庭一手造成的,因此必须让他们脱离家庭,在公共抚育机构和专业教育人士的管理和教导下成长。这曾被视为救助困境儿童的最佳方案。又加之传统基督教的仁爱精神和现代公民社会的公平理念,第二次世界大战后到60年代,法国政府和民间组织建成了大批儿童收容和寄宿机构。与此同时,整个社会离婚率和非婚生育率迅速上升,家庭保障和教育机能大大弱化,困境儿童数量较之从前也急剧攀升。据统计,至1970年,被送入寄宿机构的儿童数量年均同比上涨13%(Dupont-Fauville,1972)。法国教育学家迪迪埃·德利由(Didier Drieu)等人对这类机构的养育方式做过详细的描述。他记录道:在当时,收容和寄宿学校分为几类,有的集中收留那些被父母遗弃的儿童,有的负责看护需要特殊照料的残疾儿童,还有的则专门为遭受父母虐待的儿童开办。虽然养育对象千差万别,但这些机构往往采取统一的封

闭式管理,对孩子的一举一动、一言一行进行严格的约束,并且极其重视道德教化和集体生活。至于儿童的心理状况和情感诉求,以及他们与原生家庭和外界的交流则常被忽视。60年代末,尽管许多机构开始调整养育和管理办法,借助实践课程和社会活动增加寄宿儿童与外部接触的机会,但与原生家庭隔离仍然是主流的救助与教育思路。

然而自20世纪70年代起,这样的寄宿式养育办法便开始受到越来越多的质疑。一方面,有研究显示,这些寄宿儿童普遍存在心理问题和社会融入障碍(Fablet D., 1993, 2005)。教育学家多米尼克·法布莱(Dominique Fablet)经过多年的跟踪调查发现,许多在公共教育机构成长起来的孩子,由于环境中缺乏亲情和家庭氛围,在青春期后常会表现出非正常的反叛或冷漠情绪,有些甚至出现难以自控的暴力倾向。这说明,与原生家庭的隔离和封闭式的管教并不能帮助困境儿童健康成长,反而还能给他们未来习惯的养成和性格的塑造带来不良的影响。另一方面,政府兴办困境儿童寄宿学校使财政负担沉重。据统计,70年代,法国政府在公办抚养机构上的投入占儿童救助总预算的80%,而实际能进入此类机构居住的儿童只占所有困境儿童的40%(Bianco, Lamy, 1978)。可见,封闭式寄宿教育策略并不能有效利用资源以达到预期的目的。

由此,一些学者在80年代中期提出了"家庭化代养"的概念,这为解决困境儿童的养育问题开启了新思路(Le Camus, 1985; Durning, 1985)。其中,保罗·图尔宁(Paul Durning)对这一概念进行了较为明确的阐述。他将"代养"的"代"解释为"代理",而非"代替",即社会抚育和教育机构作为父母和家庭的代理,在一定时期内承担困境儿童的照料和帮辅工作,但其间并不排除原生家庭的存在及其未来继续承担照料责任的可能性。与英文中的 foster care 一词不同,法语的 Suppléance familiale(家庭化代养)非指为儿童寻找收养家庭,更不是简单的照料、看护,而是强调一种家庭教育的公共辅助和补足机制,从原生家庭、儿童、公共代养机构三方出发,尽可能地实现父母与社会工作者和专业教育人员的合作,从而为困境儿童的身心健康成长提供亲近于原生家庭的教育氛围。

随着这一理论的提出,至90年代初,寄宿制学校和"与家庭隔离式"的公共抚育手段已越发少见,取而代之的便是"家庭化代养"的普及。一开始,相关机构和人员的工作主要围绕两个领域展开:一是减少亲子隔离,在缩短公共抚养机构"代养"期限的同时,想办法保持困境儿童与其原生家庭的联系(如将儿童转移至离家较近的收容机构),并尽量在有条件的家庭中实施帮辅,以便维持且改善被救助儿童原有的亲情关系与社会关系;二是增加家庭的陪护和辅导工作,尤其是纠正父母不良的家庭教育行为,同时对困境儿童家庭的整体情况进行评估,力求帮助解决其面临的贫困、住房、就学、医疗、特殊教育等现实问题(Breugnot P., Fablet D., 2009)。如果说以前的寄宿、隔离式救助方式针对的只是困境儿童本身,那么"家庭化代养"则面向其所处的整体环境,尤其是对其家庭环境和家庭养育功能的重新关注。

近10年间,法国政府对困境儿童的救助和帮辅方式又做了改进,其中最显著的调整是"家庭化代养"公办机构的细分及其分工协作系统的构建。目前,这类机构大致分为四种:一是"短期儿童收留站"(Le relais parental)。该站点提供全天候的接待服务,而其服务对象包括由于父母离婚、住院、迁移而暂时无人照料的儿童。本着"家庭化代养"的理念,这类收留站往往会为儿童营造一种家庭氛围和日常化的居住空间,尽可能地不改变他们原有的生活方式(如照常上学、运动、娱乐)。另外,为了便于父母随时探望,每个居民社区均设有收留站点,这样也有助于保持亲子的正常往来和交流频率。二是"日间家庭服务站"(L'accueil de jour du groupe familial)。这类服务站一方面为父母提供咨询服务,解决他们在日常生活中遇到的家庭教育问题,另一方面为心理异常的儿童及其家庭进行面对面诊疗,属于一种特殊教育的辅助形式,用以修复这类儿童与其家庭的关系,并督促父母承担其抚养责任。通常,服务站还会聘请专业的家庭教育辅导人员对困境儿童家庭进行评估和观察,从而分析父母的家庭教育行为是否恰当,必要时则会对其加以指导。同时,工作人员也会进行跟踪监测,尤其关注受虐儿童的家庭。当发现问题时,服务站可以实施法律干预,以便保护儿童的人身安全。三是"日间儿童辅教服务站"(L'accueil de jour de l'enfant)。这类服务站专门针对有学习障碍、行为问题、生理及心理缺陷的儿童设立。根据不同儿童的情况,又分为非课业辅教和课业辅教两类站点。考虑到困难或一般家庭对此类孩子的照料、抚养和教育缺乏经验和知识,因此站点的工作不仅包括帮助儿童克服各种身心障碍,还涵盖对家长的指导和心理帮辅。另外,服务站还负责评估儿童的自理程度和家庭的负担能力。若有必要,服务站将建议家长把儿童安置于特殊的公共看护教育机构,并为之办理相应的行政手续。四是"轮值收容站"(L'accueil séquentiel)。如果经过专业机构的测评,儿童必须暂时与其原生家庭进行隔离,寄宿于公共看护教育机构,那么"轮值收容站"则是首选。此类站点不同于以往封闭式的寄宿学校,允许受救助儿童在站点与其原生家庭两边轮流居住。在法院所判定的一定期限内,专业社工将定期家访,对儿童的家庭环境进行全面、多次的评估和跟踪。2007年3月法案规定,这类"家庭化代养"机构可为困境儿童提供最长为期两年的寄宿服务。此后,达到专业评估标准的原生家庭可继续抚养子女,并至少每3年向法院汇报一次家庭情况和子女的教育情况。而对于那些仍未达到评估标准的家庭,机构将为救助儿童寻找收养家庭,并在随后的数年间对孩子的成长情况进行跟踪,以监督收养家庭的教育行为。

这四类机构从功能上相辅相成、各司其职,但从帮辅理念上却具有共性:针对困境儿童的抚养教育,优先考虑的不再是直接、强制性的亲子隔离,而是借助对家长教育方式的纠正和对家庭环境的改善达到使困境儿童摆脱困境的目的。就以"家庭和儿童陪护中心"(Le Service d'accompagnement de la famille etde l'enfant)为例,这个成立于1945年的机构曾是专门接收困境儿童的寄宿制学校,以封闭式、集体式的管理闻名。但在80年代中期,机构开始重新审视与儿童原生家庭的关系以及儿童个体化的发展。同时,其管理思路也从家长式的管控转向以儿童心理辅导和亲子矛盾调解为主的辅助性指导服务。此外,机构还关闭了下属的多个寄宿学校,减少了"收容"的职能。2000年后,其主要工作内容进一步转变为:评估引发困境儿童成长问题的家庭因素;在强调父母责任与纠正父母不当教育行为的同时,培养儿童的独立意识和自主能力;增强儿童及其父母的日常交流,重塑其家庭关系等(Didier Drieu,2010)。该机构70多年的发展历程正反映了"家庭化代养"的诞生、起步和推广。

这种帮辅策略改变了以往对家庭的排斥,反而是以家庭环境这一问题的源头为出发点来保障儿童的安全和基本权利。从方式上来看,诸多教育实施主体(家庭、学校、社会公益机构等)也在探索合作方案,力求使帮辅形式更加开放化和多元化(Abdel Afquir, 2008)。2001年的一项研究表明,将家庭纳入儿童救助和帮辅范围能够有效降低由于失养、虐养而造成的儿童心理问题。尤其对于学龄儿童而言,围绕其原生家庭来开展工作更有助于降低其失学的概率,并增加其社会融入的能力(Durning P., Chrétien J., 2001)。

然而在近十几年,伴随广泛的实践和长期的调查,"家庭化代养"却显现出越来越多的问题,也开始受到越来越多的批评。

二、"家庭化代养"实践过程中显现的问题

(一)原生家庭与代养机构的关系不易协调

20世纪七八十年代至今,教育学界普遍认为,传统的寄宿机构无益于弥补困

境儿童的情感缺失,反而还会为其步入青春期或成年后的各种心理问题留下隐患(Lemay,1979)。于是,注重维护家庭关系或营造家庭氛围的"家庭化代养"理念越来越受欢迎。这一理念首先所强调的是家庭与代养机构、父母与专业教育人员的合作。从理论上来讲,后者只有在前者无法实施家庭抚育及教育职责时才会进行辅助,而非顶替父母的养育角色。其次,该理念还注重代养机构的"家庭化",试图为被救助儿童提供近似于家庭的居住空间和情感服务。再次,"代养"是临时性的,其预期目的是使救助儿童回归家庭的自然生活中(Mackiewicz,1998,2005;Houzel,1999)。因而,"代养"期间所实施的教育并不只针对儿童,还包括其父母,乃至其他与家庭教育相关的亲属。以上这三个特性便给"家庭化代养"的实施带来了新矛盾。其中,提及最多的便是原生家庭与代养机构的关系难以协调。

其一,"家庭化代养"机构的工作内容之一是弥补困境儿童的心理及情感缺失,为其提供一种近似于亲情的关怀与照料。但这样的照料使儿童往往会对代养机构和帮辅人员产生依恋,从而进一步加深其与原生家庭的情感疏离。有学者观察到,代养机构的介入相当于在亲子两代之间又增添了一层新的关系,形成"原生家庭—儿童—代养机构"的"三角"结构,使得本身已矛盾重重的家庭代际关系更为复杂(Formet,1992)。

其二,代养机构常将儿童收容和代养场所仿照家庭来布置和设计,以增加这种公共辅助机构的家庭氛围。这么做是为了营造一种理想化的家庭环境,以减轻被救助儿童从家庭移至代养机构所产生的负面情绪。但这种实践的结果反而又引发新的冲突。一方面,原生父母对充满"家庭氛围"的代养机构有所排斥,因为对他们来说,这种氛围的营造会威胁到其作为"生身父母"所拥有的天赋权利。从某种程度上讲,代养机构对家庭教育的参与实际上也是对父母教育方式和教育素养的质疑,甚至是贬低,因而在被救助儿童返回原生家庭中之后,父母不再是权威的象征,所以他们在对子女的管控或教导面前常会更加无所适从(Fablet D.,2005)。另一方面,对代养机构来说,儿童行为和心理问题的解决又缺乏亲情与血缘的依托,以及长期的陪伴。专业教育工作人员只能在"代养"期间或预定的时间段对被救助儿童实施帮辅,但对于短期内无法疏导的心理问题和不易纠正的行为习惯,他们则无力进行持久的介入。同时,有些父母会在子女返家之后,将余留问题的责任推给代养机构,甚至认为子女身上的问题是"代养"期间形成的(Guigue M.,2005)。如此一来,原生家庭与代养机构之间就形成了一种竞争和对立的关系,这恰恰与"家庭化代养"所预期的合作共赢南辕北辙。

其三,"代养"一词的含义仍较为含混。虽然保罗·图尔宁曾多次强调"代理"而非"代替",代养机构的作用仅在于必要时的干预和指导,并不取代家庭原有的教育职责,但现实中,政府和社会出于对困境儿童的保护,往往在法律上赋予代养机构远超过家庭的权限。这些机构和相关工作人员有权使用法律手段监控、干预或制止父母的教育行为。与此相比,家庭的影响力则相当薄弱。比如,对于代养机构的家庭环境评估结果,①原生父母往往难以驳回;他们也不能妨碍代养机构所采取的强制性家庭教育干预。然而,从法理和伦理角度来说,"家庭化代养"的初衷是对困境儿童及其父母的帮辅和教育,以期恢复亲子应有的和谐关系与家庭应有的亲情交流,而司法和公权力对私域空间的介入却干扰了家庭自身的调节系统,使"代养"的目的与结果形成了一对矛盾。正如教育学家鲁尼斯(Loonis E.)所说,"家庭化代养"从情感和权威两个维度都有待于商榷(Loonis E., 1995)。

而对于夹在其中的被救助儿童来说,原生家庭与代养机构的"拉锯战"还会造成其逃避或拒斥的情绪。他们或者对养育双方均不信任,或者利用两者的竞争关系获取暂时的小利小惠,又或者以此为其不良行为和心理问题寻找借口(Rose P., 1992)。最近的一项研究发现,在原生家庭和代养机构间轮流托养的儿童更容易出现学业问题(Denecheau, B., & Blaya, C., 2013)。这与十几年前保罗·图尔宁等人的观察结果与乐观态度(Durning P., Chrétien J., 2001)大相径庭,说明通过实践的检验,"家庭化代养"理论的运用的确在原生家庭与代养机构的关系方面遇到了瓶颈。如何化解两者的矛盾,仍需教育学界和教育工作者的探索。

(二)受益儿童数量仍然有限

据法国儿童社会救助机构(ASE)统计,有救助需求的儿童人数年年呈上升趋势,而最终能够接受"代养"服务的只占少数(Bergonnier-Dupuy, 2016)。以2008年的数据为例,在儿童社会救助中心登记的未成年人数为296 200人,比2004年上升了6%,而代养机构只对其中147 900名儿童及其家庭提供了"家庭化代养"的临时性收容和辅导服务(Duquesne P., 2011)。

造成这一状况的原因,除了专业人才数量少、财政支持力度有限之外,"家庭化代养"自身便具有难以大规模实施的特性。

首先从机构设置和管理方面来看,目前许多代养机构由于缺乏场地、资金和经

---

① 一般而言,代养机构会每6个月对儿童的原生家庭进行一次评估,每年都会对救助儿童的整体情况做一个汇总,包括其身心健康、学业水平、生活习惯、周边环境等多个方面。

验,仍需依托原先的寄宿学校和从业人员,只是在家庭教育干预和辅助方式、人员聘任、管理模式方面做了些调整(Afquir A.,2008)。一方面,这种微调并不符合"家庭化代养"所提出的高标准和高预期,尤其对维系困境儿童的家庭关系、提升其心理健康水平而言并不能起到太大作用。另一方面,教育学者虽然对"代养"一词的概念进行了理论上的明确,但从实际操作方式上来看,其与短期"寄宿"或"收容"并无明显差异。再加上旧有寄宿学校的重复利用,使代养机构的其他帮辅工作不易施展,也难以获得广泛的信任。

其次,"家庭化代养"要求各个环节、各个领域的精细化分工协作,因此需要不同专业的教育人员一起进行长期、连续的评估、调解和跟踪工作。此外,"家庭化代养"还需要教育帮辅人员与救助对象建立信任关系,以便为后者提供一定的情感支持。由此,不同于以往集体化、标准化、封闭式的寄宿学校,代养机构的这种运行方式和工作目的决定了其服务对象数量的有限性(Guigue M. & D.Fablet,2005),凸显出质和量之间"难以兼得"的矛盾。

(三)家庭环境评估标准、家庭教育帮辅方式过于制式化

20世纪80年代,著名家庭教育学家勒卡缪(Le Camus J.)将家庭教育职责分为生理上的养育和照料、心灵上的教导和支持,以及其他相关责任(如学业辅导、兴趣拓展等)这三部分(Le Camus J.,1985)。如今,"家庭化代养"机构在进行困境儿童家庭环境评估时仍以勒卡缪的理论和其所列举的各项指标为测评的基本依据,由此受到了来自父母和家庭的质疑。

其一,今天的法国家庭,无论是结构还是成员关系,较之30年前均有了显著变化。单亲家庭、重组家庭、领养家庭,乃至同性领养家庭,都已不再是特例,家庭结构变得越发纷繁复杂。此外,由于移民的增加,还要考虑到跨种族、跨宗教等多元文化因素。所以,80年代的家庭教育评价标准恐已不适用于当今的法国家庭。

其二,在法治至上的法国社会,公共权力可以通过统一的法律条文和单一的评价体系对家庭环境做出评判,由此来界定儿童是否处于困境,且是否需要接受"代养"服务。如此一来,便打破了私域空间和公域空间的界限,家庭必须任由公共权力对其实施监督、管控。加之过于制式化的评估标准,家长在家庭教育中的自主权和执行权也就受到了侵扰。例如,目前的评估条款倾向于将家庭的经济问题列入考察范围,认为贫困可以是剥夺家长抚养权的理由之一(Bergonnier-Dupuy,2016)。又如,异族文化家庭在教育子女时会采取一些法国法律所不允许的惩戒措施(如体罚),而以法国"代养"机构现有的测评方式来看便会被视为虐待儿童的行

为。可见,这样的评价体系不仅反映出一种集权思维和文化霸权,还显露出其对亲子情感和非物质性教育因素的忽视。所以,不少法国父母认为家庭环境评估是对其自由和权利的侵犯,而负责评估的教育工作人员也成为父母口中的"家庭警察"(Guigue M., 2005)。

其三,这种过于制式化的评估工作也造就了一批制式化的工作人员。有研究发现,目前代养机构的教育工作者普遍存在知识结构过于单一的现象(Afquir A., 2008)。因为习惯为各司其职,所以他们极少从整体上考虑改善困境儿童成长环境的方式方法,在其分工协作中也缺乏一致性、连贯性的思路。同时,又因为人手有限、任务繁重,代养机构的工作人员往往无法深入了解每个儿童的情况,以及造成其生活困境的根源,所以只能采取标准化、科班式的方式进行心理上的帮辅或法律上的保护(Chauvière, M., & Fablet, D., 2001)。这就与"家庭化代养"所强调的情感支持有所冲突,从而无法满足被救助儿童的心理诉求和个性化发展。

三、法国"家庭化代养"的理论与实践对我国的启示

中法两国在社会发展进程上仿佛是相向而行的两驾马车,最终达到一个交汇点。法国自大革命之后便将传统的家庭文化、家族观念弃若敝屣,而将公共权力与公民社会视为至高无上的信仰;在我国,家庭仍是维系人伦关系的根本,也是儿童抚养和老人赡养的主要保障,而公域空间秩序和公共服务体系则远未成熟。但巧合的是,近30年间,两国学界和公众均将视线投向彼此:法国社会越发倾向于重拾家庭的亲情,重申家庭功能的重要性;中国社会则开始呼吁公共力量对家庭的帮辅,提升社会工作的地位。因此,对我们来说,法国就像一面镜子,可以"反射"出我国当前存在的问题和未来的发展方向。

就困境儿童的帮辅策略而言,法国"家庭化代养"模式的出现和推广既具有创新性,也暴露出诸多弱点。这对我国相应政策的制定和实践有着借鉴和警示的双重意义。

首先,在我国的困境儿童当中,有相当一部分属于留守儿童。以往的帮辅策略集中在寄宿学校的建设与专业教育人员的任用上,其目的是用学校代替家庭、用老师代替父母的办法弥补儿童的亲情与教育缺失。然而,法国在20世纪60年代的经验和教训告诉我们,寄宿学校的集体生活和封闭管理并不利于儿童的心理发育

与情感能力的培养。同时,专业教育工作者也无法取代父母的角色,随时关注每个被救助儿童的个性发展和特殊需求。由此,"家庭化代养"理念的提出恰能为我国留守儿童的帮辅政策给予灵感:从原生家庭入手,而非公办寄宿学校,来实现对这类儿童的抚育。近些年,我国的一些农村社区开始设立留守儿童关爱中心和家庭教育指导服务站。可见,政府的关注点一方面已从物质与经济上的支持,转向了心理与情感的引导,另一方面也把工作重点从学校和社会组织转向了原生家庭。虽然从目前来看,这一转向是否能够带来预期的效果,还值得长期跟踪研究,但仅就思路而言,可谓与法国"家庭化代养"策略不谋而合。由此,在未来的实践中,呼吁原生家庭的回归、加强对父母责任与义务的监督,以及从政策上保护随迁子女的权利均有助于避免儿童在人为环境中的扭曲成长,且有利于其家庭关系的维护和其身心的健康发展。

其次,法国"家庭化代养"的实施往往会使被救助儿童的原生家庭与代养机构矛盾重重。而我国类似的帮辅政策是否能够防止这一问题的出现?实际上,与法国的公民社会不同,我国的家庭文化和家族意识源远流长,一般家庭尤其重视子女的教育,代际间的情感纽带也较为牢固。因此,通常来讲公共教育帮辅机构难以威胁到原生家庭在子女心目中的地位。然而,从另一个角度看,中国人的观念中常把家庭教育当作私事,对待和教育子女的方式也被视为父母的权力与自由,因而公共教育帮辅机构和相关社会组织往往不易介入,这就给弃养和虐养儿童的救助制造了障碍。法国"家庭化代养"所产生的公权力大过父母权威的问题,放在我国却呈现出相反的状态。单就这点而言,两国在困境儿童的帮辅策略上便需相互借鉴、取长补短。今后,法国可在家庭教育干预政策上增加灵活度,以便降低公共代养机构给人造成的生硬感,同时也要给原生家庭更多的自主权,强化亲子间自然的日常交流;而我国却应进一步扩大公共教育辅助和干预机构的权限,以《未成年人保护法》为依据和准绳,发挥公共权力的作用,及时保护儿童的安全与权益,加强对不良家庭教育行为的监控、纠正和惩戒。

再次,与法国"家庭化代养"在实施过程中所遇到的困难相仿,我国困境儿童的公共救助机构也存在人才紧缺、协调不力等问题。由此,在相关人员的培养和实践中,可加入多学科、多领域的内容。另外,每个教育者在承担不同教育角色时,也需要相互沟通,把彼此掌握的知识加以融合,以便从被救助儿童及其家庭的整体需求上提供帮辅。毕竟"家庭化代养"是一种"小班额"的精细化服务,难以满足所有有救助需求的困境儿童,因此,当前法国教育界开始探索代养机构与学校的合作途径

(Durning p., Chrétien J., 2001)。我国家庭教育指导服务机构也可借用此办法,将机构的工作与中小学教育衔接起来。一方面,通过学校教师的参与和辅助跟踪,为服务机构提供相关信息;另一方面,服务机构也可指导学校教师如何对此类儿童进行保护、帮辅和关爱。这种合作方式虽仍处于摸索阶段,但不啻为一种扩大家庭教育帮辅机构服务规模的有效方案。

最后,有学者将"家庭化代养"看作是对理想家庭关系和亲子教育的一种幻想(Berger, 2003)。在实施过程中,这个原本广受好评的家庭教育帮辅策略也的确显现出越来越多的矛盾点。法国社会的问题在于,自大革命以来的200年间,薄弱的家庭情感连结和强势的公共干预权力早已深入其社会—文化环境之中,理想的家庭关系也已被人们淡忘,这就为"家庭化代养"的实现设置了难以逾越的障碍。无论是代养机构和原生家庭的冲突,还是原生家庭对评估标准的指责,都反映出不同教育参与者在救助、抚育和教育中的分工不明晰和责权不明确。在我国,有赖于根深蒂固的"家文化"和社会对教育工作者的尊重,如此尖锐的对立还未出现,但学校、家庭、公共教育帮辅机构也存在分工模糊、相互推诿责任的现象。困境儿童的日常生活照料、心理疏导、学业辅导、情感支持、道德引导、行为纠正等应由谁来负责,目前还未有确切的定论。因此,需以法国为鉴,从过于理想的"家庭化代养"理念中汲取教训,在现实环境中梳理家长、教师、教育帮辅人员的权利与义务关系,促进三者的合作,从而达到困境儿童救助的目的。

参考文献

[1] AFQUIR A., 2008/2, Évolution de la prise en charge des enfants en MECS, *Vie sociale*, N° 2, pp.37—43.

[2] BERGER M., 2003, *L'échec à la protection de l'enfance*, Paris, Dunod.

[3] BERGONNIER-DUPUY G., 2016, *Traité d'éducation familiale*, France, Dunod.

[4] BLAYA C., 2013, Les enfants placés par les services d'Aide sociale à l'enfance en établissement. Une population à haut risque de décrochage scolaire. *Éducation & formation*, e-300, pp.53—62.

[5] BREUGNOT P., FABLET D., 2009, Identifier les innovations dans le champ des interventions socio-éducatives, *Santé, Société et Solidarité*, n°1, Violence et maltraitance envers les enfants. pp.129—136.

[6] CADORET A., 1997, *Enfants accueillis et multiparenté*, le placement de l'Aide sociale à l'enfance des Hauts de Seine, Paris, TRASS.

[7] CHAUVIÈRE M., FABLET D., 2001, L'instituteur et l'éducateur spécialisés. D'une différenciationhistorique à une coopération difficile. *Revue française de pédagogie*, 134, pp.71—85.

[8] CORBILLON J., 2001, *Suppléance familiale : nouvelles approches, nouvelles tendances*, Paris, Matrice.

[9] DENECHEAU B., 2014, *La suppleance familiale francaise et le corporate parenting anglais ensoutien à l'accrochage scolaire des enfants placés*, May 2014, Luxembourg, Actes du 2ème colloque international du LASALE.

[10] DRIEU D. al., 2010/5, De la suppléance familiale aux pratiques de médiation avec les adolescents vulnérables. Réflexion à partir d'une monographie institutionnelle, *Bulletin de psychologie*, Numéro 509, pp.361—370.

[11] DUPONT-FAUVILLE A., 1973, *Pour une réforme de l'Aide sociale à l'enfance*, Paris, E.S.F.

[12] DUQUESNE P., 2011/11, Les enfants placés manquent de stabilité, Humanité, https://www.humanite.fr/les-enfants-places-manquent-de-stabilite.

[13] DURNING P., 1985, *Education et suppléance familiale en internat*. Vannes, CTNERHI, PUF.

[14] DURNING P., 1995, L'éducation familiale, Vannes, CTNERHI, PUF.

[15] DURNING P., 2006, *Education familiale : Acteurs, processus et enjeux*, Réédition, Paris, L'Harmattan, collection Savoir et Formation.

[16] FABLET D., 2005, *Suppleance familiale et interventions socio-educatives-analyser les pratiques des professionnels de l'intervention socio'éducative*, L'Harmattan, Paris.

[17] FRECHON I., DUMARET A. C., 2006, Bilan critique de 50 ans d'études sur le devenir des enfants placés, *Neuropsychiatrie de l'enfance et de l'adolescence*, 56, pp.135—147.

[18] FROMET M., 1992, Jeunes en difficulté: suppléance familiale, *Communautés Educatives*, 80, septembre, pp.7—8.10.

[19] GUIGUE M., FABLET D., 2005, Suppléance familiale et interventions socio-éducatives: analyser les pratiques des professionnels de l'intervention socio-éducative, *Revue française de pédagogie*, volume 153, pp.157—158.

[20] KAËS R., 2008, *Un singulier pluriel*, Paris, Dunod.

[21] LE CAMUS J., 1985, *Les relations et les interactions du jeune enfant*, Paris, ESF.

[22] Le PENNEC Y., 1992, Regard critique sur les pratiques de suppléance familiale. *Communautés Educatives*, 80, septembre, pp.19—23.13.

[23] LOONIS E., 1995, La suppléance familiale: les difficultés du triangle Famille-Enfant-Institution. Le Nouveau Mascaret, *Revue Interrégionale des CREAHI Aquitaine*, N° 35, pp.24—37.

[24] MILLET M., THIN D., 2012, L'ambivalence des parents de classes populaires à l'égard des institutions de remédiation scolaire: l'exemple des dispositifs relais, *Sociétés Contemporaines*, 2, n° 86, pp.59—83.

[25] NEYRAND G., 2005/1, La parentalité d'accueil, *Dialogue*, no 167, pp.7—16.

[26] PAGES M., al., 1979, *L'emprise de l'organisation*, Paris, Presses Universitaires de France.

[27] ROSE P., 1992, Attachement et déracinement au cœur de l'enfant placé, *Communautés Educatives*, 80, septembre, pp.31—43.16.

[28] STEINHAUER P.D., 1996, *Le moindre mal, la question du placement de l'enfant*. Presses de l'université de Montréal.

[29] THIN D., 1998, *Quartiers populaires. L'école et les familles*. Lyon, PUL.

（吴　真）

儿童研究理论与儿童福利研究的路径选择

自19世纪起,随着生物学、生理学和心理学等研究领域的发展,欧美国家的研究者就已开始将儿童作为研究对象进行专门研究,取得许多开创性的研究成果。近半个世纪以来,国外学术界对儿童的研究已经不止于儿童个体,还涉及亲子关系、家庭网络、社区、制度、文化等多个层面,形成了丰富的儿童理论。本文评介当代主要的五种儿童发展理论,并分析它们对于儿童福利研究路径选择的影响和意义。这五种理论是:依恋理论、生命历程理论、生态系统理论、累积风险理论和抗逆力理论。

一、依恋理论

依恋理论是由英国著名的精神分析学家和心理学家约翰·鲍尔比(John Bowlby)所创立的,此后又被其他研究者不断丰富和完善。根据鲍尔比的说法,依恋是一种人与人之间心理上的联结(psychological connectedness)。[1]依恋理论的基本观点是:(1)儿童出于生存的需要会产生对父母的依恋,健康的依恋关系会增加孩子的生存机会。当一个孩子与父母之间建立起健康的依恋关系,他们在情感、社交和智力等方面的发展都会更加稳定。(2)依恋关系一旦破裂就会阻碍儿童的正常发展。当儿童与父母分离时,他们最初会感到焦虑和恐惧。随着分离时间的增加,他们还会产生愤怒、哀伤、绝望等一系列不良情绪反应,进而影响其成长发展。(3)儿童不只可以对父母产生依恋,也可以对父母之外的其他照料者产生依恋。儿

---

[1] Bowlby, J. 1980. Attachment and loss: vol 3: Loss: Sadness and depression. London: Hogarth Press, p.109.

童如果能建立起对父母之外其他人的依恋,就可以补偿其与父母之间的分离。①

可见,依恋理论强调亲子关系的重要性,认为亲子分离会破坏依恋关系,阻碍儿童的积极发展。按照依恋理论的观点,亲子分离和依恋关系的破裂会造成儿童负面的心理状态,影响他们的健康发展。相应地,儿童的生长发育、心理健康、学业等方面都出现了问题,也可以从他们与父母的依恋关系上去找原因。而应对儿童与父母依恋关系破裂的办法,就是要从儿童心理需要的角度出发,提供替代性的解决方案,即以其他照料者来替代父母角色,通过建立儿童与替代性照料者的依恋关系来达到帮助儿童恢复正常发展的目的。从儿童福利的角度来看,依恋理论提示我们,建立良好的、安全的依恋关系有助于儿童心理健康成长。因此,它特别适合于指导对儿童的心理辅导、个案服务等个体层面的福利实践。

二、生命历程理论

生命历程理论的产生得益于心理学、社会学、历史学和老龄研究、人口统计、社会资本等多个学科和研究领域的发展,但它对儿童的研究却不局限在某个单一学科或特定领域,而是提出了一种跨学科、跨领域的研究范式。在生命历程研究的代表人物埃尔德(Elder)看来,人的发展是一个贯穿整个生命周期的过程。早期童年经历固然重要,但还应该采用一种长期的视角,将人放置于其所处的历史时期、社会环境和社会关系中,来研究个体和群体的生活史(life history)与发展轨迹(trajectory)。②

生命历程理论有如下主要观点:(1)个人的发展受到规范性的社会时间(social time)的影响。社会时间是指对人在不同年龄阶段的角色期待,如在某个年龄应该入学、结婚、就业或者退休,大多数儿童和成年人在大致相同的年龄都会经历这些规范性的事件。(2)个体或群体的发展受到历史事件、社会制度和社会关系的塑造。突如其来的战争和经济危机、政府有计划地推出的新教育政策、父母离婚,等等,都可能干扰社会事件,改变发展轨迹。(3)个体虽然受到历史和社会环境的约

---

① Howes, C. & Hamilton, C.E. 1993. "The changing experience of child care: Changes in teachers and in teacher-child relationships and children's social competence with peers". Early Childhood Research Quarterly, 8(1):15—32.

② Elder, Glen H., Jr. 1998. "The Life Course as Developmental Theory." Child Development, 69(1):1—12.

束,但也能通过选择和行动来主动构建自己的生命历程。例如,在一些经济困窘、居住环境恶劣的家庭中,家长经常带孩子去教堂和参加青少年教育项目,以此来降低孩子所面临的风险。可见,个体的生命历程是由个人与社会限制因素的互动所共同构建的。(4)年龄阶段在个体的发展过程中具有极为重要的作用,处于不同年龄阶段的人受相同事件或经历的影响程度可能不同。①

相对于依恋理论对微观的亲子关系的分析,生命历程理论将个体发展放置于历史时期和社会环境之中,为儿童研究提供了一个将微观与宏观相结合的视角。这种个体受到历史和社会环境塑造和制约的观点对儿童福利的政策与实践也有启发。它提示我们,不同历史时期和社会环境下儿童面临的问题和需求可能有着很大差异,因此应对策略也应有所不同。尤其是自人类进入工业化社会以来,全世界许多国家都先后发生了或正在发生着社会经济和家庭生活模式的巨变:生育率下降、女性普遍就业、家庭规模缩小、离婚率上升、人口流动频繁等,我国也不例外。儿童福利研究者应该充分注意新的历史时期和社会环境对儿童福利提出的新问题和新需求,儿童福利的政策与实践也应该对这些新的问题与需求作出回应。

三、生态系统理论

美国心理学家布朗芬布伦纳(Bronfenbrenner)在《人类发展生态学》一书中首次提出了生态系统理论。受生态学的启发,这一理论把个体成长的社会环境看作不同层次的生态系统,个体从出生后就受到不同系统的影响,并在各个系统的交互作用下发展。因此,分析不同生态系统对于理解个体行为具有重要意义。

根据布朗芬布伦纳的概念,个体所在的生态系统包括:(1)微系统(microsystem),是与个体距离最近的一个系统,它包括父母、家庭、学校、社区、同辈群体等,是个体可以直接接触、对其有直接影响的系统。例如,与家人、朋友的互动可以影响儿童的观念和行为。(2)中间系统(mesosystem),指两个或多个微系统间的关系,如孩子的父母与老师之间的联系、孩子的家庭和社区之间的联系等。微系统之间较强的积极联系有助于儿童的发展,而微系统之间消极的联系或冲突则不利于

---

① Elder, G., Johnson, M., &Crosnoe, R.. 2003. "The Emergence and Development of Life Course Theory." In J.T. Mortimer & M.J.Shanahan(eds.), Handbook of the Life Course(pp:3—19), New York: Springer.

儿童发展。(3)大系统(exosystem),是由个体的外部体制所构成,如地方政府、父母工作场所、政策法令等。这个系统不会直接与个体接触,而是通过与微系统中的某些结构的互动来间接影响个体发展。例如,国家制定的与儿童和家庭相关的法律,如义务教育法、婚姻法等,儿童虽未直接参与其中,但这些法律会影响儿童及其父母的选择和可得的资源。(4)宏系统(macrosystem),指个体所处社会的文化、习俗和价值观等,是一种较高的思想层面的系统。在大系统下,上述3个系统都会呈现相似的价值特征和行为倾向。例如,如果社会文化认为育儿是家庭责任,那么社会就不太可能为父母抚养孩子提供帮助,进而影响孩子的发展。[1]

生态系统理论有助于我们理解儿童生活的复杂性。它告诉我们,儿童面对的不仅是父母、同伴、教师、学校等日常接触的人或机构,还有那些不直接与他们接触、看似毫无联系的其他系统中的因素。家校联系、邻里关系、大众媒体、司法和福利政策、社会观念和文化传统等,都可能不同程度地与儿童发生关联。并且,这些系统不是封闭的,它们还会或直接或间接地与其他系统互动,进而复杂地影响着儿童的生活。因此,儿童福利的发展不能仅依靠单一系统,而应当采用一种系统的、整体的思路,在每个系统中都建立起服务于儿童的福利方案。

四、累积风险理论

早期儿童研究大多关注某个风险因素与某个发展结果之间的关联,而英国心理学家迈克尔·拉特(Michael Rutter)却观察到,儿童的精神障碍与不和谐的父母婚姻、社会地位低、家庭规模过大、父亲犯罪、母亲的精神障碍和机构治疗经历这6个因素有关。其中任一因素单独出现都不会增加儿童精神障碍的风险,但如果2个及以上因素同时出现,儿童发生精神障碍的概率会显著增加。[2]随后,阿诺德·萨默洛夫(Arnold Sameroff)等人的研究也得出了类似的结果。[3]据此,这些研究者

---

[1] Bronfenbrenner, U. 1979. The ecology of human development. Cambridge, MA: Harvard University Press.

[2] Rutter, M. 1979. "Protective factors in children's responses to stress and disadvantage". In M. W. Kent and J. E. Rolf(eds.), Primary prevention of psychopathology(Vol.3): Socialcompetence in children(pp.49—74). Hanover, NH: University Press of New England.

[3] Sameroff, J., Ronald S., Ralph B., Melvin Z., and Stanley G.. 1987. Intelligence quotient scores of 4-year-old children: Social environmental risk factors. Pediatrics, 79:343—350.

们主张采用累积风险模型来开展研究,以免低估各种风险因素对儿童的影响。

累积风险理论认为:(1)影响儿童发展的不仅是某一个风险因素,而是多种风险因素的累积。(2)儿童生活中的风险因素越多,他/她遭遇困难的可能性就越大。(3)多个风险之间既可能相互独立也可能存在交叉。①

累积风险理论对于儿童福利实务具有很强的指导意义。首先,它可以评估谁是优先接受服务的对象。根据累积风险理论,风险的数量比风险的性质对儿童的影响更大。生活中面临的风险越多,接受服务的必要性就越大。其次,它提出了系统性干预的思路。和生态系统理论相似,累积风险理论也非常重视环境中各因素的互动对个体发展的影响。通常情况下,儿童遭遇的风险都不是单一因素所造成,而是多重风险因素的累积导致的。因此,全面的、系统性的干预要比仅针对单一风险因素的干预更为有效。

五、抗逆力理论

20世纪70年代,一些心理学家在研究精神病患者的子女时发现,尽管处于如此不利的家庭中,许多孩子却仍然能健康发展。这一发现促使研究者们认识到,风险不一定会破坏个体的发展,因为个体面对风险可能出现不同的反应。一些儿童会遭受永久性的伤害,一些儿童会出现延迟反应,还有一些儿童则会表现出抗逆力,能够较好地适应和应对逆境。此后,有关儿童抗逆力的研究蓬勃发展,研究者的视角逐渐拓展到各种不利于儿童成长的环境,如较低的家庭社会经济地位、居住在暴力多发社区、贫困、虐待、长期患病、遭遇重大意外等,试图从中区分出适应不良和适应良好的儿童,进而发掘那些有助于儿童适应逆境的因素。②

抗逆力理论的主要观点包括:(1)抗逆力是指个体积极地适应逆境的动态过程。逆境也被称为风险,通常是指消极的生活环境,例如,长期生活在暴力事件多发的社区就构成高风险。积极适应则是指个体行为中所表现出的社会能力,例如,

---

① Sameroff, J., Todd B., Alfred B., Claire B., and Ronald S.. 1998. Family and social influences on the development of child competence. In M. Lewis & C. Feiring (Eds.), Families, risk, and competence(pp.161—185). Mahwah, NJ: Lawrence Erlbaum Associates.

② Luthar, S., Cicchetti, D., Becker, B.. The construct of resilience: A critical evaluation and guidelines for future work. Child Development, 2000(71):543—562.

儿童能与主要照顾者建立安全的依恋关系、能获得良好的学习成绩等。(2)逆境中的个体既具有脆弱性(vulnerability),也有能够减轻其负面影响的保护因素(protective factors)。这些保护因素主要有三类：一是积极的个人特质,如智力水平高、性格随和、高自尊、独立等；二是支持性的家庭环境；三是家庭以外的支持性因素,如学校、同辈、教堂以及制度支持等。(3)抗逆力研究的重点不仅是发掘儿童生活中的保护因素,还要分析这些保护因素发生作用的机制,从而设计出恰当的预防和干预策略。①

由于抗逆力理论的重点是研究儿童在逆境中的保护因素及其发挥作用的机制,因此它对于困境儿童的政策和实务开展具有明显优势。首先,它指出儿童具有积极适应逆境、应对风险的能力。其次,对于实务工作者而言尤其值得注意的是,抗逆力并非儿童的个人特征,而是一种由外界保护因素塑造出的应对逆境的过程。因此,对儿童最有效的支持不是在出现问题后才作出应对,而是加强家庭、学校、社区、社会、文化中的保护因素,提升儿童抗逆力。在这个意义上,抗逆力理论将儿童福利的重点从问题矫正转向初级预防。

六、结语：儿童福利研究的路径选择

上述理论展示了儿童研究的不同角度。借鉴上述理论的主要观点和优势,本文认为,儿童福利的研究路径应该具备四个基本要素：

一是儿童的困境和需要。儿童的困境往往不只是儿童个人的困境,它还是家庭困境的具体体现。因此,儿童面临的困境和需要可分为两个层面：第一是儿童个人困境,包括儿童心理、学业、社会交往等方面；第二是家庭困境,主要指儿童的主要照顾者所面对的经济、心理、教养、社会关系等方面。

二是儿童生活的动态过程。儿童当前生活中的困境往往不是单一风险所造成的,而是在其成长过程中出现的多重风险累积的结果。因此,关注儿童生活的动态过程,有利于发现儿童成长中的不同时期面临的问题,并给予有针对性的干预和支持。

---

① Luthar, S., Cicchetti, D., Becker, B.. The construct of resilience: A critical evaluation and guidelines for future work. Child Development, 2000(71):543—562.

三是儿童所处不同系统中的保护因素。儿童福利研究应从微系统、中系统、大系统、宏系统四个不同层面的系统中寻求能够培养和提升儿童抗逆力的保护因素。微系统主要包括儿童所在家庭、学校、社区和同伴群体；中系统主要包括家庭和学校之间的联系、家庭和社区邻里之间的联系、家庭和政府及社会组织之间的联系；大系统主要指与儿童相关的社会政策、法律、制度；宏系统是指有关儿童养育、儿童福利、儿童发展等方面的社会文化观念。

四是社会历史背景。儿童福利研究应立足于宏观的社会结构变迁、家庭功能变化、社会观念变革等大背景，讨论社会和历史背景对儿童问题和需求的影响。

（何　芳）

二、儿童发展与家庭教育

上海市嘉定区家庭内儿童权利保护的现状与分析

一、引言

儿童权利保护是反映人权与体现人类社会进步与文明程度的重要标志。儿童权利保护的实现是一项长期、系统的工程,有赖于家庭、学校与社会的共同努力与通力合作。而家庭作为儿童生存与发展的第一场所,在儿童权利保护实现的系统工程中具有核心地位与重要作用,是否尊重与保护儿童权利是判定家庭教育工作是否科学的一个重要标准。

《儿童权利公约》是迄今为止在儿童权利保护方面内容最丰富、最全面、最为国际社会广泛认可的国际法之一。联合国儿童基金会长期以来一直在呼吁政府、家庭、社区和个人尊重这些儿童权利。《中国儿童发展纲要》(2001~2010)第一次将儿童的生存权、受保护权、发展权、参与权写进,并将我国儿童权利保护分为家庭保护、学校保护、社会保护、司法保护等,可见我国对儿童的重视。然而相比较而言,我国在儿童权利保护的法律制度、理论研究等方面都与发达国家之间存在较大的差距,在家庭教育过程中,对儿童权利的贯彻落实也受到传统文化、家庭观念、法律制度等方面的影响。

在我国,儿童的教育与监管主要责任还在家庭;相较于社会、学校和司法,家庭对儿童权利的保护也是占主导地位。家长为儿童提供生存和发展所必需的物质条件,保障儿童的生存需要和合法权益不受侵犯,是儿童权利保护的践行者。尊重和保护儿童的权利,是家庭教育的新理念。为了解我市家庭中儿童权利保护的现状,调查家庭教育中家长的儿童权利保护行为及其对儿童权利的态度,从而为开展家庭教育中儿童权利保护的指导提供依据。

二、研究方法

（一）研究对象

本研究选取嘉定区的6~12岁的儿童家长,共发放家长问卷741份,其中有效问卷740份,占总体回收问卷的99.9%。被调查的家长/家庭基本情况见表1。

表1 被调查的家长/家庭基本情况

家庭特征	类 别	人数	所占比例(%)
填卷人与孩子的关系	父亲	222	30
	母亲	491	66.4
	祖父母/外祖父母	9	1.2
	缺省	18	2.4
是否为独生子女家庭	独生子女家庭	505	68.2
	非独生子女家庭	216	29.2
	缺省	19	2.6
是否为本市户籍	本市户籍	479	64.7
	非本市户籍	242	32.7
	缺省	19	2.6
孩子年龄	6	14	1.9
	7	76	10.3
	8	127	17.2
	9	177	23.9
	10	137	18.5
	11	137	18.5
	12	50	6.8
	缺省	22	3
孩子性别	男	382	51.6
	女	339	45.7
	缺省	19	2.6
父母文化程度	初中及以下	128	9
	高中或中专	306	21.5
	大专或高职	378	26.5

续 表

家庭特征	类 别	人数	所占比例(%)
父母文化程度	大学本科	516	36.2
	研究生及以上	90	6.3
	缺省	8	0.6
家庭年收入	10万元以下	145	19.6
	11~20万元	282	38.1
	21~30万元	169	22.8
	31~40万元	48	6.5
	41~50万元	33	4.5
	51万元以上	33	4.5
	缺省	30	4.1

（二）研究工具

本研究采用中国儿童中心自编的"城市小学生儿童权利家庭保护状况调查问卷"。该问卷经历参阅国内外文献、专家研讨、小范围预测、问卷修订等阶段。问卷包括家长的儿童权利保护行为、家长对儿童权利的态度、家长基本信息。儿童权利主要指《儿童权利公约》中提到的四大基本权利：生存权、发展权、受保护权和参与权。其中，生存权包括健康保障、生活照顾、情感支持、避免意外伤害；发展权包括家庭环境、社会发展权、休闲娱乐权、受教育权；受保护权包括心理保护、生理保护、隐私保护。

对各条目的判断标准采用五点记分，分值越高代表越符合情况：1代表不符合，2表示不太符合，3表示一般，4表示比较符合，5表示非常符合。

（三）施测与数据处理

调查问卷选择嘉定区的4所小学，其中2所为科研实践点，两所为非实践点。每所学校选择低年级和高年级各2个班；采用SPSS 19.0软件进行数据分析和处理，无效数据被剔除，剔除标准为全选某个数字，漏选多个条目，人口信息不全等。

三、研究结果

（一）家长对儿童权利的保护现状

1. 家长对儿童生存权的保护情况

调查显示，家长对儿童生存权的保护平均分为4.38，标准差为0.46。将儿童生存权的四个子维度进行多重比较,Friedman 检验结果显示 $f^2=769.1$(P<.001),即四个子维度间有显著差异,其中得分最高的是避免意外伤害方面,得分最低是情感支持方面(见表2)。

表2 家长对儿童生存权的保护情况

	总体平均分	D学校	J学校	M学校	P学校
生存权总体情况	4.38±0.46	4.35±0.47	4.43±0.4	4.25±0.55	4.49±0.37
健康保障	4.28±0.65	4.23±0.67	4.28±0.58	4.16±0.71	4.46±0.55
生活照料	4.52±0.53	4.52±0.51	4.59±0.44	4.34±0.65	4.65±0.38
避免意外伤害	4.63±0.53	4.62±0.55	4.68±0.46	4.55±0.62	4.69±0.44
情感支持	4.07±0.56	4.01±0.58	4.17±0.51	3.96±0.62	4.16±0.48

2. 家长对儿童发展权的保护情况

家长对儿童发展权的保护平均分为3.74,标准差为0.65。在儿童发展权保护的四个子维度中,存在显著差异($f^2=534.9$,P<.000),得分最高的是家庭环境和儿童受教育权,两者基本持平,社会发展权方面显著最低(见表3)。

表3 家长对儿童发展权的保护情况

	总体平均分	D学校	J学校	M学校	P学校
发展权总体情况	3.74±0.65	3.64±0.77	3.84±0.49	3.6±0.74	3.89±0.44
家庭环境	3.97±0.71	3.9±0.76	4.06±0.67	3.82±0.82	4.1±0.54
社会发展权	3.39±0.70	3.3±0.83	3.49±0.62	3.29±0.77	3.48±0.49
休闲娱乐权	3.67±0.82	3.5±0.93	3.82±0.64	3.59±0.9	3.81±0.67
受教育权	3.93±0.79	3.85±0.95	3.97±0.6	3.72±0.91	4.18±0.55

3. 家长对儿童受保护权的保护情况

如表4所示,家长对儿童受保护权的保护平均分为3.66,标准差为0.74。在儿童受保护权的3个子维度中,存在显著差异($f^2=456.3$,P<.000),得分最高的是生理保护和隐私保护,两者基本持平,心理保护显著较低。

表 4　家长对儿童受保护权的保护情况

	总体平均分	D学校	J学校	M学校	P学校
受保护权总体情况	3.66±0.74	3.59±0.8	3.74±0.64	3.6±0.81	3.74±0.65
心理保护	3.29±0.86	3.25±0.97	3.35±0.75	3.22±0.93	3.35±0.73
生理保护	3.86±0.83	3.75±0.9	3.97±0.72	3.74±0.89	4.01±0.76
隐私保护	3.83±0.92	3.76±0.94	3.90±0.9	3.83±0.96	3.86±0.88

4. 家长对儿童参与权的保护情况

如表5所示,家长对儿童参与权的保护平均分为3.86,标准差为0.59。

表 5　家长对儿童参与权的保护情况

	平均分	D学校	J学校	M学校	P学校
参与权总体情况	3.86±0.59	3.8±0.67	3.9±0.9	3.8±0.62	3.94±0.53

(二)家长对儿童权利的知识和态度

如表6所示,家长对儿童权利的知识的平均分为3.52,标准差为1.04。家长的儿童权利观平均分为3.83,标准差为0.87。

表 6　家长对儿童权利的知识和态度情况

	平均分	D学校	J学校	M学校	P学校
儿童权利知识	3.52±1.04	3.42±1.12	3.49±0.89	3.39±1.12	3.77±0.96
儿童权利观	3.83±0.87	3.74±0.91	3.81±0.83	3.84±0.86	3.94±0.87

从表7中可以看出,上海市儿童家长对儿童相关法律法规的知晓率与10年前相比,并没有明显的改善。新出的《中华人民共和国反家庭暴力法》的知晓率尚可,这可能与近年来网络媒体的普遍宣传有关。

表 7　家长对儿童相关法律法规的知晓率

儿童相关法律法规	上海,2006年	上海嘉定,2016年
《中华人民共和国未成年人保护法》	86.9%	92.5%
《上海市未成年人保护条例》	73.9%	66.1%
《中华人民共和国预防未成年人犯罪法》	46.9%	53.8%
联合国《儿童权利公约》	29.1%	37.2%
《中华人民共和国反家庭暴力法》	/	53.5%

从表 8 中可以看出,家长对儿童权利的知识与态度观念与其对儿童权利的保护行为间存在显著正相关,说明观念与行为间的一致性。

表 8　家长对儿童权利的知识、态度与保护行为间的相关

Pearson 相关	生存权	发展权	受保护权	参与权
儿童权利的知识	.47(.000)*	.299(.000)**	.231(.000)**	.426(.000)**
儿童权利观	.314(.000)**	.274(.000)**	.509(.000)**	.494(.000)**

(三)相关人口学变量对家长的儿童权利保护行为的影响

相关人口学变量对家长在儿童四大权利保护行为的影响情况如表 9 所示,家长的文化程度、家庭年收入均存在显著影响,填卷人的角色(主要是父亲、母亲)在儿童生存权、发展权以及参与权 3 个维度有差异,受保护权的行为表现上没有显现差异。户籍的影响因素显示,本市户籍与非本市户籍的家庭对儿童四大权利的保护行为上有显著差异。儿童性别与年龄的人口学变量的影响分析显示,家长对儿童四大权利的保护行为并没有受到儿童年龄的递增而有显著变化,但在儿童性别维度上,家长的儿童权利保护行为均呈现显著差异。

表 9　相关人口学变量对家长的儿童权利保护行为的影响

	生存权		发展权		受保护权		参与权	
	F/t	p	F/t	p	F/t	p	F/t	p
填卷人与孩子关系	-5.02	.000**	-3.41	.001**	-2.63	.009	-3.68	.000**
独生子女与否	3.17	.002**	3.00	.003**	1.63	.105	1.5	.134
本市户籍与否	5.26	.00**	3.63	.000**	2.57	.01*	2.27	.024*
孩子年龄	1.3	.26	1.73	.13	1.43	.21	1.07	.37
孩子性别	-2.47	.014*	-2.55	.011*	-3.39	.001**	-1.98	.047*
父亲文化程度	10.3	.00**	8.6	.00**	5.53	.00**	6.5	.00**
母亲文化程度	11.3	.00**	10.2	.00**	4.87	.00**	7.84	.00**
家庭年收入	5.18	.00**	7.84	.00**	5.39	.00**	8.67	.00**

父母在儿童权利保护行为上存在差异,母亲在各个权利行为的得分上高于父亲,子维度上,在家庭休闲娱乐与儿童隐私权保护两个方面没有显现差异(见表 10)。

表 10　家长角色对儿童四大权利保护行为的影响

	生存权	发展权	受保护权	参与权
父亲	4.25±.53	3.66±.63	3.58±.71	3.76±.6
母亲	4.45±.41	3.82±.56	3.73±.72	3.93±.56

家长文化程度对儿童权力保护产生影响。如表 11 所示,随着家长文化程度的提高,家长对儿童发展权的保护越明显,影响程度略有差异,但总体上可以发现本科及以上学历的家长对儿童权利的保护显著高于其他几个文化程度的家长,而初中及以下学历的父母在儿童权利保护行为上的表现最弱。分析四大权利不同维度的差异,具体体现为:在家庭休闲娱乐、儿童的隐私权上的保护行为,母亲的学历因素不存在显著差异($F=.24$, $P=.07$; $F=.38$, $P=.77$),说明在休闲娱乐权、隐私权方面,母亲的文化程度并未产生影响。而在其他子维度方面,父母的学历程度均有影响,呈现递增趋势。

表 11　家长学历对儿童四大权利保护行为的影响

		初中及以下	高中或中专	大专或高职	大学本科	研究生及以上
生存权	父亲学历	4.06±.78	4.31±.40	4.39±.42	4.49±.39	4.45±.41
	母亲学历	4.10±.71	4.33±.41	4.36±.44	4.50±.36	4.38±.39
发展权	父亲学历	3.49±.67	3.63±.65	3.73±.58	3.90±.54	3.92±.38
	母亲学历	3.42±.79	3.69±.57	3.74±.59	3.91±.48	3.79±.76
受保护权	父亲学历	3.40±.78	3.54±.72	3.71±.65	3.75±.74	3.94±.60
	母亲学历	3.39±.81	3.66±.66	3.64±.72	3.79±.67	3.76±.79
参与权	父亲学历	3.67±.77	3.76±.50	3.85±.54	3.98±.56	4.05±.56
	母亲学历	3.66±.73	3.79±.48	3.81±.53	4.00±.56	4.06±.57

家庭年收入对儿童权利保护有影响。如表 12 所示,家庭年收入 10 万以下的家长对儿童权利的保护显著低于其他几个水平的家长,$p<.005$,其他几个家庭年收入水平之间无显著差异。子维度上,除了在健康保障、休闲娱乐权、隐私保护这种差异并不明显外,其他均显现差异显著。

表 12　家庭年收入对家长儿童权利保护行为的影响

	10万及以下	11～20万	21～30万	31～40万	41～50万	51万及以上
生存权	4.23±.56	4.41±.42	4.44±.40	4.46±.42	4.46±.44	4.45±.47
发展权	3.59±.59	3.79±.47	3.87±.95	3.73±.94	3.65±.97	3.79±.76
受保护权	3.45±.70	3.73±.65	3.76±.66	3.65±.87	3.64±.92	3.88±.89
参与权	3.66±.61	3.89±.53	3.89±.57	4.11±.57	4.03±.64	4.08±.64
知识	3.4±1.11	3.56±.99	3.54±1.02	3.74±1.03	3.74±.93	3.54±1.03
儿童权利观	3.48±.96	3.89±.78	3.92±.75	4.05±.94	3.94±.97	4.10±.92

户籍的影响因素对儿童权利保护有影响。本市儿童家长和非本市儿童家长在儿童四大权利保护行为上存在显著差异,表现为本市家长对儿童权利的保护上略高于非本市儿童的家长。在子维度上,心理保护和隐私保护两方面这种差异不明显。

表 13　户籍对儿童四大权利保护行为的影响

	生存权	发展权	受保护权	参与权
本市户籍	4.46±.39	3.83±.53	3.73±.66	3.91±.54
非本市户籍	4.25±.54	3.64±.7	3.57±.81	3.8±.63

儿童自身因素对家长在儿童权利保护行为上的影响。此次调查数据显示,不同性别的儿童家长在儿童权利保护行为上存在显著差异(见表9),这一结论与全国的数据略有不同。具体分析不同维度的差异,在健康保障、家庭环境两方面,不存在性别显著差异,其他权利保护行为上均显现性别差异,表现为对女童的儿童权利保护行为得分显著高于男童。与性别因素不同,儿童的年龄因素对家长的儿童权利保护意识和保护行为均不存在显著影响,说明家长对孩子的保护行为并没有随着孩子的年龄增长与成熟而有所改变。

(四)相关人口学变量对家长的儿童权利知识和态度的影响

在家庭特征对家长的儿童权利知识和态度的影响上,如表14所示,填卷人与孩子关系,即家长角色、是否独生子女、户籍、家长的学历程度影响家长的儿童权利的知识;而家长角色、孩子的性别、父母的学历程度以及家庭的收入影响着家长的儿童权利观。表现为家长的儿童权利知识、态度等随着家长的文化程度的递增而呈现递长的趋势;母亲的儿童权利知识与观念略优于父亲等。

表 14　家庭特征对家长的儿童权利知识态度的影响

	儿童权利知识		儿童权利观	
	F/t	p	F/t	p
填卷人与孩子关系	−2.25	.025*	−4.35	.000**
独生子女与否	2.76	.006**	1.24	.216
本市户籍与否	2.5	.013*	1.47	.14
孩子年龄	0.62	.74	0.81	.58
孩子性别	−0.104	.92	−3.2	.002**
父亲文化程度	2.8	.024*	7.95	.000**
母亲文化程度	3.2	.008**	8.26	.000**
家庭年收入	1.29	.267	7.01	.000**

家长期望水平影响着家长对儿童权利的保护行为。此次调查显示，家长对孩子的期望值都挺高，13.1%的家长期待孩子未来能够"出国深造"，40.1%的家长希望孩子能"上国内好大学或好专业"，当然也有家长比较在意孩子的感受，"只要他感觉快乐就好"占22.2%；持这一期望的家长在儿童权利观上的得分显著高于其他期望的家长。持不同期望水平的家长在儿童生存权的保护上不存在显著差异，但持高期望水平的家长在发展权、受保护权和参与权方面的保护行为均显示更好；而对儿童持"考进大学就可以"的家长，其态度相对消极，在儿童四大权利上的保护行为均显著低于其他期望水平的家长，尤其在情感支持、心理保护、隐私保护、参与权等各方面。有研究表明：家长对子女期望水平在其总体上与子女的学习和教育成就成正向相关，家长对子女的期望水平越高，则子女对自己学习成就的愿望越强烈。

表 15　家长期望水平对儿童权利保护行为的影响

	人数(%)	生存权	发展权	受保护权	参与权
出国深造	97(13.1)	4.49±.38	3.88±.67	3.79±.79	4.01±.61
上国内好大学或好专业	299(40.4)	4.38±.45	3.77±.52	3.67±.68	3.87±.57
考进大学就可以	94(12.7)	4.26±.65	3.65±.66	3.41±.73	3.69±.65
学历无所谓，只要可以养活自己	27(3.6)	4.41±.43	3.79±.50	3.88±.61	3.96±.59
只要他感觉快乐就好	164(22.2)	4.38±.40	3.74±.69	3.73±.75	3.90±.55
暂没考虑	33(4.5)	4.31±.43	3.65±.40	3.65±.62	3.82±.44
总　　体	714(100)	4.38±.46	3.76±.60	3.67±.72	3.87±.58

四、讨论与分析

(一) 家长的自身因素对儿童权利保护行为的影响显著

家长角色、家长的文化程度、家庭年收入对家长的儿童权利保护和态度都有所影响,而这些影响因素背后的原因是家长对儿童教育的重视、对儿童教育理念的接纳度,这说明在家庭教育中,家长自身对儿童权利的理解和态度是关键。家长是引导儿童行使其权利的重要角色,家庭的管教方式影响着儿童实现各项权利的主体地位的获得。家庭作为儿童成长的主要场所,为儿童提供行使各项权利的环境氛围。

研究结果表明,家长对儿童权利保护的态度有所改善,这与以往的研究结果相一致。更多的家长了解儿童权利知识,并且有正向的儿童权利保护态度,不再坚持"认为孩子不能知道自己有太多权利,不然大人更玩不转了"或者"为了教育好孩子,打骂也是一种方法"。因此,加强对家长开展儿童权利的理念宣传,准确理解儿童权利保护与儿童个体成长间的正向关系,将更有利于家庭教育中亲子关系的发展。家长对儿童权利的理解和态度是关键,应加强对家长的理念宣传。

(二) 家长在儿童生存权上的保护表现最好

总体来看,家长在4种儿童权利的保护行为显现差异,家长的保护行为最多体现在对儿童生存权的保护上,其次是儿童参与权,再次是儿童发展权与儿童受保护权。与以往研究一致的是,家长对儿童权利的保护上,最注重的仍然是生存权,但不一致的是,以往研究发现家长最忽视的是孩子的参与权,而本研究发现家长对儿童参与权的保护有所提升,甚至超过对儿童受保护权和发展权的保护。

表16 家长在四种儿童权利上的保护行为

	总体平均分	D学校	J学校	M学校	P学校
生存权	4.38±0.46	4.35±0.47	4.43±0.4	4.25±0.55	4.49±0.37
发展权	3.74±0.65	3.64±0.77	3.84±0.49	3.6±0.74	3.89±0.44
受保护权	3.66±0.74	3.59±0.8	3.74±0.64	3.6±0.81	3.74±0.65
参与权	3.86±0.59	3.8±0.67	3.9±0.9	3.8±0.62	3.94±0.53

(三) 家长对"儿童参与权"的保护行为明显改善

参与权最能体现儿童作为国家公民和社会成员的权利,儿童在表达自己的需要时最有发言权,对儿童参与权的培养是公民社会建立的基础。《儿童权利公约》提出:"儿童有权对影响自身的一切事项自由发表自己的意见,对儿童的意见应按照其年龄和成熟程度给予适当的重视。"被调查家长中,48.5%的家长表示有听说过"儿童参与权",也有51.3%的表示没有听说过,与2006年的调查数据相一致。其中听说过的家长中仅10.6%的家长表示"非常了解"或"比较了解",52.2%表示"不太了解"或"不了解",这些数据表明家长对于儿童参与权的知晓率并不高。但从家长对儿童参与阶梯的理解来看,家长普遍认同更高阶梯的儿童参与。与2006年的家长观念相比,家长对"儿童参与"的理解更趋于高阶梯的参与程度。随着科学家庭教育的开展,越来越多的家长愿意倾听儿童的声音,越来越尊重孩子的想法,不能嘲讽、取笑孩子的意识和观念也越来越强烈,所以,对儿童参与权的保护意识和行为也有所改善。

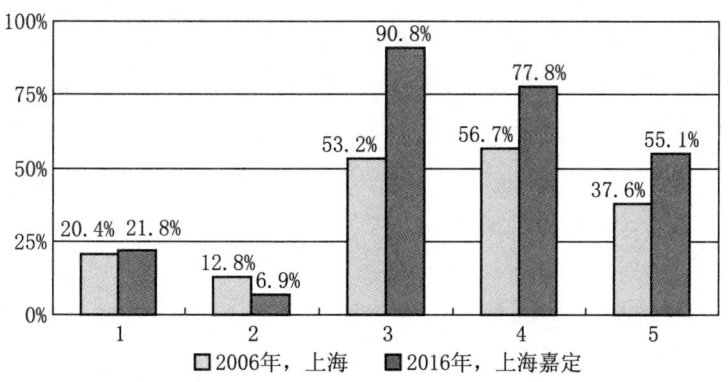

图1　家长对不同程度"儿童参与"的理解

图中1为由成人决定并指派儿童参与活动;2为儿童对参与的活动提出意见,但成人没有采纳;3为儿童对参与的活动提出意见,并得到成人的采纳;4为儿童提出活动建议,和成人一起做出决定;5为儿童自行组织活动,并邀请成人参与。1到5的递增表明儿童参与程度的不断增加。

与儿童相关的家庭领域中,家长已经开始有意识地让儿童参与决定。如教育决策方面,儿童的参与率还是较高的,在课外补习班的选择上有71.5%的家长表示让儿童参与决定;84.3%的参与课外活动的选择。在儿童个体生活决策(如购买与儿童有关的物品)方面,儿童的参与度也较高,为88.4%;其次是家庭生活决策,如家庭外出旅游计划(71.1%)、家庭娱乐活动(78.6%)。相对而言,在家庭生活用品的购买决策以及家庭重大决策(如购房等)方面,孩子的参与度相对低很多,分别是 19.3% 和 13.2%。

就儿童什么年龄可以参与并听取意见的问题上,家长认为的年龄显著早于 2006 年的调查数据,家长认为,儿童可以听取并参与决策的平均年龄(平均数)为 8.9 岁,而 2006 年时的调查数据是 13.6 岁;家长认可率较高(众数)的年龄是 7~10 岁,2006 年的调查数据显示为 10~18 岁。这些数据表明,家长已经普遍在儿童年龄较少的时候,尊重他们的意见,听取他们对相关事务的态度,给予孩子发表自己想法的机会了。

在影响儿童参与权的因素分析中,还是家长的理念起主要作用,29.6% 的家长表示"儿童年龄还小,应以学业为重";30.7% 的家长认为自己忽略了对儿童参与能力的培养,25.8% 的家长较少给予孩子参与的机会,仅 19.1% 的家长认为孩子本身缺乏参与意识和动力。

(四) 对儿童心理健康方面的保护需要家长更多关注

细化分析发现,家长在儿童生存权的子维度情感支持方面以及受保护权的子维度心理保护方面的保护行为相较于其他维度,家长普遍得分较弱,这说明了相较于身体健康、生理保护、生活照料等,家长在儿童心理方面的保护行为需要更多关注与改善。虽然家长已经普遍做到"经常与孩子聊天、谈心""不管任何情况,孩子都能跟爸爸妈妈一起居住"等,但对"我或我的配偶有时会顾着看手机或电脑而遭到孩子的抱怨"的现象,有 14.9% 的家长表示比较符合,12.2% 的表示非常符合。而 32.6% 的家长表示自己经常忍不住数落和抱怨孩子,如"贪玩、笨、不听话等",其中母亲的比率更高(父亲 25.3%,母亲 36.1%);33.8% 的家长表示会在孩子面前表述"孩子要学习好才优秀",尤其是母亲(父亲 25.7%,母亲 37.5%);26.4% 的家长表示"常忍不住向孩子发脾气"等。这说明家长虽然已经普遍意识到对孩子的保护应该是身心兼顾的,但在行动上仍会因为孩子的成绩、错误等问题而采取挖苦、冷落、生气等消极的应对方式。

(五) 家长对女孩的儿童权利保护行为显著高于男孩

与全国的数据相比,较大的区别在于在本次调查的家庭中,家长对女孩的四大权利保护行为的评价显著高于对男孩的保护行为评价,从子维度上分析也有类似结果,具体表现在生活照料、避免意外伤害、情感支持、社会性发展、休闲娱乐、受教育权保护、心理保护、隐私保护、生理保护、参与权等。分析家长的儿童权利保护上的性别差异原因,可能有:(1)女孩的身心成熟度发展显著优于同年龄阶段的男孩,中小学阶段普遍存在男生相对弱化的现象;(2)女孩的言语社交能力普遍略胜一筹,这导致在家庭互动过程中,女孩的合作配合、沟通能力、参与积极性等都明显优于男孩;(3)在应试教育与分数评价制度的影响下,家长对儿童权利保护的评价机制也偏向合作性强、社会发展水平高、沟通更为顺畅等价值取向。也有研究认为,男孩特别是独生子的弱化,与家长的教育方式不当有关,过度的保护和关爱对男孩的负面影响更大。具体是父母的教育方式、教育体制的评价机制还是儿童本身的性别差异导致了父母在儿童权利保护行为上的差异,还值得研究者继续深入探讨。

五、结语

家庭是对儿童影响最早、影响时间最长的社会子系统,对儿童的发展具有重要的意义。此次调查显示,上海市嘉定区的家长对儿童权利的保护意识良好,家长不仅关注儿童的生存权、发展权和受保护权,虽然对"儿童参与权"的知晓率不算高,但在家庭生活中,家长已经有意识地尊重和保护儿童的意见和想法,通过实际行动保护儿童参与权。由此可以看出,家长观念的转变影响着家长的行为,儿童权利的保护需要家长的认同和支持。

家长对儿童权利的保护还需要进一步倡导和宣传。家长在对儿童发展权的保护上容易忽略孩子的社会发展权,在儿童受保护权上较忽视儿童的心理保护。家长对儿童权利的基本知识、基本法律了解仍然不够。

家长对儿童权利的保护主要受家长自身因素的影响,如家长的角色(父亲、母亲)、家长的文化程度以及家庭年收入水平,与儿童的年龄因素不大相关,但在性别因素上存在显著差异。

家长对儿童权利的保护可以渗透在家庭教育中,家长理念的改变将有效地改善儿童权利的保护,因此,应宣传和普及《儿童权利公约》,让更多的家长真正理解和接纳,在家庭教育理念中融入对儿童生存权、发展权、受保护权和参与权的尊重和保护。

(何彩平)

中国 0～3 岁与 3～6 岁儿童家庭的父母角色比较

一、引言

随着儿童年龄的增长,家庭教育的目标、内容和形式等都会发生一系列的调整和变化,不同年龄阶段的儿童面临的发展任务不同,父母的角色定位也随之转变。

不同年龄的幼儿父亲参与教养的特点。邢双喜对 0～1 岁婴儿父亲参与养育情况对其幼儿期发育影响的研究发现:在婴儿期的父母角色中仍以母亲为主,父亲以辅助角色出现。幼儿总发育商在 0～6 月、6～12 月时父亲的陪伴时间上差异均显著,婴儿期父亲参与家庭教育时间对其以后的发育有着重要的影响。侯忠伟(2007)选取了济南市 700 名来自 4 所不同幼儿园的儿童进行研究,发现与中班和小班儿童的父亲相比,大班儿童的父亲对孩子的规则约束最多。孙元元(2013)对 300 多名父亲教养行为的基本情况的调查也发现父亲对 4 岁幼儿提供的间接支持最多,对 4 岁幼儿的管教约束最少。刘莉(2013)对邢台市 3 所公立幼儿园 300 多名 3 周岁至 6 周岁儿童父亲的调查发现,父亲参与教养在幼儿年龄上存在显著差异:3 岁组在"亲子互动"这一因子上的得分最高并显著高于其他年龄组幼儿,而 6 岁组在"日常教育"和"积极关注"因子上的得分显著低于其他年龄组幼儿。

不同年龄的幼儿母亲教养的特点。李凌艳、庞丽娟(1997)等学者对"2～6 岁儿童母亲教育观念结构及其影响因素"的研究验证了儿童年龄、性别等来自儿童方面的某些特征会在不同程度上影响母亲的教育观念。调查发现,母亲教育观念在不同年龄组上的差异主要集中在 2、3 岁组与 4、5、6 岁组幼儿的差异上,而且年龄间隔越大差异越大。儿童年龄的影响作用尤其体现在 3 岁前后。儿童心理学理论认为,3 岁左右是个体心理发展上的第一个转折期,这一阶段母亲对儿童发展力、状况有许多新认识，引起其教育观念的某些变化。比如，母亲多认为 3 岁前儿童是"弱能力"的，理解力差，尚不懂事，所以，主张给儿童更多帮助，少主张让儿童自己探索，较多地满足儿童要求。而 3 岁后的儿童可以懂得许多行为道理，常主动对其要求的满足应有所限制，让儿童更多地主动探索，多采取讲道理、商量的民主教育方式。因此，儿童年龄对母亲教育观念影响的实质是随着儿童年龄增长其身心发展与母亲教育观念间的互动作用。

以往的研究显示，儿童的年龄是影响父母教养特点的重要因素之一，且 3 岁是一个重要的分水岭，不仅是从婴幼儿过渡到幼儿的标志，也是从社区走向教育机构、从家庭走向社会的标志，不仅对儿童本身的发展是一种挑战，对父母的教养也是一种挑战，以 3 岁为节点，研究 0～3 岁儿童父母和 3～6 岁儿童父母的角色差异是分年龄进行有针对性家庭教育指导的必要依据。

二、研究方法

本研究项目参考《2013 年中国人类发展报告》的各省发展指数，结合地区划分方法，从我国东部、东北部、中部和西部四个地区中选取北京、山东、辽宁、湖南、山西、四川、内蒙古、甘肃 8 个省(自治区、直辖市)进行此次调查。调查采取分层随机抽样方法，分阶段逐层抽取省级行政区、地级行政区、县级行政区、乡级行政区至调查对象，共计抽取了 69 个区(县)、207 个街道(乡、镇)。从 207 个街道(乡/镇)各抽取 60 名 0～3 岁婴幼儿的主要教养者为主要调查对象；各抽取一所幼儿园，每所幼儿园各抽取小班、中班和大班各一个，将抽取的全部幼儿家庭的主要教养者作为调查对象。

调查工具为自编调查问卷，分为基本情况、父母角色与共同养育情况。基本情况包括 3 个方面：家长情况、孩子情况、家庭情况。父母角色情况包括角色认知、角色表现、角色准备、角色评价四个维度，其中角色认知和角色表现 2 个一级维度中包含生活照料、情感陪护、教育指导、共同养育 4 个二级维度，共 40 道题。共同养育情况包括认知与行为 2 个维度，共 10 道题。

在本研究中，共有 30 076 名家长参与了问卷调查，其中，0～3 岁儿童家长 12 288 人，占 40.9%；3～6 岁儿童家长 17 788 人，占 59.1%。

三、研究结果

(一) 基本情况

1. 0~3岁儿童家庭与3~6岁儿童家庭生育意愿

在0~3岁儿童家庭中,独生子女的比例占到71.1%,到了3~6岁儿童家庭,这一比例则下降到62.2%。分析了两个年龄段的独生子女家庭的再生育意愿后发现,0~3岁独生子女家庭再生育的意愿高出3~6岁独生子女家庭超过8个百分点。0~3岁独生子女家庭有47%计划再生育,而在3~6岁独生子女家庭中只有38.9%的家庭计划再生育一个孩子。在问及所有被调查者"孩子的父母是否有继续生育的意愿"时,46.6%的3~6岁儿童家长明确表示没有继续生育的意愿,比0~3岁儿童家长高出9.1个百分点。可见,随着儿童年龄的增长,独生子女的比例和家庭计划再生育的比例均呈下降趋势。

表1 0~3岁与3~6岁儿童家庭再生育意愿

	有	不确定	没有	合计
0~3岁	26.9%	35.6%	37.5%	100.0%
3~6岁	23.1%	30.3%	46.6%	100.0%

2. 0~3岁与3~6岁儿童体质状况

在0~3岁的儿童家长中,认为自己孩子体质强壮的比例最高,为56.6%,而这一比例在3~6岁儿童的家长中下降为47.1%。0~3岁儿童家长认为孩子体质一般的仅有41.7%,而到了3~6岁儿童家长则上升了将近10个百分点,超过了50%。可见,随着孩子年龄的增长,更多的家长们倾向于认为孩子的体质在变弱。强健我国0~6岁儿童的体质还有很长的路要走。

表2 0~3岁与3~6岁儿童体质状况

		强壮	一般	体弱多病	合计
这个孩子的体质状况	0~3岁	56.6%	41.7%	1.6%	100.0%
	3~6岁	47.1%	51.2%	1.7%	100.0%

(二) 0~3岁与3~6岁儿童家庭父母角色差异

1. 两个年龄段在"生活照料"维度上的差异

第一,0~3岁儿童父母更倾向于认为安全健康由母亲主要负责,而3~6岁儿童父母更倾向于由父母一起承担孩子的生活和教育费用以及负责孩子的安全健康。在经济支持上,两个年龄段儿童的家长都有半数左右认为应该由父母一起承担孩子的生活和教育费用,其中3~6岁选择该项的比例为58.1%,高于0~3岁8.6个百分点。

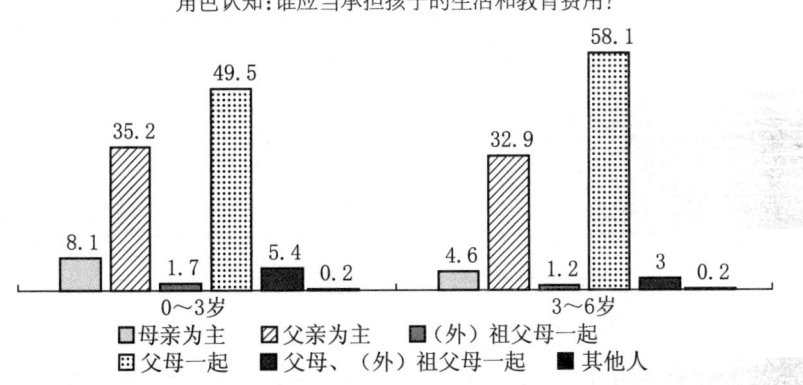

图1 0~3岁与3~6岁儿童家长对"谁应当承担孩子的生活和教育费用"的认知情况

在"谁应当负责孩子的安全、健康"一项中,两个年龄段的儿童家长大多数均认为应"父母一起",0~3岁的比例为47.1%,3~6岁的比例为54.6%,高于0~3岁7.5个百分点。与此相应的是,0~3岁儿童家长认为应"以母亲为主"负责孩子的安全、健康的比例为20.4%,高于3~6岁家长4.5个百分点。可见,当孩子年纪较小的时候,家长们更倾向于认为孩子的安全和健康应该由母亲担负更多的责任,而随着孩子年龄的增长,父亲应该逐渐加入,负担更多保护孩子安全、健康的责任。

第二,在实际生活中,两个年龄段比较,有更多的3~6岁儿童家庭以母亲为主负责孩子的衣食问题,由父母一起负担孩子的各种花销、关注孩子的身体健康。3~6岁儿童家庭中,实际由"父母一起"负担孩子的各种花销的比例为53.2%,高于0~3岁儿童家庭5个百分点,说明有更多的3~6岁儿童家庭是由父母一起承担孩子的各种花销。而在安排孩子的日常饮食中,两个年龄段儿童家庭均有超过50%的家长选择以"母亲为主",且3~6岁的比例略高于0~3岁,而"父母一起"的比例则随着年龄的增长有所下降。可见,在有特殊饮食需要的0~3岁婴幼儿期,家中的其他成员会更多地分担一些安排孩子日常饮食的责任。

在3～6岁年龄段的家庭中,由"父母一起"关注孩子的身高体重和健康状况的比例为43.8%,高于0～3岁年龄段5个百分点。两个年龄段分别有36.8%和34.6%的家庭选择"以母亲为主",可见在近1/3的0～6岁儿童家庭中,父亲并不是孩子生长发育的主要关注者。在安排孩子的日常穿着上,两个年龄段均以母亲为主,3～6岁年龄段中"以母亲为主"的比例占64.3%,比0～3岁年龄段提高了7.8个百分点,而"父母一起"的比例下降了近5个百分点。

表3 0～3岁与3～6岁儿童家长在"谁负担孩子的各种花销"问题上的实际表现情况

	母亲为主	父亲为主	(外)祖父母为主	父母一起	父母、(外)祖父母一起	其他人	合计
0～3岁	12.6%	30.9%	1.9%	48.1%	6.3%	0.1%	100.0%
3～6岁	11.3%	29.3%	1.5%	53.2%	4.5%	0.1%	100.0%

2. 两个年龄段在"情感陪护"维度上的差异

第一,3～6岁儿童父母认为应该一起陪孩子玩的比例要高于0～3岁,但实际角色表现0～3岁儿童父母陪孩子玩的情况要更好于3～6岁。在问及"谁应当负责陪孩子玩"时,认为应由"父母一起"陪孩子玩的比例则从0～3岁时的50.1%上升为58.5%。可见,当孩子到了3～6岁,家长们愈发认为应该"父母一起"陪孩子玩。在角色认知中,认为应该"父母一起"陪孩子玩的比例两个年龄段分别为50.1%和58.5%,而在实际的角色表现中,0～3岁的父亲"经常"或"总是"陪孩子玩的比例共占41.9%,而母亲的比例高达68.8%。3～6岁父亲"经常"或"总是"陪孩子玩的比例共占38.8%,母亲则为66.9%。可见,父亲在"陪孩子玩"这件事上的角色表现并没有认知中的那么好。总体而言,虽然在认知上,3～6岁儿童的父母认为应该一起陪孩子玩的比例要高于0～3岁,但实际表现中0～3岁儿童的父母陪孩子玩的情况要略好于3～6岁。

第二,随着孩子年龄增长,家长们愈发认为父母应更多主要关心孩子的日常情绪。认为应该由"父母一起"来关心孩子的喜怒哀乐等情绪变化的比例在0～3岁儿童家长中为47.7%,而在3～6岁儿童家长中占到了54.3%。随着年龄增长,家长们认为在关心孩子日常情绪这件事上,父母的作用应该上升。

第三,随着孩子年龄增长,父母对孩子表达爱意的方式变化为肢体行为比例逐渐下降,口头语言逐渐上升,母亲始终更擅长使用肢体行为表达对孩子的爱意,而父亲更容易采用物质方式。在表达爱意的方式上,0~3岁年龄段的儿童父亲更倾向于采取"拥抱、亲吻、爱抚等行为",比例为44.4%。而这一比例到了3~6岁年龄段,则下降为37.3%,相对上升的是采取"鼓励、表扬等语言"上的方式。可见,随着年龄增长,父亲对孩子表达爱意的方式逐渐从肢体行为转变为口头语言。3~6岁和0~3岁相比,孩子的母亲对孩子表达爱意的方式也呈现出肢体行为比例下降、口头语言上升的趋势,但总体仍以"拥抱、亲吻、爱抚等行为"为主。与父亲相比,只有不到5%的母亲从不表达爱意。而通过物质形式表达的母亲也低于父亲近10个百分点。可见,母亲始终比父亲更擅长使用"拥抱、亲吻、爱抚"等肢体行为表达对孩子的爱意,而父亲比母亲更容易采用物质方式来表达爱意,随着孩子年龄增长,更多转变为对孩子使用口头语言表达爱意。

3. 两个年龄段在"教育指导"维度上的差异

第一,随着孩子年龄增长,家长们更倾向于认为父亲应该在带孩子做运动中发挥主力作用,3~6岁儿童家长比0~3岁儿童家长更重视父母共同教养。

在两个年龄段中,大多数家长都认为,应该父母一起带孩子做运动,随着年龄的增长,这一比例略有所上升。而认为应以"母亲为主"和"父母、(外)祖父母一起"的比例则随着年龄的增长有所下降,"以父亲为主"的比例则呈上升趋势。到了3~6岁,"父母一起"和"以父亲为主"的比例共占到了80%,可见,就带孩子运动这件事而言,家长们倾向于认为父亲在其中应该发挥主力作用。随着年龄的增长,认为应主要由"父母一起"负责培养孩子良好的个性品质的比例出现上升趋势,由0~3岁时的51%,上升为3~6岁时的58.1%。可见,在多数家长的理想情况中,父母的共同教养在孩子3~6岁时要比0~3岁时更重要。随着儿童年龄的增长,家长们越来越认为当父母观点不一致时,应该"共同协商达成一致",比例由0~3岁年龄段的81.6%上升到3~6岁年龄段的89.5%。而从实际的角色表现上看,3~6岁年龄段儿童的家长的"共同养育"情况也要略好于0~3岁年龄段。

第二,3~6岁儿童家庭中选择由"早教机构或幼儿园"负责孩子智力启蒙教育的比例比起0~3岁有所升高,但仍以家长,尤其是母亲为主。大多数家长都认为应由父母一起负责孩子智力方面的启蒙教育,随着年龄的增长,"以母亲为主""父母、(外)祖父母一起"的比例下降,而"早教机构或幼儿园为主"的比例有所上升,但比例也仅占不到10%,说明在孩子0~6岁时期,大部分家长的认知中并没有把孩子的智力启蒙寄托在教育机构上,而认为主要应该是家庭的责任。当问及"谁负责孩子的智力启蒙教育"时,0～3 岁年龄段中选择"父母一起"和"以母亲为主"的比例较高,分别为 36.6% 和 32.8%。而在 3～6 岁年龄段中,选择"早教机构或幼儿园为主"的比例比 0～3 岁有所升高,由 5.7% 上升为 10.5%,但选择比例最高的是"以母亲为主",为 35.7%,其次是"父母一起"为 33.7%。可见在 3～6 岁阶段,家长们在实际行动中也主要是自己承担起孩子智力启蒙的任务。另外,0～3 岁实际表现中以"母亲为主"负责孩子智力启蒙的比例比认知高出 12 个百分点,3～6 岁更是高出近 19 个百分点,相应的"父母一起"的比例两个年龄段分别有 12 和 19 个百分点左右的下降。可见,虽然理想中更倾向于"父母一起",但实际表现上还是母亲发挥的作用更大。

第三,0～3 岁儿童父母在孩子面前控制消极情绪的表现略好于 3～6 岁儿童父母,其中父亲的表现又略好于母亲。理想中,两个年龄段家庭中认为应该在孩子面前控制自己的消极情绪的父母均达到 80% 以上,而实际上当孩子情绪不好时,从不跟孩子发脾气的父亲在 0～3 岁年龄段中仅占 27.2%,3～6 岁中占 25.1%,而从不跟孩子发脾气的母亲比例仅占 25.3% 和 22.1%。可见,在不跟孩子发脾气这件事上家长们同样是"认知很丰满,现实很骨感",其中,又以 0～3 岁的父母略好于 3～6 岁的父母,而父亲的情绪控制表现略好于母亲。

4. 两个年龄段在"角色准备"上的差异

第一,年轻的父母们越来越重视养育孩子的物质准备,更多的 0～3 岁儿童家庭在有较好的物质条件后,才考虑要孩子。在物质准备方面,两个年龄段近半数的父母都选择"有了一定的物质条件"后再养育孩子,3～6 岁年龄段中,父母在生养孩子前没有考虑物质条件的比例为 30.1%,比 0～3 岁年龄段高出 5.9 个百分点。相应的,有更多的 0～3 岁年龄段的家庭在有较好的物质条件后,才考虑要孩子。这一方面可能是由于认为应该有较好的物质条件后才要孩子的夫妻需要花更多的时间来积蓄物质条件,所以会比其他夫妻推迟生孩子的时间,因此孩子的年龄比起同龄人要小;另一方面也可能说明越年轻的父母们越来越重视在养育孩子前需要做好充分的物质准备。

第二,3～6 岁儿童父母在养育孩子的心理准备上更充分。在心理准备方面,3～6 岁年龄段中夫妻双方都准备好了的比例占 66%,比 0～3 岁年龄段高近 5 个百分点。可见,在角色准备方面,0～3 岁儿童年龄段的家长相比更倾向于注重物质上的准备,而 3～6 年龄段的家长在心理上的准备相对更充分。

三、总结与建议

(一) 0~3岁与3~6岁儿童家庭的父母角色差异

随着儿童年龄的增长,独生子女的比例和家庭计划再生育的比例均呈下降趋势,更多的家长们倾向于认为孩子的体质在变弱。总的来看,在家长的角色认知中,随着孩子年龄的增长,到3~6岁时父亲在养育上的参与需要逐渐增多,家长越来越重视共同养育,认为父母应该更多地承担起共同养育的责任,而在0~3岁阶段主要应该由母亲多负责。但在实际的角色表现中,父亲在孩子3~6岁时的很多表现并不如家长们的预期。在孩子的日常生活照料中,有些反而出现越来越"以母亲为主"的现象,尤其是在诸如日常饮食穿着这样的基本照料上。

1. 生活照料层面

两个年龄段儿童的家长在经济支持、日常的饮食生活照顾上的共同特点是,角色表现上"父母一起"和"父亲为主"的比例有所下降,"母亲为主"和"父母、祖辈一起"的比例有所上升。在家长们理想中认为孩子的安全、健康应该是父母共同的责任,但在实际表现中,在出现孩子生病等较为紧急的情况时父母的共同参与度较好,而在日常的安全教导中则并没有那么好的父母共同参与。

2. 情感陪护层面

随着年龄的增长,家长们愈发认为父母应该一起陪孩子玩,关心孩子的情绪变化。父亲和母亲对不同年龄段的孩子表达爱意的方式有不同的特点。0~3岁时,父母都呈现出显著的以"拥抱、亲吻、爱抚"等肢体行为为主的方式。而到孩子3~6岁时,父亲逐渐从肢体行为转变为鼓励、表扬等口头语言。而母亲在孩子0~6岁阶段始终最经常使用肢体行为来表达。此外,父亲比母亲更多采用给孩子购买物品的方式。3~6岁儿童的父母认为应该一起陪孩子玩的比例要高于0~3岁,但实际表现中0~3岁儿童的父母陪孩子玩的情况要略好于3~6岁。

3. 教育指导层面

家长们无论在认知中或实际行为表现中,均认为孩子智力启蒙的主要责任在于家庭。父母自身在教养中控制负面情绪的实际表现没有认知层面的好,0~3岁的父母表现略好于3~6岁的父母,父亲的情绪控制表现略好于母亲。就带孩子运动这件事而言,家长们倾向于认为父亲在其中应该发挥主力作用。

4. 角色准备层面

0~3岁年龄段的家长更倾向于注重物质上的准备,而3~6年龄段的家长在心理上的准备则相对更充分。

(二)加强对儿童家庭指导的建议

1. 加强对0~3岁儿童父亲角色的研究和指导

面对儿童0~3岁时期的家庭教育,从调查中发现,家长们仍然存在着一些固有的思维模式,即婴幼儿期更多的是喂养问题,所以更多是母亲的责任,而倾向于认为父亲的角色在孩子3岁之后才能更多地发挥作用。其实,婴儿期父母担任着各自不同的角色,对其发展都有着不可替代的作用。我国关于0~3岁婴幼儿阶段父亲角色的研究和实践都还比较薄弱,主要体现在研究者不够重视,家长们认识不够和父亲能力不足等3个方面,增强0~3岁时期父亲参与家庭教育的研究和指导是一项艰巨、迫切的任务,但却具有重要现实的意义。

2. 提高3~6岁儿童父母共同养育的能力

在儿童3~6岁阶段,家长们虽然普遍已经认识到了应该更加注重父母的共同养育,然而3~6岁儿童父母在这些方面的实际表现情况并没有好于0~3岁的儿童父母,尤其是父亲角色的表现,和家长们的预期还有较大的距离。鉴于此种现状,建议在对3~6岁儿童的父母进行家庭教育指导时,应该把重心从传递家庭教育、共同养育等理念和知识转移到切实提高家长,尤其是父亲参与共同养育的能力上。

3. 鼓励父亲发挥独特的角色作用

调查发现,随着孩子年龄的增长,家长们对儿童体质的评价呈现变低的趋势。而"带孩子做运动"是在家长们的角色认知中为数不多的倾向于认为父亲应该发挥主力作用的方面。因此,建议从"带孩子运动"这一点上入手,更多鼓励父亲发挥角色的独特作用,让父亲从中感受到自己的价值和养育的成就感,既有助于增强孩子的体质,同时能够促进更多的父亲陪伴和亲子沟通。

4. 促进父母在角色认知和表现上的"知行合一"

两个年龄段的父母都普遍存在角色认知和角色表现上"知行不合一"的问题。如家长们已经普遍认识到应该在孩子面前控制自己的消极情绪,但当孩子情绪不好时,很多家长很难控制住自己不对孩子发脾气。"知"和"行"之间存在一定的不一致是难以避免的,但0~6岁儿童的家长就如0~6岁儿童一样,是父母角色的奠基时期,具有很强的可塑性,促进0~6岁儿童父母在角色认知和表现上的"知行合一"对于提高家长的教育素质和教育能力具有基础作用。

参考文献

［1］李凌艳、庞丽娟、易进、夏勇：《2～6岁儿童母亲教育观念结构及其影响因素》，《心理科学》1997年第20期。

［2］蒋微、谯秀娟、卢清：《父亲缺位对幼儿创造力发展的影响》，《科教文汇》2015年第2期。

［3］邢双喜：《婴儿期父亲参与家庭教育时间对其幼儿期神经心理发育的影响》，山西医科大学，2016年。

［4］侯忠伟：《父母参与教养、共同教养与儿童行为的关系》，山东师范大学，2007年。

［5］孙元元：《父亲教养行为与4岁幼儿自我控制的关系研究》，河南大学，2014年。

［6］刘莉：《父亲参与教养与3～6岁幼儿问题行为关系的研究》，河北师范大学，2015年。

（黄晓晗）

儿童气质、父母教养方式与儿童行为问题的关系

一、研究背景

近年来,人们对家庭教育的认识更趋向于将其看作"互动"的过程,而不仅仅是家长对子女的单向教育。家庭教育是在家庭互动过程中父母对子女的生长发展所产生的教育影响。在考察儿童行为问题时,在考虑儿童气质的同时,引入父母教养和其他家庭因素会得到比单纯考虑其中某一因素更为明确的预测结果,在解释不同教养行为对不同气质特征的孩子的影响时,会得到更具指导性的结果。

家庭是儿童成长最初也是最重要的场所,发展心理学中最广泛、最一致的发现之一就是家庭因素与孩子心理行为问题之间的密切关系。作为与孩子朝夕相处,承担了对孩子主要的抚养和教育责任的父母,他们提供给孩子的成长环境、他们与孩子的关系以及他们的教养态度和行为与儿童的发展有着密不可分的关系。不良的教养会增大儿童发生心理和行为问题的风险,如家长对孩子的需要不够敏感、忽视、冷漠、严厉,儿童会有更多的心理行为问题(Bugental & Grusec, 2006)。

研究表明,在儿童期或更早的时期就会在行为的倾向性、反应性或自我调节方面表现出个体差异,而且在不同的情境、不同的发展阶段中这种差异通常表现出相当的稳定性(Bates, Pettit, Dodge, & Ridge, 1998)。这一个体差异或个性特征就是气质。气质与儿童的心理行为问题关系密切,早期的气质特点不仅与同时期的发展相关,还对今后的发展状况有一定的预测作用。如早期的冲动性、易怒、易分心可预测日后的外化行为问题(Eisenberg et al., 2009),早期的抑制、羞怯、易悲伤可预测日后的焦虑、低的攻击性等(Caspi, Henry, McGee, Moffitt, & Silva, 1995)。而气质与行为问题的关系还可能与文化有关。不同文化背景中儿童气质与心理行为问题的关系有差异(Chen, Wang, & Cao, 2011)。

随着现代对儿童研究的不断深入,越来越强调将儿童自身特点与其成长环境结合起来考虑对儿童发展的影响。气质与父母行为的关系反映了双向的交互作用过程,即父母对儿童的气质会产生一定影响,儿童的气质反应也会引发父母对他们做出特定的行为,比如易怒、难安抚的孩子会激起母亲批评、忽视、严厉强迫性的管教行为(Lengua,& Kovacs, 2005)。有研究也发现,有高反应性或困难型气质的儿童对于不良的教养更加敏感(Rothbart & Bates, 2006)。目前,无论是在家庭教育领域还是在儿童发展领域的研究越来越强调既要重视他们各自的作用,也要考察他们的交互作用(Bates & Pettit, 2007)。

鉴于家庭教育的新特点和家长的新需求,以及气质和家庭教养各自对儿童的重要影响,对它们的深入研究,对儿童特别是儿童早期有着更加直接的意义。这两个因素是以怎样的方式共同对儿童产生影响的? 对这个问题的探讨将有助于整合儿童自身特点和家庭教育两个方面的作用,为降低儿童行为问题的风险提供有益的指导。

二、研究设计

(一) 研究的内容

一方面,家庭状况和家庭教育对儿童的心理行为有重要影响,另一方面,儿童与生俱来的一些特点如气质也会对其行为产生影响。深入和全面了解儿童的行为问题需要结合两方面的因素进行研究。本研究考察的主要内容:一是家长教养方式对儿童行为的影响。主要对家长的教养行为等方面进行测评,探讨这些因素对儿童行为会产生怎样的影响。二是考察儿童的气质与其行为问题的关系及其与教养方式的交互作用。通过对儿童气质的测评,了解儿童气质特点与行为问题的关系,同时探讨气质是如何与教养方式共同产生作用的,不同的家长教养行为是否会对不同气质的儿童产生不同的作用。

(二) 主要变量

1. 孩子的行为问题:包括外化问题(攻击、违纪)、内化问题(抑郁、退缩)、注意问题 3 个主要维度。

2. 孩子的气质:包括外向性、负性情绪、自我调节 3 个主要维度。

3. 家长的教养状况:包括民主、专制和放任 3 个主要维度。

(三)基本概念

儿童行为问题:是指儿童表现出的与其所处的社会文化背景和相应年龄不相适应的行为,包含一系列广泛的问题。可分为内化问题、外化问题和注意力问题。内化问题是指儿童的一些不愉快或消极负面的情绪,包括抑郁、焦虑、退缩等;外化问题是指儿童的一些破坏性的不适应行为,包括攻击、违抗、违纪等;注意力问题是儿童易分心、注意力不稳定,无法有效集中或转移注意力的表现。

儿童气质:是指儿童心理活动和行为中表现出的稳定的特质,是一种与生俱来的个体差异。本次研究测查的3个方面:外向性、负性情绪和自我调节。外向性包括了对孩子活动性、积极参与性、冲动等方面的测量。负性情绪主要是指孩子日常情绪情感的敏感性以及一些负性情绪,如害怕、生气、难过等。自我调节是孩子对情绪、行为和注意力的自我控制和支配能力。

父母教养风格:父母教养方式是家长在教育、抚养子女时表现出的一种相对稳定的行为风格。它是指在家庭生活中以亲子关系为中心,与孩子进行交流的一系列态度方式组合形成的一种情感氛围中,父母所表现出来的教养观念、行为以及他们对儿童情感的一种具有稳定性的组合方式,并对孩子产生影响。

(四)研究方法

以班级为单位抽取北京市某幼儿园小班、中班、大班孩子的父母为被试,该幼儿园属于公立园,以地方划片的方式招收学生,样本具有一定的代表性。共回收有效问卷530份,其中母亲问卷266份,父亲问卷264份,父母双方均填答的问卷有263组(一份父亲问卷,一份母亲问卷),仅父亲或母亲填答的问卷为4份。

儿童行为量表(Child Behavior Checklist, CBCL)(Achenbach, 1991)用于测量儿童不同的行为问题,适用于评价不同国度的儿童非适应性行为,是儿童行为问题应用最为广泛的测量工具。CBCL量表包括家长、教师和儿童自评3种量表。对学前和学龄期12岁以下的儿童可采取父母报告CBCL量表。

儿童气质量表(Children's Behavior Questionnaire, CBQ)(Rothbart, K., Ahadi, Hershey, & Fisher, 2001),是3~7岁儿童气质测量的主要工具之一。主要测量了3个方面的气质特点:外向性、负性情绪和自我调节。由父母进行填写。

父母的教养风格采用教养风格和维度量表(Parenting Styles and Dimensions Questionnaire, PSDQ)(Robinson, Mandelco, Olsen, & Hart, 2001)。分别测量了民主、专制和放任3个教养风格。父母分别报告自己和配偶的教养风格。

三、主要结果

(一) 儿童的气质与其行为问题的关系

儿童的三大气质维度与行为问题均存在显著相关。其中外向性与外化问题和注意力问题呈显著正相关,与内化问题呈显著负相关;负性情绪与3类行为问题均为显著正相关;自我调节与3类行为问题均为显著负相关(见表1)。

表1 儿童气质和行为问题的关系(相关系数)

	外化问题	内化问题	注意力问题
外向性	0.24**	−0.34**	0.22**
负性情绪	0.27**	0.34**	0.21**
自我调节	−0.43**	−0.16*	−0.58**

** $p<.01$; * $p<.05$(下同)

(二) 父母教养风格与儿童行为问题的关系

母亲和父亲的教养风格都与儿童的行为问题存在显著相关。父母教养风格的民主性与外化问题、内化问题和注意力问题均存在显著负相关,专制和放任与3类行为问题均存在显著的正相关(见表2)。

表2 父母教养风格和行为问题的关系(相关系数)

	外化问题	内化问题	注意力问题
母亲教养民主	−0.22**	−0.17**	−0.27**
母亲教养专制	0.41**	0.16*	0.45**
母亲教养放任	0.43**	0.16*	0.29**
父亲教养民主	−0.14*	−0.14*	−0.19**
父亲教养专制	0.43**	0.16*	0.45**
父亲教养放任	0.37**	0.24**	0.29**

(三) 父母教养风格与儿童的气质的关系

母亲和父亲的教养风格在很多方面与儿童的气质存在显著相关。儿童的外向性气质与母亲的专制、放任以及父亲的专制教养风格存在显著正相关;儿童的负性情绪与父母的民主教养风格存在显著负相关,而与父母的专制和放任教养风格呈正相关;儿童的自我调节与父母的民主教养风格存在显著正相关,而与父母的专制和放任教养风格呈负相关(见表3)。

表3 父母教养风格与儿童的气质的关系(相关系数)

	外向性	负性情绪	自我调节
母亲教养民主	0.00	−0.19**	0.39**
母亲教养专制	0.25**	0.26**	−0.37**
母亲教养放任	0.15*	0.28**	−0.38**
父亲教养民主	−0.06	−0.15*	0.32**
父亲教养专制	0.23**	0.21**	−0.40**
父亲教养放任	0.07	0.32**	−0.26**

(四)儿童的气质与父母教养风格对儿童行为问题的影响

1. 儿童气质、父母教养风格对儿童行为问题的影响

前面的分析表明,儿童的气质和教养风格都与儿童行为问题有着密切的关系。为进一步了解两者对儿童行为问题的影响程度,进行了分层回归分析。第一步将儿童的性别和年龄作为控制变量放入方程;第二步将儿童气质(外向性、负性情绪和自我调节)放入方程;第三步将父母教养风格(民主、专制、放任)放入方程考察它们的作用。

(1)儿童外化问题。对儿童外化问题的分析表明,在控制了儿童性别、年龄因素后,儿童气质与儿童外化问题关系显著,儿童的气质越外向、负性情绪越高越倾向于表现出更多的外化问题,而儿童气质中的自我调节能力越高表现出的外化问题越少;父母教养风格的一些方面也与儿童外化问题关系显著,父母越专制或越放任儿童的外化问题就越多。

表4 儿童气质、父母教养风格与儿童外化问题的分层回归分析

步骤	预测变量	母亲(Beta)	调整后 R^2	父亲(Beta)	调整后 R^2
第一步	儿童性别 儿童年龄	−0.364** 0.058	0.037	−0.319** 0.062	0.037

续 表

步骤	预测变量	母亲(Beta)	调整后 R^2	父亲(Beta)	调整后 R^2
第二步	儿童气质外向性 儿童气质负性情绪 儿童气质自我调节	0.129* 0.210** −0.226**	0.280	0.134* 0.204** −0.248**	0.280
第三步	父母教养风格—民主 父母教养风格—专制 父母教养风格—放任	−0.001 0.131† 0.177**	0.321	0.070 0.186** 0.171**	0.333

** $p<.01$; * $p<.05$; † $p<.1$(下同)

(2) 儿童内化问题。对儿童内化问题的分析表明,在控制了儿童性别、年龄因素后,儿童气质与儿童外化问题关系显著,儿童负性情绪越高越倾向于表现出更多的内化问题,而儿童气质越外向、自我调节能力越高表现出的外化问题越少;父母教养风格的一些方面也与儿童外化问题关系显著,母亲越专制、父亲越放任,儿童的内化问题就越多。

表 5 儿童气质、父母教养风格与儿童内化问题的分层回归分析

步骤	预测变量	母亲(Beta)	调整后 R^2	父亲(Beta)	调整后 R^2
第一步	儿童性别 儿童年龄	0.038 0.162*	0.001	0.050 0.162**	0.001
第二步	儿童气质外向性 儿童气质负性情绪 儿童气质自我调节	−0.397** 0.209** −0.205**	0.241	−0.384** 0.186** −0.179**	0.241
第三步	父母教养风格—民主 父母教养风格—专制 父母教养风格—放任	0.040 0.132† 0.055	0.249	−0.001 0.105 0.137*	0.262

(3) 儿童注意问题。对儿童注意问题的分析表明,在控制了儿童性别、年龄因素后,儿童气质的一些方面与儿童注意问题关系显著,儿童负性情绪越高越倾向于表现出更多的注意问题,而儿童自我调节能力越高表现出的注意问题越少;父母教养风格的一些方面也与儿童外化问题关系显著,父母越专制,儿童的注意问题就越多。

表6 儿童气质、父母教养风格与儿童注意问题的分层回归分析

步骤	预测变量	母亲(Beta)	调整后 R^2	父亲(Beta)	调整后 R^2
第一步	儿童性别 儿童年龄	−0.284** 0.148**	0.042	−0.222* 0.177**	0.042
第二步	儿童气质外向性 儿童气质负性情绪 儿童气质自我调节	0.029 0.138* −0.505**	0.406	0.050 0.134* −0.500**	0.406
第三步	父母教养风格—民主 父母教养风格—专制 父母教养风格—放任	0.045 0.271** −0.055	0.441	0.085 0.186** 0.075	0.435

2. 儿童气质与父母教养风格的交互作用对儿童行为问题的影响

前面的分析表明,儿童气质也与其父母的教养风格存在关系。为进一步了解两者是如何共同影响儿童行为问题的,进行了分层回归分析。第一步将儿童的性别和年龄作为控制变量放入方程;第二步将两个主要变量维度:儿童气质(外向性、负性情绪和自我调节的一个维度)和父母教养风格(民主、专制、放任的一个维度)放入方程考察它们的作用;第三步将两者的交互作用放入方程,考察这两者的共同作用。

(1) 儿童外化问题。对儿童外化问题的分析表明,在控制了儿童性别、年龄因素后,儿童气质的外向性和父亲的专制性教养依然与儿童外化问题关系显著,而且两者的交互作用也显著,儿童的气质越外向越倾向于表现出更多的外化问题,而父亲专制性的教养风格会使这个问题更为突出(见表7)。

表7 儿童气质的外向性、父亲专制教养风格与儿童外化问题的分层回归分析

步骤	预测变量	Beta	调整后 R^2
第一步	儿童性别 儿童年龄	−0.314** −0.016	0.037
第二步	儿童气质外向性 父母教养风格—专制	0.118* 0.357**	0.208
第三步	儿童气质外向性与父亲专制教养的交互	0.142*	0.222

(2) 儿童内化问题。对儿童内化问题的分析表明,在控制了儿童性别、年龄等

因素后,儿童气质的外向性和母亲的放任性教养与儿童内化问题关系显著,而且两者的交互作用也显著,儿童的气质越外向越倾向于表现出更少的内化问题,而母亲放任性的教养风格会降低外向性气质的这种保护性作用(见表8)。

表8 儿童气质的外向性、母亲放任教养风格与儿童内化问题的分层回归分析

步骤	预测变量	父亲(Beta)	调整后 R^2
第一步	儿童性别 儿童年龄	0.084 0.143*	0.037
第二步	儿童气质外向性 母亲教养风格—放任	−0.366** 0.262**	0.208
第三步	儿童气质外向性与母亲放任教养的交互	−0.116†	0.222

(3) 儿童注意力问题。对儿童注意力问题的分析表明,在控制了儿童性别、年龄等因素后,母亲的专制教养风格与3个气质方面都存在着显著的交互作用,对儿童注意力问题影响显著,母亲专制的教养风格会使儿童注意力问题更为突出(见表9、10、11)。

表9 儿童气质的外向性、母亲专制教养风格与儿童注意问题的分层回归分析

步骤	预测变量	Beta	调整后 R^2
第一步	儿童性别 儿童年龄	−0.431** 0.068	0.042
第二步	儿童气质外向性 母亲教养风格—专制	0.066 0.425**	0.245
第三步	儿童气质外向性与母亲专制教养的交互	0.084†	0.250

表10 儿童气质的负性情绪、母亲专制教养风格与儿童注意问题的分层回归分析

步骤	预测变量	Beta	调整后 R^2
第一步	儿童性别 儿童年龄	−0.465** 0.081	0.042

续 表

步 骤	预测变量	Beta	调整后 R^2
第二步	儿童气质负性情绪 母亲教养风格—专制	0.113† 0.443**	0.256
第三步	儿童气质负性情绪与母亲专制教养的交互	−0.133*	0.270

表 11　儿童气质的自我调节、母亲专制教养风格与儿童注意问题的分层回归分析

步 骤	预测变量	Beta	调整后 R^2
第一步	儿童性别 儿童年龄	−0.269** 0.132*	0.042
第二步	儿童气质外向性 母亲教养风格—专制	−0.493** 0.262**	0.432
第三步	儿童气质的自我调节与母亲专制教养的交互	−0.103†	0.439

四、分析与结论

（一）儿童气质是影响儿童行为问题的重要因素

本研究结果表明，儿童的气质与他们的行为问题关系十分密切。具体表现为气质外向的儿童比内向的儿童在外化问题和注意力问题上的风险更大，这类儿童活泼外向、精力充沛，有时会不假思索就尝试新的事物，进入新的环境后往往能很快地去进行探索，好奇心强，但专注力可能偏弱。不过他们在内化问题方面面临的风险要低于偏内向的儿童。另一方面，负性情绪也与儿童的3类行为问题关系显著，负性情绪高的儿童较为敏感，胆小害怕，容易感到忧伤、难过，身体的不适，比如生病、受伤，有时是很小的伤也容易给他造成困扰。负性情绪偏高的儿童比偏低的儿童更容易表现出内化问题、外化问题和注意力问题。气质的自我调节方面与三类行为问题都有显著的负相关，总体而言自我调节能力高的儿童无论在内化、外化还是注意力方面的问题都更少。通常气质被认为是儿童与生俱来的特点，这些特点在儿童期仍是影响他们行为问题的重要因素。

(二)家长养育风格与儿童行为问题密切相关

家长教养风格是儿童心理和家庭教育研究领域最为关注的主题之一,本研究结果与以往研究一致,显示父母教养风格与儿童的行为问题关系十分密切。父母比较民主、尊重孩子的意愿,平等地与孩子交流,倾听孩子的观点,鼓励孩子自立的教养风格,孩子的行为问题也更少;家庭中家长作风重、强调父母对孩子的领导和管理,忽视孩子自己的想法的专制风格,孩子的行为问题更多;同样缺少对孩子不当行为的管束、一味顺应孩子的要求,对孩子过分溺爱和娇纵的父母,其子女的行为问题也更多。

(三)儿童气质与家长教养风格对儿童行为问题的影响存在交互作用

儿童自身的特点和家长对孩子的养育都与儿童的行为问题有着重要联系,本次研究的结果揭示了儿童气质和父母教养行为除了各自对儿童的行为问题有影响外,两者还存在着交互作用,即一方的作用可能因另一方的不同水平而发生变化,如儿童气质对行为问题的作用会因父母教养风格而有所差异。

外化问题方面,主要表现在儿童的外向性气质与父亲的专制教养风格存在交互作用。儿童气质越外向,外化问题的风险越高,但父亲高专制的教养风格会使儿童外化问题的风险进一步加大,而低专制有助于缓解这一风险。

在内化问题方面,主要是母亲的放任与外向气质的交互,气质更外向的儿童内化问题的风险更低,但母亲的放任教养却降低了外向性的保护作用,从另一个角度看是母亲教养中不过度放任孩子,会直接减少儿童的抑郁、社交退缩等内化问题,对于那些气质偏内向的儿童来说更是如此。

同样注意力问题方面,母亲的专制教养风格与3个气质方面都存在着显著的交互作用,母亲过于严厉、对孩子缺乏理解和尊重的教养风格对于那些气质本身偏外向、自我调节水平低、情绪敏感、负性情绪多的儿童会带来更多不良影响,表现为更多的注意力问题。

(四)对家庭教育的建议

家庭中父母的养育与儿童的行为问题关系十分密切,父母双方在养育孩子的时候的相互支持、一致性和合作性十分重要。父母之间在养育孩子的目标和方法上要尽量达成一致,多沟通,互相配合,共同承担养育孩子的责任。双方相互助力、相互扶持。出现分歧时就事论事。在养育孩子的过程中双方有不一致的情况很正常，但要注意避免在孩子面前因为教育他（她）的问题而冲突。特别是不要把孩子卷入争执，试图和孩子结盟，孤立或排斥另一方。

无论是母亲还是父亲，民主的教养风格有利于降低儿童行为问题的风险，而专制和放任的教养风格则会增加儿童行为问题的风险。"严父慈母"的传统模式可能并不是养育孩子的最佳组合。尊重孩子、关注孩子的需要，给孩子一定的自主选择，对于儿童的健康成长更为有利。

儿童的气质对于行为问题的影响尽管十分重要，不过气质与教养风格的交互作用揭示了家庭教育的重要性，尤其是当孩子具有某些特定气质特点时，如外向性很高、自我调节水平较低而负性情绪体验较为敏感时，他们会面临更高风险的行为问题，此时家长高民主、低专制、少放任的教养会有助于降低这些风险。

参考文献

[1] Bates, J., Pettit, G., Dodge, K., & Ridge, B. (1998). Interaction of Temperamental Resistance to Control and Restrictive Parenting in the Development of Externalizing Behavior. *Developmental Psychology*, 34(5), 982—995.

[2] Bates, JE.; Pettit, GS. Temperament, parenting, and socialization. In: Grusec, J.; Hastings, P., editors. Handbook of socialization. New York: Guilford; 2007. pp.153—177.

[3] Bugental, DB., Grusec, JE. Socialization processes. In: Eisenberg, N.; Damon, W.; Lerner, RL., editors. Handbook of child psychology: Vol. 3. Social, emotional, and personality development. New York: Wiley; 2006. pp.366—428.

[4] Caspi, A, Henry, B, McGee, RO, Moffitt, TE, & Silva, PA. (1995). Temperamental origins of child and adolescent behavior problems: From age three to age fifteen. Child Development, 66(1), 55—68.

[5] Chen, Xinyin, Wang, Li, & Cao, Ruixin. (2011). Shyness-Sensitivity and Unsociability in Rural Chinese Children: Relations With Social, School, and Psychological Adjustment. Child development, 82(5), 1531—1543.

[6] Eisenberg, N, Valiente, Spinrad, T, Cumberland, A, Liew, J, Reiser, Zhou, Q, Losoya, SH. Longitudinal relations of children's effortful control, impulsivity, and negative emotionality to their externalizing, internalizing, and co-occurring behavior problems. Developmental Psychology, Vol 45 (4), 2009, 988—1008.

[7] Lengua, LJ, & Kovacs, EA. (2005). Bidirectional associations between temperament and parenting and the prediction of adjustment problems in middle childhood. Journal of Applied Developmental Psychology, 26(1), 21—38.

[8] Rothbart, MK, Bates, JE. Temperament. In: Eisenberg, N.; Damon, W.; Lerner, RM., editors. Handbook of child psychology: Vol.3, Social, emotional, and personality development. New York: Wiley; 2006. pp.99—166.

(李　杨　郭　菲)

共同养育:养育者的角色期待

一、引言

  教养未成年子女是夫妻双方共有的责任。0~6岁是儿童发展的重要时期,是家庭教育作用最为突出的阶段,同时也是亲子关系形成的重要时期。基于儿童发展的重要性,我们需要对0~6岁儿童的父母在家庭教养中的角色与共同养育状况进行深入研究,并提出有针对性的对策和指导。在婴幼儿早期家庭教养指导中,在继续重视对母亲进行指导的同时,注意针对父亲的特点、观念和问题,加强对婴幼儿父亲的分类指导,增强父亲的角色意识,吸引父亲们投入婴幼儿的家庭带养,发挥父亲在早期教养中应负的独特作用。

  角色是社会结构在个人身上的反映,是社会规定的用以表现社会地位的模式行为。在社会现实中生活的个人,都具有一定的社会位置或社会身份,它与个人的地位、权力、义务紧密相联。相应地,个人也通过不同的地位、权力、义务与社会相关联,个人在各自社会位置上履行自己角色的过程,也正是整体社会结构发挥其社会职能的过程。[①] 而父母角色是社会结构中最基本的角色之一,是所有有子女的社会成员的固有角色,它表明了个体在家庭中所处的地位,反映了社会和家庭对其的期待和要求,也规定了个体相应的行为模式,对社会、家庭、子女都产生着重要的影响。父母角色具有天然的不可转移性、与子女角色的对应性、终其一生的持续性和对子女的深刻影响性,不仅表明父母与子女血缘关系的生理意义,更具有其社会意义。[②] 有研究者认为,尽管父母作为子女的家长具有一些共同的角色特征,但由于

---

 ① 参见高雅云编:《社会心理学词典》,农村读物出版社1988年版。
 ② 寇文青:《初中生父母亲父母角色认知情况及其分类特点——以河南濮阳市为例》,曲阜师范大学,2008年。

受到历史和现实的、个人和社会的、家庭内外和文化习俗等因素的影响,父母在各自的角色扮演上还具有一定的差异,了解和分析这些差异对于正确定位父母角色是十分必要的。① 郝玉章从父母角色的进入、父母角色准备和扮演、对其扮演父母角色的自我评价等几个方面对已婚独生子女的父母角色状况进行了分析。②

传统教育观念下,人们支持采用惯例的方式来教育孩子,即母亲担负大部分的教育责任。即使社会和法律明确规定了父亲对孩子的责任,但多数人还是同意母亲在儿童发展中起到更为中心的作用。今天,人们期望更多的男女平等,女性也希望男性能全面参与对孩子的管教。由于现在许多女性都有了职业,所以父亲参与对孩子的管教要比以往任何时候都更为重要。因此,父亲的角色定位发生了变化。男性在他们的社会化过程中有一些独特的特征,这对于父母角色是很有好处的,诸如在解决问题、幽默感、嬉戏和承受风险等方面都有很大的不同。男性对孩子产生影响的方式可以使孩子在精神上和身体上有所扩展的发展;父亲促使孩子去应付母子纽带之外的世界,孩子们随之发展了一套复杂的相互影响的感情沟通技巧;父亲还能鼓励孩子从家庭中独立,尤其能帮助他们发展自律能力。父亲也在学会更多地心领神会、更好地表达情感、更加感性的同时使自身受益。当他们感受到因为其给家庭带来力量而受到尊敬时,他们更能注意到这些问题。孩子的成长需要父亲的关注。专家经过比较研究表明,父亲对孩子的成长有着重要的作用,这体现在对孩子体格发展速度的影响、对孩子个性品质形成的作用、对孩子智力发展的影响、对孩子性别角色正常发展的影响等多个方面。实际上,母亲和父亲似乎以互相补充的方式与孩子互动并加以照料;也就是说,他们倾向于将养育的工作进行分工并且着重使孩子参与不同类型的互动。

二、研究方法

参考《2013年中国人类发展报告》的各省发展指数,结合地区划分方法,从我国东部、东北部、中部和西部四个地区中选取北京、山东、辽宁、湖南、山西、四川、内蒙古、甘肃8个省(自治区、直辖市)进行此次调查。每个省(自治区、直辖市)分别

---

① 陈竞芳:《家庭教育中父母角色定位探究》,《牡丹江教育学院学报》2008年第2期。
② 郝玉章:《已婚独生子女父母角色的实证研究》,《内蒙古社会科学》(汉文版)2007年第11期。

抽取经济水平发展不同的高、中、低3个地级市,每个地级市抽取经济水平发展不同的高、中、低3个区(县),每个区(县)抽取经济水平发展不同的高、中、低3个街道(乡、镇)。每个省共抽取3个地级市、9个区(县)、27个街道(乡、镇)。直辖市抽取经济水平发展不同的高、中、低的区(县)各2个,每个区(县)选取3个经济水平发展不同的街道(乡、镇)。直辖市共抽取6个区(县)、18个街道(乡、镇)。8个省(自治区、直辖市)共计抽取69个区(县)、207个街道(乡、镇)。从确定的207个街道(/乡/镇),各抽取60名1~3岁婴幼儿的主要教养人;各抽取一所幼儿园,每所幼儿园各抽取小班、中班和大班各1个,将抽取的全部幼儿的家庭主要教养者作为调查对象,进行3~6岁幼儿的现状调查。0~3岁婴幼儿家长调查实际调查人数共12 352人;3~6岁幼儿家长调查小班、中班和大班各207个班的家长,实际完成调查人数共17 898人。去除无效数据,在本研究中,共有27 081名家长参与了问卷调查,其中父亲7 030人,母亲17 263人。

三、结果

(一)角色认知的整体状况

有一半左右的养育者认为,对孩子"生活照料""情感陪护""教育指导"应该是父母双方一起负责的。在生活照料方面,有54.6%的养育者认为应当由父母一起承担孩子的生活和教育费用,51.5%的养育者认为应当由父母一起负责孩子的安全、健康;在情感陪护方面,有55.1%的养育者认为应当由父母一起负责陪孩子玩,51.6%的养育者认为应当由父母一起负责关心孩子的喜怒哀乐等情绪变化;在教育指导方面,有49.3%的养育者认为应当由父母一起带孩子做运动,55.2%的养育者认为应当由父母一起负责培养孩子良好的个性品质。

一般说来,母亲是儿童日常饮食和准备生活用品的主要负责人。在生活照料方面,有49.3%的养育者认为应当以母亲为主负责准备孩子的生活用品,有48.0%的养育者认为应当以母亲为主负责孩子的日常饮食。在教养中的其他情景中,那些不赞成"父母一起"负责的养育者都认为"母亲为主"是最好的选择,除了负担孩子的生活和教育费用和带孩子做运动(这两项以"父亲为主"为第二多选择)。

可见,半数左右的养育者认为,应该父母共同承担养育责任。但相比之下也对母亲期许更多,特别是在孩子的生活照料方面。那些不赞成"父母一起"负责的养

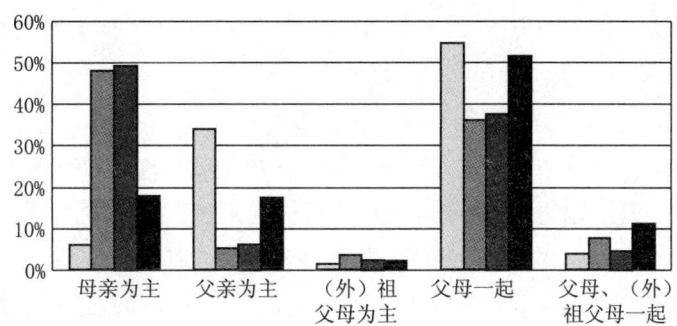

图1 家长对"生活照料"的角色认知情况

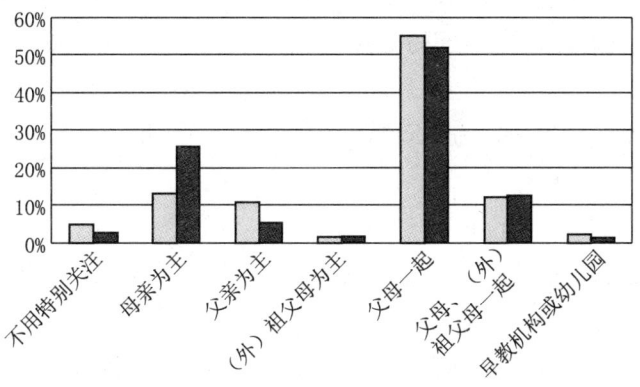

图2 家长对"情感陪护"的角色认知情况

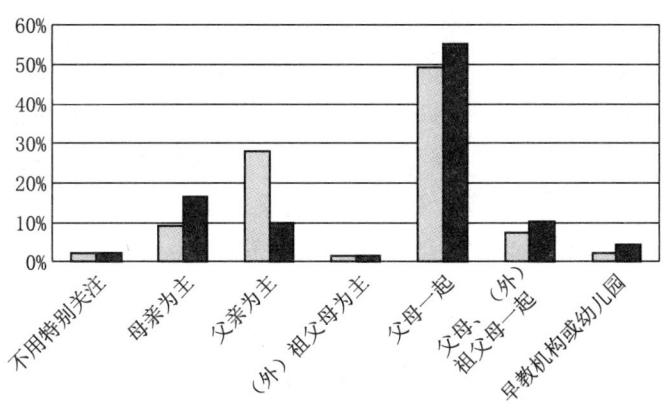

图3 家长对"教育指导"的角色认知情况

育者普遍认为,"母亲为主"是最好的选择,当然"由父亲负担孩子的生活和教育费用""带孩子做运动"也是普遍的第二选择。

(二)角色表现与角色认知的匹配度

研究从生活照料和教育指导两个指标来比较父母角色认知和角色表现,采用"匹配度"来呈现比较的结果。其中生活照料包括5个方面,分别为经济支持、营养健康、生活照顾、疾病安全1和疾病安全2;教育指导包括2个方面,分别为智力启蒙、个性品质。发现:在生活照料上,约两成父母角色认知和角色表现的5个方面均匹配。父母角色认知和角色表现从5个方面均匹配到5个方面均不匹配的比例依次为21.6%、18.3%、20.5%、18.3%、12.4%和9.0%。在教育指导上,不到四成的父母角色认知和角色表现的2个方面均匹配。父母角色认知和角色表现从2个方面均匹配到2个方面均不匹配的比例分别为37.3%、26.6%和36.0%。

可见,父母角色认知和角色表现的匹配程度一般,在生活照料方面,仅有两成的家庭认知和表现完全一致,在教育指导方面,也仅有不到四成的家庭可以做到完全一致。

(三)父亲与母亲的角色认知比较

尽管父亲和母亲在生活照料、情感陪护、教育指导中的诸多教养问题上都一致认为应为父母一起。但相对来说,母亲更强调父母一起承担教养职责,这体现在诸多方面。如母亲更赞成父母一起"承担孩子的生活和教育费用",比例比父亲高8.1个百分点(父亲、母亲在此问题上选择"父母一起"的百分比分别是50.5%和58.6%);母亲更赞成父母一起"负责孩子的安全、健康",比例比父亲高4.7个百分点(父亲、母亲在此问题上选择"父母一起"的百分比分别是49.6%和54.3%);母亲更赞成父母一起"陪孩子玩",比例比父亲高4.3个百分点(父亲、母亲在此问题上选择"父母一起"的百分比分别是53.9%和58.2%);母亲更赞成父母一起"负责孩子智力方面的启蒙教育",比例比父亲高4.4个百分点(父亲、母亲在此问题上选择"父母一起"的百分比分别是50.8%和55.2%);母亲更赞成父母一起"负责培养孩子良好的个性品质",比例比父亲高3.5个百分点(父亲、母亲在此问题上选择"父母一起"的百分比分别是54.6%和58.1%)。

相对于母亲,父亲更强调自己在"承担孩子的生活和教育费用""负责孩子的安全、健康""培养孩子良好的个性品质"中的作用,选择以"父亲为主"的比例分别比母亲多7.5%(父亲、母亲选择"以父亲为主"的百分比分别是38.9%和31.4%)、9.7%(父亲、母亲选择"以父亲为主"的百分比分别是24.3%和14.6%)、4.1%(父亲、母亲选择"以父亲为主"的百分比分别是 12.6% 和 8.5%）。这可能是因为父亲在角色认知方面有更强的体现"男性角色能力"的认识，比如"男人要负责挣钱""保护能力更强""拥有更强的意志品质"，等等。

可见，母亲更强调父母共同承担教养职责，而父亲可能更强调"男性角色"的独特作用。

（四）城市与农村的角色认知比较

城市与农村相比，城市的家长更倾向于认为应由父母一起承担孩子的教养任务、一起承担孩子的生活和教育费用、一起陪孩子玩、共同关注孩子的喜怒哀乐等情绪变化、一起带孩子运动、进行智力启蒙、培养孩子的个性品质，这种差别特别体现在对孩子的教育指导方面。56.1% 的城市家长认为，孩子的生活和教育费用应当由父母一起承担，比农村高 3.1 个百分点；有 56.3% 的城市家长认为，应当由父母一起负责陪孩子玩，比农村高 2.5 个百分点；53.1% 的城市家长认为，应当父母一起关心孩子的喜怒哀乐等情绪变化，比农村高 2.8 个百分点；55.2% 的城市家长认为，应当由父母一起负责孩子智力方面的启蒙教育，比农村高 5.3 个百分点；57.3% 的城市家长认为，应当由父母一起负责培养孩子良好的个性品质，比农村高 3.5 个百分点。

但在城市家庭的实际生活中，除了生活和教育费用、关注孩子的生长健康几项养育行为更突出的是由父母共同完成的外，其他方面城乡差别不大。城市和农村主要是由父母一起负担孩子的生活和教育费用的百分比分别为 52.1% 和 48.8%，城市和农村的父母都关注孩子的身高体重和健康状况的百分比分别为 42.5% 和 40.4%。

可见，城市家长从认识上更强调父母一起的作用，但实际生活并没有表现出更多的这方面的特点。

（五）角色认知的地区比较

不同地区之间相比，东部地区的家长更倾向于认为应由父母一起负责孩子的各项生活照料、一起陪孩子玩、关心孩子的喜怒哀乐，一起负责孩子的教育指导。见图 4。

同时，东部地区更强调（外）祖父母在日常饮食和情感陪护方面的作用，强调父亲在孩子的教育指导中的作用。通常认为应由父母、（外）祖父母一起负责孩子的日常饮食，比例分别为东部 11.4%、东北部 7.2%、中部 6.7% 和西部 6.1%；应由父母、（外）祖父母一起负责陪孩子玩，比例分别为东部 16.4%、中部 11.4%、东北部

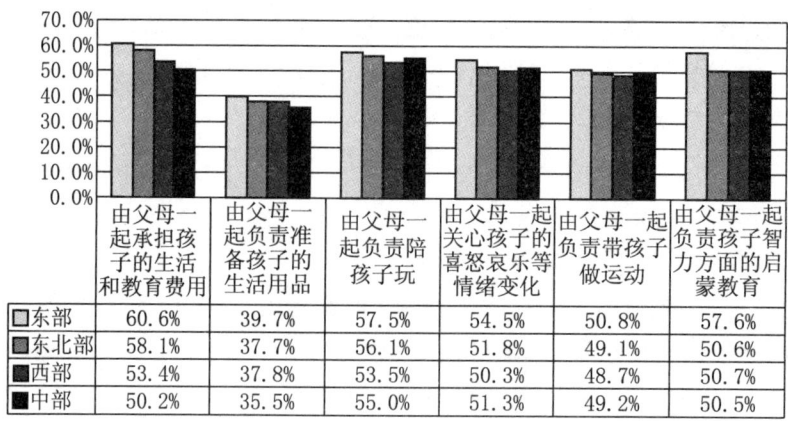

图 4　不同地区对"父母一起"履行家庭教养认知的比较

11.1%和西部10.3%；应由父母、（外）祖父母一起关心孩子的喜怒哀乐等情绪变化，比例分别为东部17.1%、东北部12.6%、中部12.1%、和西部9.6%。认为应以父亲为主承担孩子的生活和教育费用，比例分别为中部39.2%、西部33.2%、东部30.2%和东北部30.2%；应以父亲为主带孩子做运动，比例分别为东北部31.9%、东部31.7%、中部26.6%、西部26.1%；以父亲为主负责孩子智力方面的启蒙教育，比例分别为东部12.2%、西部12.1%、东北部11.6%、中部8.5%。

相比之下，东部地区的家长更强调孩子的教养是父母共同的责任，同时也更认可父母和祖辈在教养孩子中共同的作用。中部地区的家长"男主外女主内"的观念更强，父亲在孩子情感陪护中的作用相对最弱。中部地区的家长"由父母一起"负责孩子的各项生活照料的观念最弱，相比于其他地区中部地区更倾向于应由父亲承担生活和教育费用，由母亲负责孩子的日常饮食、生活用品、安全健康；中部地区家长更强调母亲在孩子情感陪护中的作用，更倾向于认为应当由母亲为主负责孩子的教育指导。

四、结论与建议

（一）结论

1. 共同养育已经成为当前家庭教养中的主流认识

无论从理想的角度来讲还是从现实生活来看，父母一起共同养育是履行教养角色的重要方式。有一半左右的养育者认为,对孩子"生活照料""情感陪护""教育指导"应该是父母双方一起负责的。并且在实际的生活中,有三成到一半的家庭是这样做的。共同养育已经成为当前家庭教养中的主流认识,有别于传统"男主外女主内"的思想,养育者普遍认为,在儿童养育教育方面的家庭内部事物中父亲和母亲都是要共同发挥作用的。

2. 父母的角色认知和角色表现匹配度一般,思想和行动还不能做到一致

总体而言,当前我国父母的角色认知和角色表现匹配度一般,生活照料上约两成父母各方面均匹配,教育指导上不到四成父母各方面均匹配。主要表现为,更多的父母在认知或观念上认为应该由父母一起对孩子进行生活照料和教育指导,或者父亲应该参与更多,但实际生活中母亲对孩子的生活照料和教育指导更多。

3. 母亲在教养中发挥了更多的作用

无论是从理想的角度还是实际的情况,母亲都是儿童日常饮食和准备生活用品的主要负责人。在教养中的其他情景中,那些不赞成"父母一起"负责的养育者都认为"母亲为主"是最好的选择,除了负担孩子的生活和教育费用和带孩子做运动(这两项以"父亲为主"为第二多选择)。在实际生活中更是如此。

4. 母亲更强调父母共同承担教养职责,而父亲可能更强调"男性角色"的独特作用

尽管父亲和母亲在生活照料、情感陪护、教育指导中的诸多教养问题上都一致认为应为父母一起。但相对来说,母亲更强调父母一起承担教养职责,这体现在诸多方面。

相对于母亲,父亲更强调自己在"承担孩子的生活和教育费用""负责孩子的安全、健康""培养孩子良好的个性品质"中的作用。这可能是因为父亲在角色认知方面有更强的体现"男性角色能力"的认识,比如"男人要负责挣钱""保护能力更强""拥有更强的意志品质",等等。

5. 城乡是影响父母角色认知的重要因素

对于"生活照料""情感陪护""教育指导"各方面的角色认识与城乡因素有关系,城市和农村的养育者的角色认识是不同的,同时角色表现的各方面,城乡之间也有差别。

城市家长从认识上更强调父母一起的作用,但实际生活并没有表现出更多的这方面的特点。城市与农村相比,城市的家长更倾向于认为应由父母一起承担孩子的教养任务,一起承担孩子的生活和教育费用、一起陪孩子玩、共同关注孩子的喜怒哀乐等情绪变化、一起带孩子运动、进行智力启蒙、培养孩子的个性品质,这种差别特别体现在对孩子的教育指导方面。但在城市家庭的实际生活中,除了生活和教育费用、关注孩子的生长健康几项养育行为更突出的是由父母共同完成的外,其他方面绝对差别不大。说明,在城市家庭的认识中,男女在家庭教育教养中需要发挥同等作用的思想已经形成,但在实践层面仍然沿袭了一定的传统教养习惯,由女性教养子女的情况更多。

6. 东部地区的家长更强调孩子的教养是父母共同的责任,中部地区的家长"男主外女主内"的观念更强

不同地区之间相比,东部地区的家长更倾向于认为应由父母一起负责孩子的各项生活照料、一起陪孩子玩、关心孩子的喜怒哀乐、一起负责孩子的教育指导;同时,东部地区更强调、(外)祖父母在日常饮食和情感陪护方面的作用;强调父亲在孩子的教育指导中的作用。中部地区的家长"由父母一起"负责孩子的各项生活照料的观念最弱,相比于其他地区,中部地区更倾向于应由父亲承担生活和教育费用,由母亲负责孩子的日常饮食、生活用品、安全健康;中部地区家长更强调母亲在孩子情感陪护中的作用;更倾向于认为应当由母亲为主负责孩子的教育指导。西部地区较少地认为准备孩子的生活用品是母亲的责任,比较强调母亲在孩子情感陪护中的作用,强调父亲在孩子智力启蒙和个性品质培养中的作用。这说明,在东部地区家庭的认识中,父亲更多地参与家庭教养已经成为较为普遍的认识,但相对来说中部地区更为传统。和城乡差别一样,地区之间的差别可能来自传统文化的影响程度不同,以及现代社会女性和男性一样拥有社会职业,对于父亲参与对孩子的教养的需求和认识也随之发生了变化。

(二)建议

1. 普遍提升家长共同养育的能力

对于父母共同履行养育的各方面的职责的认识是普遍的,在实践上如何实现这一共识仍需加强。家教指导机构要加强共同养育能力的指导活动。深入了解父母养育认识冲突的根源,掌握避免和减少冲突的技巧并促进更好的合作。指导父母处理好分工与合作的关系、夫妻关系与亲子关系。拓展父母学习的渠道,为其提供符合成人学习特点的指导服务。

提高共同养育指导的针对性。对于不同群体父母的指导要各有侧重,城市、东部地区、幼儿父母等群体的认识相对较好,但需要进一步改善其教育行为,建议父亲要积极投入对孩子的照料与教育,提高角色认知和角色表现的一致性。对于农村、中部地区、流动人口的儿童、0~3岁儿童、低教育程度父母及高学历父亲等群体要普遍提升共同养育的意识,改善教育行为。

2. 提高全社会对父亲角色重要性的认识,普遍提高父亲参与家庭教育的意识和能力

父亲需要在家庭教育中投入更多的时间和精力,家教指导部门也要进一步加强父亲在家庭教育中的地位和作用的宣传,给家庭更多父子互动的活动机会,为父亲更好地参与儿童的照料和教育指导提供方法和指导,发挥父亲的养育特长。加强父亲对母亲的支持作用,通过父亲的参与提高其亲子关系体验,并提升家庭整体的满意度。对母亲提供如何处理共同养育关系的指导。母亲虽然有更高的共同养育的需求和认识,但如何在家庭生活中调动父亲的养育热情以及在养育中与父亲形成合作关系方面还需要得到指导和帮助。

加强对学前儿童父亲角色和共同养育的研究和实践指导。特别要加强对0~3岁儿童家长父亲参与家庭教育和共同养育理念的宣传,提高3~6岁儿童家长父亲参与家庭教育和共同养育能力的指导。

3. 不同地区特色指导;促进文化融合,增进代际合作水平

提高东部地区父亲在家庭教养中的实际作用,特别是在教养指导中的作用,处理好共同养育的关系,指导东部地区父母处理好夫妻关系、家庭与业余生活关系;加强隔代教养指导,提高父母与祖父母共同养育的合力。指导中部地区父母处理好家庭中的亲子关系,提高中部地区对父亲角色重要性的认识。帮助西部地区父母处理好亲子关系、夫妻关系等家庭内部关系,加强西部地区的性别平等教育。

深入了解社会文化对家庭教育和父母角色的影响,促进文化融合。文化的差异和影响是真实存在的,每个地区的父母对父母角色有着不尽相同的理解,需要通过指导和交流促进相互的理解和包容、融合与发展,以实现家庭的幸福。

增进对祖辈参与养育的正确认识。祖辈参与家庭养育对家庭来说并不是一个消极因素,可以提高家庭内部的支持水平,进而提高养育水平。但祖辈参与养育可能也存在着一些问题和矛盾,如对祖辈心理的影响、影响父亲参与、祖辈和父辈对儿童习惯养成之间的矛盾,等等。对于这些问题产生的原因需要加强研究,但也要使家庭看到祖辈参与养育的积极因素和价值,促进合作养育的形成。

(李 杨)

不同家庭教育模式对儿童发展的影响

儿童阶段是个体人格塑造和心理机制发展的关键时期,家庭是孩子的第一所学校,父母是孩子人生的第一任导师,也是最长久甚至终生的导师,家长的言行对孩子起着示范作用。家庭教育既是学校教育的基础,又是学校教育的补充和延伸,它在造就人才的启蒙教育和终生教育中具有无可替代的独特作用。因为它向我们证明:儿童不仅需要关爱,还需要限制。它更告诉我们:父母的家庭教育模式直接影响孩子的未来。

一、家庭教育的含义及特点

(一)家庭教育的含义

家庭教育是儿童教育的重要组成部分,是指在家庭生活中,家长有目的、有计划地对其子女实施的教育和影响,即家长根据自己的期望对孩子实施的一种通过多种方式,包括家庭环境、心理氛围、长辈语言等行为去影响孩子,孩子根据自己的表现反作用于家长的双向互动过程。家庭教育比较完整的含义是,它不是单独的讲家长对孩子有什么要求,对孩子有什么命令,它是一种双向互动的过程,它是有计划、有目的的,是文化、心理、语言、环境等综合因素对孩子施加影响的过程。在整个教育过程中,家庭教育既是学校教育的助手,又是社会教育的一个方面。家庭教育在整个教育中的地位和作用是相当重要的。提高家庭教育的质量,是促进儿童身心健康和发展的重要因素,也是消除和减少社会问题的一个战略措施。

(二)家庭教育的特点

1. 启蒙性

家庭是儿童生命的摇篮,是人出生后接受教育的第一个场所,即人生的第一个课堂;家长是儿童的启蒙之师。我们的孩子对外部世界的认识和了解,人格、品格的形成的起点是从家庭教育开始的。家庭教育和社会教育及学校教育是有区别的,孩子在没有上学之前,是以在家庭中生活为主的。早期的家庭教育对一个人的思想形成、智力发展、品格形成至关重要。一般来说,孩子出生后经过3年的发育,进入幼儿时期,从3岁至6岁是学龄前期,也就是人们常说的早期教育阶段,这是人的身心发展的重要时期。如果家长在这个时期所实施的家庭教育良好,将是孩子早期智力发展的关键。所以不可忽视家庭教育早期性的作用,比如说小孩爱发脾气,如果开始引导好,他就会变得比较平和,就会变成他稳定的人格个性,如果启发引导得不好,他就会变得脾气暴躁,逐渐形成了爱发脾气的性格。

2. 感染性

父母与孩子之间的血缘关系和亲缘关系的天然性和密切性,使父母的喜怒哀乐对孩子有强烈的感染作用。孩子对父母的言行举止往往能心领神会,以情通情。在处理发生在周围身边的人与事的关系和问题时,孩子对家长所持的态度很容易引起共鸣。在家长高兴时,孩子也会参与欢乐,在家长表现出烦躁不安和闷闷不乐时,孩子的情绪也容易受影响。如果父母亲缺乏理智而感情用事,脾气暴躁,都会使孩子盲目地吸收其弱点。家长在处理一些突发事件时,表现出惊恐不安、不知所措,对子女的影响也不好;如果家长处变不惊、沉稳坚定,也会使子女遇事沉着冷静,这样对孩子心理品质的培养起到积极的作用。

3. 长期性

家庭教育的时间最长,远远超过学校教育。家庭教育伴随着孩子从出生、上学、工作的全过程。一个孩子在走向成人、走向社会的过程中和家庭的距离在拉大,但是家庭教育的影响仍然存在,家庭教育从某种意义上来说,所起到的作用要比学校教育还要深远。

4. 全面性

家庭教育涉及的内容极其广泛。学校要管的,家长要管,学校不管的,家长也要管,孩子的衣、食、住、行、安全、能力、爱好、审美等都离不开家庭对他的教育,所以家庭教育的覆盖面很广。

正是因为家庭教育具有以上这些特点,对一个人的影响非常重大,所以家庭教育对孩子的全面发展就显得更为重要。

二、家庭教育模式的定义及类型

(一)家庭教育模式的定义

家庭教育模式是指父母在抚养、教育儿童的过程中通常使用的方法和形式,是父母各种教育行为的特征概括,是一种具有相当稳定性的行为风格。研究表明,父母教育孩子的观念和行为对孩子的情绪情感和各种人格品质的发展有着极为重要的影响;父母的不良教育方式是造成子女的心理、精神、行为问题的重要原因。长期以来,父母与子女之间的联系被看成是一种抚养并塑造孩子的过程。通过父母教育行为,把社会价值观、行为方式、态度体系及社会道德规范传递给子女。所以我们认为,家庭教育模式对儿童各方面发展都有着极为重要的影响。如良好的家庭教育模式、和谐的家庭环境能够直接作用于儿童自我概念的确立,帮助他们建立积极向上的价值体系,使其形成健全的人格,并具备良好的心理承受能力,而错误的家庭教育模式则会使幼儿形成错误的价值观。

(二)我国家庭教育模式的类型

据调查研究发现,目前我国家庭教育模式根据父母的教育方式不同,可分为权威型、专制型、溺爱型、放任型、民主型这五种类型。

1. 权威型

这类家长对孩子高要求、高反应,在孩子的心目中有崇高的威望,是一种具有控制性但又比较灵活的教养方式。家长的教育理念是以引导代替控制,善于以启发诱导的方式教育孩子,培养和爱护孩子的独立性和自尊心。他们不但会对孩子提出明确的、合理的要求,并且会谨慎地说明要求孩子遵守的理由,对孩子的行为总是做出适当的限制,会为孩子设立一定的行为目标,并坚持要求孩子服从与达到这些目标;同时,他们并不缺乏应有的温情,也表现出对孩子的成长有着足够的关爱,能够耐心地倾听孩子的述说,接纳孩子的观点,征求孩子的意见。在批评孩子不当行为的时候,会花很长的时间耐心跟孩子沟通,晓之以理、动之以情,让孩子理解"为何该这么做,不该那么做"的理由,以取得共识。能够而且懂得恰如其分地激励孩子自我成长。这种家教模式中的家长教育意识非常明显,具有很强的外露性,家庭教育的目的性、方向性明确,家长能够迅速地向子女传情达意、实施教育,孩子能够通过聆听家长的话语、观察家长的表情、活动、动作等迅速、准确地意识到家长在教育他。

2. 专制型

这类家长对孩子高要求、低反应,是一种限制性非常强的简单粗暴型教育模式。这些家长大多脾气不好,是典型的"暴君",而且不善于检讨自己,对孩子的态度过于严峻,管教严,限制多,往往以"棒头底下出孝子"为信条,将孩子当家庭财产,动辄训斥责骂,不与孩子沟通、交流,缺乏关心和爱抚。他们会提出很多规则,期望孩子能够严格遵守。他们很少向孩子解释遵从这些规则的必要性,而是依靠惩罚和强制性策略迫使孩子顺从。他们不能接受孩子的反馈,对孩子缺少热情和尊重,不能敏感觉察到孩子的不同观点,只是一味地把自己的思想强加于孩子,却不理会孩子的要求与需要,只希望孩子听他们的话,服从他们的权威。当孩子有了成绩、进步时,这种家长既不表扬也不奖励,认为都是应该的,不值得夸;当孩子稍有差错或不尽如人意时,他们便暴跳如雷,对孩子进行讽刺、挖苦甚至打骂,做出一些伤害孩子自尊的事,是绝对"成人中心"的养育方法。这也正是容易和"权威型"混淆的那一种。原来我家楼下王老师夫妇不征求孩子的意见,硬是送他去学习钢琴,还买了好多乐理资料让他学习,每天除了练琴还是练琴。当孩子说出自己的想法时,父母轻则动口,重则动手。一天,他们儿子对我说:"阿姨,我对钢琴真的一点兴趣都没有,每天面对键盘,好枯燥啊!可是爸爸妈妈压根不听我的想法,有一点不符合他们的要求,不是打就是骂,好怕啊!"

3. 溺爱型

这类家长喜欢把孩子当"小公主""小皇帝",对孩子过分娇惯,有求必应,尽自己最大的可能满足孩子的要求,想尽办法让他们高兴,无原则地迁就和袒护,却很少对孩子提要求,不会密切监控孩子的行为。由父母包揽一切事务,即使孩子做错了,家长也会极力维护。孩子得到太容易,也就不懂得珍惜。这样的家长虽然是出于保护的态度对待自己的孩子,为了使孩子变得更好而细心照顾,尽量给予帮助和嘱咐。但是孩子完全掌控在父母手中,自己就算有什么想法,也被父母反对抹杀,这样的过分保护,会使孩子的社会适应性差,缺乏独立思考能力和创新意识。因为过分依赖,心理承受能力差,遇到困难容易灰心沮丧,甚至焦虑不安,而且他们做事会犹豫不决,没有自己的主见。这样的孩子到青春期容易出现对抗行为。这也是今天独生子女的家庭比较容易出现的情况,最后自食恶果的还是家长。

4. 放任型

也称忽视型,这是一种不作为式家庭教育模式。表现为家长对孩子低要求、低反应。如对孩子的所有情绪全部包容,不区分情绪是好是坏,无论对孩子的情绪还是行为,从来不划定界限,认为情绪一旦发泄出来,就万事大吉,对孩子如何处理情绪及解决问题,从不重视。有些家长片面理解"树大自然直"的含义,他们或者会拒绝孩子的要求,或者会由于过度关注自己的事情而对孩子投入极少的时间和精力,放任孩子,对孩子的体魄或学业颇为关心,而对孩子的思想、心理健康却一切听其自然,缺乏应有的教育。他们不会对孩子提出什么要求和行为标准,对孩子缺少教育。在感情上也表现得比较冷漠,对孩子的需要不予理睬或者不敏感。放任自流型的家庭,家长与孩子的关系冷漠。

5. 民主型

这种家庭教育中的父母懂得尊重孩子人格,能合理采纳孩子的意见和想法,对孩子的态度是温和的、关心的、讲道理的,不粗暴打骂,不强加意愿,对孩子教育注重方法,循循善诱、启发开导;亲子间采取开放的态度和方式沟通,鼓励孩子独立探索,允许孩子有一个独立活动的空间,激励孩子去做喜欢而又力所能及的事情;制定了孩子行为规则,使用适当奖惩手段执行规则,既尊重、理解孩子,又对孩子提出严格要求,对孩子的幼稚和错误不是无端训斥。对孩子给予中等程度的关爱和中等程度的允许或限制,在进行家庭教育方式时,采取民主、平等的态度对待孩子,尊重、爱护孩子,鼓励孩子独立和树立个人特质。民主型的家庭教育模式在家庭里能给孩子以最大安全感,孩子感到父母亲是最可依靠的人;同时,孩子在民主的家庭中能感受到被爱和被尊重,也学习到怎样爱他人并尊重他人,从而增强了自尊和自信,能激发孩子行动和学习的主动性和积极性。如为了培养孩子的某种品质使之获得一定的生活经验,家长会特意组织、安排某种活动或交往,使孩子置身于其中,通过子女的主体性活动,达到教育的目的。对子女而言,这种活动或交往是作为他们的生活本身存在的,他们并没有意识到这是家长特意安排、组织的,在活动或交往中,孩子发挥了自我教育的主观能动性,受到了教育。这种教育模式的呈现既可以是家长刻意追求的结果,也可能是虽然家长有明显的教育意识,但是由于主客观因素的影响,子女没有意识到家长在教育他,自然而然出现了这种结果。

三、家庭教育模式对儿童发展的影响

(一)家庭教育模式对儿童性格的影响

1. 权威型

这种教育模式使孩子个性成熟,富有自信心,自我控制能力强,会慢慢养成自信、独立、合作、积极乐观、善于交流等良好的人格品质。权威型父母容易成为孩子的良师益友。不过,在权威型家庭教育模式中长大的孩子搞不好也会习惯性地、盲目地按父母的指令做事,逐渐失去自我和丧失自信,遇事后只能习惯性地等待着父母替自己解决,而不会主动去处理问题。有部分家长素质低、教育方法不当,如采用这种模式的家庭教育容易引起子女的反感,教育效果有时反而不好。

2. 专制型

这是一种限制性非常强的教育模式。这类家长会提出很多规则,期望孩子能够严格遵守。他们很少向孩子解释遵从这些规则的必要性,而是依靠惩罚和强制性策略迫使儿童顺从。他们不能接受孩子的反馈,对孩子缺少热情和尊重,不能敏感觉察到孩子的不同观点,而是希望孩子一味地听他们的话,并服从他们的权威。这种家庭教育模式将导致孩子缺乏独立思考的能力,做事胆小拘谨、优柔寡断,学习缺少灵活性,自主性较差,创造力不够,心理怯懦孤僻,个性内向,容易形成幼稚、依赖、神经质的心理及产生抑郁、焦虑、自卑、退缩等不良的人格品质。气质弱的孩子可能变得更加依赖、无主见,而气质强的孩子可能变得更加反抗、暴烈。当心理压力达到自身无法承受的程度时,这些孩子的心理便会扭曲。有的孩子性格变得粗野、乖戾,把同学作为发泄的对象;有的厌学、撒谎、自暴自弃;有的甚至走向邪路。由此可见,棍棒底下出的多数是问题孩子。可是,一些学生家长偏偏不明白一个在成长过程中不快乐的孩子是不可能取得成功的这个道理。

3. 溺爱型

这种类型的家庭教育模式是培养孩子利己的温床。在这种家庭教育下成长的孩子非常容易形成以自我为中心,任性自私、不懂礼貌、依赖性强、性格固执、冲动、幼稚、没有恒心、不能吃苦、不能体谅别人、易孤群等不良的人格品质,缺乏同情心和责任感,没有自信心和安全感,适应能力差,难交朋友,容易发生各种神经症和精神病。这种溺爱已成为严重的社会问题。如果他们的愿望得不到满足就会有情绪波动或攻击性行为,不能与同伴友好相处,更不容易被别人所接受,而且还会使他们"在家如虎,出门如鼠"养成名副其实的窝囊废性格,更容易产生不信任、依赖、神经质等心理特征。在这种教育方式下成长起来的孩子,往往具有很多不良的人格品质,如任性、自私、孤傲、自我中心、缺乏独立精神、心理和社会承受能力极差等。

4. 放任型

在这种家庭教育模式下成长的孩子,缺乏社会适应性,不具好奇心,从小养成自由散漫,不愿受任何约束,自控能力差,对生活采取消极的态度,唯我独尊、蛮横无理、胡闹等,容易沾染上坏习气和发生各种行为问题,有的孩子在 3 岁时就已表现出较高的攻击性、易于发怒等问题。在儿童后期会发展为行为失调,课堂表现非常差。更为严重的是,这些孩子有可能成为充满敌意、自私、叛逆的青少年,他们缺少远大的目标,易出现如酗酒、逃学等反社会行为,甚至多种犯罪行为。

5. 民主型

民主型父母不打骂孩子,对孩子的行为更多的是欣赏、协助和引导,对于孩子在成长或学习过程中发生的问题更多的是采取帮助与鼓励的方法,并合理地担当起监护人的责任,使孩子从父母的行为与教育中获得知识,明白事理。这种家庭教育模式容易使孩子形成一些积极向上的健康心态,如活泼、快乐、直爽、自立等,有利于孩子独立性、自信心、自尊心和动手能力的养成。在民主型家庭教育模式下成长的孩子一般来说情绪稳定,性格开朗、随和,活泼外向,彬彬有礼,善于交往,容易合作,思想活跃;待人谦虚、诚恳并懂得互相尊重;独立性较强,有较强的自觉性及是非鉴别能力,善于自我控制和解决问题,具有探索意识和创造精神。

(二) 家庭教育模式对儿童社会化的影响

儿童社会化,是指儿童在一定社会条件下逐渐地掌握他所处社会的社会规范,正确处理人际关系,妥善自治,从而适应社会需要。如果儿童社会化发展顺利,就会在其未来的发展过程中具有适应社会需要、社会变化的能力和处理各种复杂社会现象的技巧。在社会规范允许的范围内,满足自己的需要,妥善处理人际关系。在实际的社会生活中发挥自己的角色作用。由此可见,儿童的社会化在儿童发展过程中的重要意义。在诸多影响儿童社会化的因素中,家庭教育是最基本动因,是儿童社会化的基础,这是因为儿童的社会化始于家庭。每个孩子都将通过学习生活技能和行为规范,参与社会活动,由"自然人"变成"社会人"。在家庭中通过父母的影响及指导,儿童获得了最初的生活经验、社会知识、行为规范。可以说家庭是儿童社会化的最早执行者和基本执行者,父母的教养方式是影响儿童社会化发展的最重要因素,通过父母的教养行为,把社会的价值观念、行为方式、态度体系及社会道德规范传授给儿童,并由此构成了儿童社会化的具体内容和目标。

1. 权威型教育模式最有利于儿童社会化发展

影响家庭教育效果一个重要的因素是父母权威。心理学研究表明,权威型的教育方式是最有利于儿童社会化发展的。从孩子的角度来看,父母在孩子的心目中具有一定的地位,是可以信赖的,值得尊重的,也就会主动服从父母的教育指导,其社会化过程相应会比较顺利。反之,如果父母权威地位缺失,则会影响孩子对父母的遵从,而影响孩子的发展。因此,家长首先要注意自身修养,不断学习,完善自身的知识体系和人格。此外,父母自身的言行及良好的环境对孩子进行着潜移默化地教育。对孩子需求的满足要适度,给孩子留有一定的需求空间,即让孩子在日常生活中总有一些未满足的需求,这些需求就可以成为问题行为矫正的强化物,当孩子表现出好的行为时可以作为奖励,以便让自己成为孩子的良师益友,避免权威地位的缺失。

2. 专制型教育模式易造成儿童社会性退缩行为

在培养幼儿社会性行为的过程中,不能采用威胁恐吓、哄骗利诱、讽刺挖苦,甚至体罚、变相体罚等方法。这会给幼儿身心成长带来创伤,不仅没有培养良好的行为,而且还会染上一些坏毛病,如胆小、不自信、自卑,等等。采用专制型教育模式的家长往往对孩子管得太严厉,对孩子胆小过分斥责,并强迫他们做自己害怕的事情,让他们觉得自己一无是处,很自卑,如家长喜欢用大发雷霆的方式来震住孩子,孩子在家庭中始终没有足够的发言权,有些事明明是家长错了,但从来不向自己的孩子道歉。长期处在这种家庭中的孩子,社会性退缩行为相当严重,他们不敢去面对外界,见到陌生人不敢说话,不愿意与人打招呼,甚至交往,不能很好地去完成某些事情,独立性较差。表现为有些小朋友不敢到集体场所玩耍,也不愿与其他小朋友交往。家中父母的好友来访,他也躲开不肯相见,常常独自与玩具作伴,生活也显得被动。

3. 溺爱型教育方式使孩子行为具有攻击性

家长对孩子的疼爱本来是人之常情的事,然而溺爱型教育模式使这种疼爱变质了。"因为溺爱,家长太在意幼儿不要'吃亏';因为溺爱,幼儿不能够体验攻击所带来的伤害;因为溺爱,幼儿不能去体验对家人、对他人的关爱;因为溺爱,家长对幼儿的行为失去了约束的能力;因为溺爱,幼儿有了攻击的习惯。平静的湖面练不成精悍的水手,安逸的生活造不出时代的伟人。"大凡成功者,他的人生经历很少一帆风顺,因为成功需要才能、勇气和毅力。而困难正可以使人受到磨砺。在长辈溺爱中的孩子,连自理能力都没有,不仅没有迎接困难的心理准备,更不具备克服困难的勇气和能力。这种环境中长大的孩子,自我认识、自我控制、自我评价都不能得到良好的发展,以至于从小不会自我调节和自我控制自己的行为。事实上,攻击并不能够保证孩子将来"不会被欺负"。因为攻击性行为不但会对他人或集体造成危害,而且还会使行为发出者本人得到较多的来自环境的否定态度,不利于其社会化。大量研究表明,有攻击性行为的幼儿,其同伴关系一般较差。大多数同龄小朋友会对其持拒绝态度,而且由于攻击者常常惹是生非,影响正常的幼儿园或者学校的学习秩序,因此他们也不能够得到老师和同学的欢迎。

4. 放任型教育模式常忽视孩子表现出的亲社会行为

放任型的父母通常忽视了儿童的心理需求或身体不适,不管孩子的要求是否合理,只是一味拒绝或不闻不问,孩子随心所欲地作任何行为,家长都视为无所谓,在这样的家庭教育模式中成长起来的孩子认识不到行为的界限,很容易形成自由散漫、任性固执的习性,以自我为中心,分不清哪些行为才是合理可行的。孩子因此或变得惴惴不安,不成熟,人际关系方面表现得难以与他人沟通,在社会化过程中缺乏自我约束能力;或因在家庭中感受不到温暖,产生强烈的挫折感,引发其种种不良行为,如报复、攻击行为和摔打东西以发泄怒气的粗暴行为,甚至产生对他人和社会的敌对、愤恨等消极情绪,这些消极情绪往往成为引发孩子的问题行为甚至犯罪行为的导火索。同时,家长的放任、冷漠使家长对孩子缺乏积极的强化作用,因此在控制孩子的消极情绪、问题行为方面,父母的管教常常难以奏效。相反,他们常常忽视孩子表现出的亲社会行为,把一些中性的行为看作是反社会行为,单纯依赖压制性策略(如打骂、惩罚等)来对待察觉到的不恰当行为。这些过多的消极对待使儿童对他人产生不信任感,表现出敌意性归因偏差,进而导致攻击行为的产生。

5. 民主的教育方式易造成孩子利他行为

利他行为是一种出于自愿的有利于他人的亲社会行为,如助人、谦让、分享、抚慰、仗义等。这些行为存在一个共同点,就是"替他人着想",使别人获得了利益和方便,儿童的个性发展和社会化过程都离不开人与人之间的相互关系,而利他行为使同伴的关系变得协调。民主型家庭,其人际关系是亲切和谐的,家庭是温暖和睦的。亲切的态度使孩子看一下父母的眼神就能感受到父母的温暖,感情上产生亲昵感、温暖感、亲切感、安全感。民主的家庭的教育方法是温暖、理解、民主式的,教育出来的孩子不是畏惧父母,而是亲近父母,与父母敬而亲之。对父母敢于说真话,敢于吐真情。家长对孩子亲切的态度,对他们表现利他行为非常有利。因为这样的教育方式,父母在家说的话,孩子听得进且易引起他们感情上的共鸣,激发他们的感情。常言说得好:"身教胜于言教。"做家长的如果能够说到做到,时时乐于助人,处处做表率、做榜样,那么,孩子就会学有榜样,做有所依。家长的率先垂范作用在教育过程中会收到事半功倍的效果,这是培养孩子利他行为的关键。

四、优化家庭教育模式的建议

孩子的教育没有一定之规,需要父母在日常生活中多一些耐心和细心,及时地发现孩子成长过程中出现的问题,随时修正自己的教养方式,通过学习以及和孩子的互动来寻找适合自己孩子的教养方式。

(一) 树立正确的亲子观和家庭教育观

家长不能把孩子当作自己的附属物或私有财产,期望通过孩子去实现自己未能实现的愿望和理想,去补偿自己生活中的缺憾。孩子是独立的、有意识的、有思想的个体,应该得到家长的尊重与平等对待。我们主张提倡民主型家庭教育模式。民主型的家长以合理、温和的态度对待孩子,他们站在引导和帮助的立场,设下合理的标准,并解释道理。既尊重孩子的自主,又坚持自己合理要求;既高度控制孩子,又积极鼓励孩子。唯有民主的父母才能培养孩子健全的自我,在这种家庭环境中长大的孩子,从小被尊重,又不乏父母的引导和要求,往往成为爱生活而有自信的人。首先要让孩子感受到"爱"。犹如种庄稼,有了风调雨顺,就有了勃勃生机,我们要让教育找到回家之路。

(二) 努力学习,不断提高自身的文化修养

家长在教育孩子的过程中必然遇到各种各样的问题,要妥善解决这些问题,家长就必须运用科学、合理的教育方法,这就要求家长学习教育学的专门知识,使孩子受到全方位、多渠道的熏陶与培养。不少家长认为自己的文化知识水平薄弱,就放弃了家庭教育的权利。把自己家长的职责等同于保姆,只是负责幼儿的衣、食、住、行等生活需要就足够了。综上所述。家庭教育模式在孩子成长中起着至关重要的作用。研究证明,家庭教育质量的高低,与父母素质及文化水平的高低相关。当今的孩子求知欲强,兴趣广泛,这些都要求父母通过各种方式,结合家庭教育实践的需要,加强自身的思想、品德、文化修养,不断学习新知识,更新自己的知识结构,使家庭教育从知识上适应时代的要求。

(三) 美化家庭环境,营造良好的家庭文化氛围

人的性格不是天赋的,而是在生活中逐渐形成的,其中家庭环境和家庭教育又起着举足轻重的作用。身教重于言教,家庭和睦,父母勤俭,热爱劳动,乐于助人,孩子就容易形成诚实、爱劳动、责任心强的性格。家长过分溺爱和放纵,会使孩子

胆小、幼稚、任性、娇气、自私。父母要为孩子树立榜样。孩子来到世界上，首先是从父母那里开始学会认识世界的，父母的一言一行，家庭环境的氛围，每时每刻都会给孩子的情感、气质、行为、道德、个性等多方面产生影响。要教育好孩子，父母首先要严于律己，时时、处处注意自己的言谈举止，在思想、生活、学习、工作、劳动和社会等方面用自己的行为去影响、感染孩子，以道德榜样引导孩子，让他们在耳濡目染、潜移默化中形成正确的人生观，养成良好的品德行为。孩子是不断发展的人，父母在教育孩子的同时就是继续完善自我的过程，身为父母的要以自身为榜样，共同担起教育孩子的义务，言传身教，平等待人，理性施爱，为孩子成长营造一个和谐的家庭氛围，从而把孩子培养成身心健康的合格的社会成员。

（汪　慧）

三、儿童发展与教育指导

1~3岁婴幼儿家庭玩具开发与使用研究

一、问题提出

随着生活水平和国民文化素质的提高,玩具成为儿童生活及娱乐的必需品。在玩具被纳入教育行列,成为家庭教育重要组成部分的今天,家长对玩具的要求也有所改变,家长不仅希望玩具能发挥娱乐功能使孩子从中得到快乐,更希望玩具能发挥教育功能以促进孩子的发展。然而,婴幼儿家庭玩具的开发与使用却存在颇多问题:一是缺乏对玩具内涵的正确认识,生活常见物品及自然物等材料在玩具领域存在缺失;二是为婴幼儿选择玩具时缺少对婴幼儿发展水平的了解,造成所买的玩具或是不符合孩子各个发展阶段的需求,或是无法吸引孩子的兴趣;三是忽视对孩子全面发展的关注,许多家长为孩子选择玩具的目的主要是促进孩子智力的发展,而对于人格、情感、体能等非智力因素的培养则普遍不太重视,导致孩子其他方面的发展受阻;四是在婴幼儿使用玩具中,忽略"玩具、幼儿、家长"三方的互动。

1~3岁婴幼儿究竟适合使用哪些玩具?如何充分发掘已有玩具的价值?目前国内尚未有系统的理论支撑和实践探究,早教机构究竟应该怎样指导家长有效开发使用玩具,仍然面临着自主实践研究的任务。为了解决上述问题,普陀区早期教育指导中心以分散性区域游戏的方式开展了"1~3岁婴幼儿家庭玩具开发与使用研究",旨在帮助家长更清晰地了解玩具的价值,正确理解不同月龄段婴幼儿的游戏行为,有效提高家长利用玩具与婴幼儿开展游戏的能力。

我们以问卷调查与访谈法相结合的方式,对区内120户0~3岁散居婴幼儿家长就婴幼儿家庭玩具开发与使用的现状进行了调查。通过调查我们进一步发现,婴幼儿家长在商品玩具的开发与使用中存在以下问题:(1)玩具选择功利性。家长在选择玩具时更偏向智力开发,而忽略了玩具最本质的娱乐功能。(2)价值认识片面性。家长常常被玩具表面的功能价值所局限,将玩具价值仅仅局限于某一个游戏领域,忽略挖掘其隐藏的多元价值。(3)使用方法单一性。玩具使用的单一化不仅体现在玩法获得途径的单一化,还表现在使用时间的单一化。在环境材料的开发与使用中也存在显著的问题:(1)自然物的选择存在局限性。家长仅仅认为沙、水等自然材料是玩具,而同样是自然材料的石头、泥土,则都没玩过,也不愿意给孩子玩。(2)日常物品的使用缺乏渗透性。家长提供日常物品给婴幼儿开展游戏时存在缺乏方法的问题,使得游戏与生活割裂。(3)废旧物品的开发呈现缺失性。家长对于废旧物品在婴幼儿游戏中的利用明显不够重视,开发利用废旧物品的实践长期存在缺失。

二、婴幼儿家庭玩具开发与使用的新建议

我们在全面分析婴幼儿家庭玩具开发与使用存在问题的基础上,从商品玩具的有效使用、环境材料的有机渗透以及玩具材料的有效选择与投放3个角度提出家庭玩具开发与使用的建议,以促进婴幼儿全面健康发展。

(一)商品玩具在婴幼儿游戏中的有效使用

1. 多角度解读功能价值

我们从常见商品玩具入手,尝试探索同类玩具在不同领域的呈现方式,挖掘其隐藏的教育价值。以拼板类玩具为例,我们尝试从多方位、多领域对此类玩具的价值进行了解读:从内容上来看,拼板玩具的内容多为婴幼儿熟悉的动物、交通工具、基本形状等,孩子在摆弄拼板的过程中,认知面得到扩展。从材质上来讲,厚薄不一、软硬不同的拼板玩具,为婴幼儿提供了丰富的触觉体验。从空间结构来分析,操作不同空间结构(立体和平面)的拼板玩具,有利于提高婴幼儿的空间感知。从拼板的分割情况来看,有整体及多块的分割形式。在拼图游戏中,婴幼儿初步感知整体和部分之间的关系。从呈现方式来看,拼板玩具除了薄片式、厚块式的,也有有抓手和没抓手之分。幼儿抓握不同样式的拼板并准确镶嵌到对应位置,不仅手部精细动作得到发展,手眼协调能力也得到提高。此外,家长在与婴幼儿玩拼板玩具时,还可以一边看看说说,一边创编简单的故事。在轻松的交流中,锻炼和提高婴幼儿的语言能力。如图1所示,拼板类玩具在婴幼儿认知拓展、触觉体验、空间感知、整体与部分感知、精细动作、手眼协调以及听说能力等方面都具有独特的教

育价值,是一种能全面推进婴幼儿发展的经典玩具。

图 1　拼板玩具多元的功能价值

2. 多途径延长使用时间

正规的商品玩具在包装上都会标有明确的"适宜月龄",这是玩具开发商给家长合理选购玩具提供的参考建议。以拖拉玩具为例,该玩具最常为 1 岁左右的学步儿使用,对婴幼儿学步练习确实起着不小的作用。拖拉玩具作为一种带有明显"时效性"的玩具,一旦当孩子掌握了行走动作之后,他们就会渐渐对其失去兴趣。因此,拖拉玩具呈现出具有较强的"时效性"。对于拖拉玩具呈现的"时效性",我们就其使用时间及使用价值进行了重新思考。根据不同月龄段婴幼儿动作发展的特点,提出较为合理的使用建议:给 13~18 个月的婴幼儿提供推杆玩具,以增强其行走的稳定性;为 19~24 个月的婴幼儿准备长绳式的单节拖拉玩具,以提高其行走的灵活性;为 25~36 个月婴幼儿选择短绳式的多节拖拉玩具,鼓励他们平衡走、倒走、侧走或是跨障碍走,以促进其平衡能力的发展。多形式、多角度的游戏活动使得拖拉玩具再次以游戏材料的方式进入幼儿的视线,成为他们爱不释手的玩具,拖拉玩具的价值也由此得到了进一步的拓展。

(二)环境材料在婴幼儿游戏中的有机渗透

环境材料包括自然界随时可觅的一切(石子、树叶等)、日常物品(夹子、餐具等)、以及生活中常见的废旧物品(废纸盒、奶粉罐等)。与商品玩具相比,环境材料来源于婴幼儿的生活,是其熟悉的,更是其乐于操作摆弄的物品,对婴幼儿有巨大的吸引力。3 岁前婴幼儿往往根据自己的兴趣和需要从周围环境中选取材料开展活动。因此,我们对环境材料的有机渗透提出以下几点建议:

1. 逐步关注自然物

婴幼儿对自然有着强烈的好奇心和探究欲,他们在与自然互动中,获得经验、享受乐趣、体验情感。将自然物引入婴幼儿游戏,要遵循婴幼儿认知与动作发展的规律,逐步推进婴幼儿和谐发展。

我们将沙、水、草地分别引入13~18个月的婴幼儿游戏中,鼓励他们赤脚在草地上、沙地中走跑;利用沙、水玩装倒游戏。在满足动作需求的基础上,丰富感知觉体验。

我们将沙和水同时引入19~24个月的婴幼儿游戏,通过沙、水的混合,让幼儿感知事物的变化过程,以满足他们的好奇心。

2~3岁的婴幼儿更喜欢在树林里捡拾小石子、抛洒树叶。将树叶、石子等自然物引入各年龄段的婴幼儿游戏中,有利于激发其探索欲,提高认知、语言及想象创造能力。

2. 随机渗透日常物品

1~3岁婴幼儿喜欢模仿成人的动作并参与简单的生活劳动。来源于婴幼儿日常生活的物品,如夹子、扫帚、手帕、毛巾、小碗、小勺等,是婴幼儿非常愿意摆弄的玩具素材。

晾衣夹的种类相当丰富,差异也较大,我们将它作为游戏材料引入婴幼儿游戏,在"小鱼吃东西""动物夹子""可爱的毛毛虫"等趣味十足的游戏活动中给孩子提供各种接触夹子的机会,引导他们在摆弄的过程中,感知夹子的颜色、大小与松紧的差异,促进三指捏动作、手指力量以及双手协调性等方面的发展。

类似于晾衣夹、手帕等日常物品在游戏中的随机渗透,能够有利于婴幼儿在宽松的状态下自然发展。

3. 创新使用废旧物品

奶粉罐是0~3岁婴幼儿家庭最为常见的废旧物品。家长只要稍动脑筋对这些废旧物品进行利用,它们就会立刻成为婴幼儿喜爱的一件玩具。在奶粉罐中填装不同的物品,引导孩子感知声音的不同,体验重量的不一;利用大小不同的奶粉罐玩套叠游戏,在发展垒高技能的同时,空间感也随之建立;在草地上推滚奶粉罐,可以促进孩子大肢体动作和手眼协调能力,同时亲子关系也随之得到巩固。

奶粉罐、纸箱、广告纸这些废旧材料的创新使用,有利于发挥其全新的教育价值。婴幼儿在与这些原本丢弃的物品互动中,各方面能力均得到充实发展。

(三)玩具在婴幼儿游戏中的有效选择与投放

合理选择、适宜投放玩具是提高婴幼儿游戏质量的重要环节。我们认为,为婴幼儿选择和投放玩具,不仅要考虑玩具的安全性,还需要关注玩具的探索性、趣味性与适宜性。

1. 具有探索性

1~3岁婴幼儿处于感知运动阶段,他们主要依靠感觉与动作来认识世界,通过看与简单的操作来感知世界。通常他们对能带来丰富触觉体验的物品、通过操作可改变形态的材料感兴趣,如婴幼儿喜欢撕纸、咬东西、捏橡皮泥、堆沙子、抠洞口、挠墙壁,等等。成人选择和投放玩具时,应综合考虑玩具材料的形状、大小、画面内容及材质等多种因素,为婴幼儿提供能带来多感官刺激、丰富感知觉经验的玩具,满足其探索欲望。

探索性强的玩具不仅能够满足婴幼儿的好奇心,有效地延长注意力时间,而且还能给婴幼儿提供动手操作的机会,提高认知能力。

2. 体现趣味性

1~3岁婴幼儿对物体的关注主要从外部特征开始。纸箱具有很强的安全性和可塑性,但因其样式单一、颜色暗沉,而被我们忽略。其实,在简单的美化加工之后,它们的趣味性就会明显增加,吸引着不同月龄段的婴幼儿开展游戏。由纸箱变成的拖拉小车玩具能吸引13~18个月的婴幼儿自由拖拉、走走跑跑;纸箱制作的动物球门可以引发19~24个月的婴幼儿玩射门游戏;纸箱变成滑梯后,又能鼓励25~36个月的婴幼儿在上面勇敢地进行挑战。趣味十足的玩具材料可以让婴幼儿玩得更尽兴、更投入。

3. 凸显适宜性

受环境引发的经验影响,婴幼儿的发展速度、发展水平存在较大个体差异。因此,在选择和投放玩具时,要以婴幼儿当前的身心发展水平为依据,遵循"由易到难"的原则,有针对性地进行选择与投放,关注玩具的适宜性。串珠是婴幼儿家庭中常见的玩具。串珠有不同的种类、样式,珠子的大小、颜色、形状、材质也存在较大差异。因此,在串珠玩具材料的选择和投放上,我们建议家长:首先珠子的直径不能小于4厘米;其次可先提供方形、圆形、三角形等形状的珠子,方便婴幼儿全手掌抓握或者三指抓捏;在串绳的选择上应先提供有一定硬度的串绳,逐步过渡到类似鞋带的串绳。

关注玩具的适宜性,其实就是关注婴幼儿发展的差异性。只有适宜的玩具才能更好地推进婴幼儿和谐均衡的发展。

三、婴幼儿家庭玩具开发与使用的新思考

我们围绕以玩具为载体的亲子互动游戏,着眼于婴幼儿、玩具、家长三方面,从"婴幼儿——玩具""家长——玩具""家长——玩具——婴幼儿"等多维互动进行新思考。

(一)关注婴幼儿与玩具的互动

1. 玩具能推进婴幼儿发展

玩具是婴幼儿亲密的伙伴,最好的教科书。玩玩具的过程,是婴幼儿自主学习的过程。在此过程中,婴幼儿可以获得全面、和谐的发展。

案例1:丝丝(25个月)手掌向上握住鱼竿,伸长手臂去够最后一条距离她最远的鱼,用这个姿势尝试了半天都没有成功。丝丝尝试调整自己的姿势,双手握住鱼竿身体向前倾,然后松开一只手撑住地面,钓起了最后一条小紫鱼。丝丝完成了所有的钓鱼任务高兴得笑起来。经过一段时间的摸索和尝试,丝丝能够运用自己已有的经验调整策略:矫正并固定姿势—单手撑住身体—压低身体向前伸。这一系列的动作变化,使得她的肢体动作得到锻炼的同时大脑也在积极地思考。在此过程中,专注力、坚持性、解决问题的能力以及自信心都有所提升。在案例中我们清楚地看到,丝丝不仅手部动作能力得到锻炼,而且发展了对颜色、数概念等的认知能力。不断的试误,使其获得解决问题的能力,习得新技能,同时也体验到游戏成功的乐趣。

2. 婴幼儿对玩具具有能动性

婴幼儿往往基于个体生活经验、认知水平、动作能力以自己独特的方式与玩具进行互动,生活经验是婴幼儿游戏的基础,认知水平与动作能力是婴幼儿与玩具进行互动的前提。

案例2:逗逗(22个月)再次拿起电话机,这回直接举起听筒放在耳朵旁,小手伸进拨盘里拨号码。妈妈配合逗逗的动作说出了一连串的数字"132587……",随后妈妈模仿爸爸的声音说:"喂,是逗逗吗?""嗯!""你在干嘛?""我在打电话。""逗逗和谁在一起呀?""妈妈。"母女俩欢乐地玩着给爸爸打电话的游戏。电话是婴幼儿日常生活中常见的物品。拿起听筒、拨动号码盘、模仿打电话,逗逗的这一系列行为是生活场景的再现。正如我们在案例中看到的,逗逗对电话有一定的认识,在生活中也积累了使用电话的经验,因此能在游戏中主动再现这一生活场景。

(二) 提高家长对玩具内涵的认识

家长对玩具的认识与态度，往往会对婴幼儿游戏产生直接的影响。家长对于玩具内涵的认识常常影响他们对婴幼儿游戏活动中玩具的选择与游戏的指导。

案例 3：听到奶粉罐被拍出"咚咚咚"的声音，元宝(15个月)开心地抬头看向爸爸，一边拍一边对着爸爸笑。这时，站在一旁的爸爸说到："这个又不是玩具，我们还是去玩积木吧！"说完拉起元宝又走向 EVA 积木筐。元宝嘟着嘴巴，一脸的不高兴……元宝对奶粉罐落在地上的声响产生了探索的兴趣，他用手来制造声音。而爸爸的语言和行为反映出他对元宝探索声音活动的不认可。与奶粉罐相比，爸爸也许更认同现成的积木。爸爸的一系列行为其实打断了元宝主动探索行为，也从侧面反映出爸爸对于玩具材料的认识与态度。

案例 4：经过了几次垒高—推倒积木的游戏后，妈妈看到地垫旁的奶粉罐，好像受到了启发，拿起一个奶粉罐放在了地垫中间，边放边和多多(15个月)说，"这次我们用奶粉罐来搭高楼吧！"多多学着妈妈的样子，在上面又放了第二个奶粉罐，就这样，妈妈放一个，多多放一个，不一会儿，"高楼"就和多多差不多高了。妈妈提议用奶粉罐替代积木继续垒高，以开放的态度看待奶粉罐，以创新的视角重新审视，不仅丰富了游戏材料，还更加激发了多多的探索欲，为游戏带来了更多乐趣。但由于家长的成长经历、固有观念、认知经验各不相同，他们对奶粉罐的认识也存在差异，游戏陪伴行为也不尽相同。正如我们在以上两个案例中看到的，两位家长对待奶粉罐这一废旧材料迥然不同的态度，使得游戏中的陪伴行为也出现明显差异，孩子在游戏中获得的发展也不尽相同。

(三) 利用玩具促进婴幼儿的发展

充分的陪伴有利于婴幼儿游戏的开展。其实，游戏中家长的一个动作示范，一句语言指导，又或者是一个行为支持，都可能是婴幼儿跨向最近发展区的阶梯，能有效地推动他们向前向上发展。

案例 5：妈妈从小筐里拿出了家用筛子，姣姣(20个月)看到妈妈拿出筛子后，拿起小勺，把沙子"舀"到筛子上，舀了几勺后，眼看筛子就要满了，妈妈抖了抖手中的筛子，筛子上的沙子又变少了。姣姣一脸疑惑地看着妈妈。妈妈一边把手中的筛子抬高抖动，一边说："姣姣，你看，沙子都到哪里去了。"姣姣便上面看看，下面看看，充满好奇。妈妈将筛子拎起、摇晃的动作，引发了姣姣的观察、探究。这是妈妈的一种动作的辅助，耐心等待姣姣自己发现问题。姣姣反复进行了几次"舀上去"又"漏下来"的操作，不仅满足了好奇心，也验证彼此之间的因果关系。妈妈利用玩具开展游戏,既满足了姣姣动作发展的需求,又激发起她探索的兴趣。我们看到,妈妈在适当的时机引入筛子材料,游戏中一个恰到好处的动作辅助,给姣姣提供了探索的时间与空间,鼓励她自主探究寻找原因,建立"因果"关系,有效地促进了姣姣逻辑思维的发展。

四、结论

(一)环境材料很重要

与商品玩具相比,环境材料在婴幼儿的发展过程中也具有同等重要的地位。丰富多彩的环境材料是婴幼儿生活中随处可见的、深受他们喜爱的。有研究表明,3岁前的孩子更愿意摆弄真实物。因此,建议家长应尽可能地给孩子提供自然物、日常物品、废旧材料这些环境材料,使婴幼儿在与环境材料的互动中,获得全面发展。

(二)理性思考,合理使用

家长在开发与使用家庭玩具时,要打破对玩具的定式思维,大胆创新,做到理性思考,合理使用。理性思考,既要理性思考玩具的范畴,认可环境材料对婴幼儿发展的重要性,又要科学思考玩具的价值,充分解读玩具的多元价值。合理使用玩具,需要家长脑洞大开,创新开发玩具,拓展玩具的多元玩法,延长玩具的使用时效,使婴幼儿对玩具玩得更具趣味性,更具探索性。在玩玩具的过程中帮助婴幼儿积累经验,体验成功。

(三)有效陪伴,共同成长

近年来,"亲子陪伴""陪伴成长"的教养理念广受关注,以玩具为载体在游戏中开展多维互动,可以有效促进亲子双方成长。因此,我们积极提倡有效陪伴,即"有准备陪伴""尽心陪伴""引导式陪伴"。"有准备的陪伴"——要求家长在游戏前需要了解婴幼儿发展水平,解读玩具的价值,预设玩具玩法,选择性地投放玩具;"尽心地陪伴"——要求家长在精神状态良好的情况下全身心地陪伴,开展游戏;"引导式陪伴"——建议家长在陪伴的过程中能够给予婴幼儿充分的时间与空间,与婴幼儿一起发现问题、解决问题,共同享受亲子游戏的快乐,在快乐的亲子时光下共同成长。

(上海市普陀区妇联、普陀区早期教育指导中心课题组)

0~3岁儿童早期家庭教育指导实践研究

——以广东省东莞市早期家庭教育为例

家庭作为早期教育的载体,承载着重要的责任。0~3岁早期教育与关怀是改变人类素质的系统工程,是家长的任务,也是整个社会的责任。东莞登记注册的早教机构数百家,数量排广东省第三,但市场参差不齐,早教实践混乱,各说各好,商业化严重。合格的早教师资相当匮乏,培养缺位。东莞市妇女儿童活动中心作为公益一类事业单位,有依靠妇联开展家庭教育指导的功能优势、情感优势,有多年的"小脚印"家庭养护支持中心的运营经验。2016年成立的东莞科学育儿实验基地是全市性儿童早期教育服务平台,多形式、多渠道开展科学育儿示范,整合资源,推进东莞市政府主导下的本土化的0~3岁儿童早期家庭教育公益指导服务。

一、构建0~3岁儿童早期家庭教育指导服务体系

(一)建设早教指导的软环境和硬环境

环境作为婴幼儿成长的载体,对儿童的成长具有重要的作用。软环境是一种精神环境,主要是指开展早期教育活动所需要的非物质条件、无形条件,如情感抚慰、生活照料与智慧启迪方式等。硬环境是一种物质环境,主要是指开展早期教育活动所需要的硬件设施,如家居生活空间、教育资源条件、膳食营养条件与生活照料设备等。

1. 0~3岁儿童家居与社区环境的创设

家庭是0~3岁儿童活动的主要场所,是儿童生活成长的第一环境,因此要强调营造安全绿色的、能激发孩子潜能的、充满活力的家居环境。家居环境包括生活

空间、家庭文化和家庭教育环境。在改善家居硬环境的同时,要强调创设平等、民主、互相尊重的家庭关系,强调着力于家庭道德建设、硬件和软件同步发展的家庭文明建设。"好妈妈胜过好老师"的观点,孟母三迁的故事,陶行知"生活即教育"的理念,卢梭倡导的教育哲学,都在强调环境对儿童早期教育的重要影响。

社区是家居环境的外延部分,是儿童探索社会的第一环境。为贯彻《中国儿童发展纲要》,配合东莞市委提出的2020年建成走在全国全省前列的"希望之城"目标,东莞市妇联提出儿童友好社区2016年实现100%覆盖率。市妇女儿童活动中心早教指导团队通过"入户、入社区指导"等活动,指导家长积极参与儿童友好型社区建设,利用社区教育资源的丰富性为儿童最大限度的发展提供可能性。

2. 创设科学育儿实验基地示范环境

东莞科学育儿实验基地于2016年3月在东莞市妇女儿童活动中心挂牌。实验基地设置了促进儿童早期综合发展的五大游戏学习区,即综合艺术活动与精细动作学习区、音乐活动与大动作学习区、语言表达与早期阅读活动区、思维训练与智能游戏学习区、自然探索游戏活动区。各大学习区分别承担着畅学班、蒙学班、乐学班、体能班、智能班、音乐花园、创意王国、语言城堡、自然学校、家园衔接班共10种特色班的活动任务,满足婴幼儿多元、自然、主动发展的需求。一年多来,东莞科学育儿实验基地突出公益服务的亮点,面向全市提供现代科学育儿环境功能示范,在行业内展现了东莞市唯一一家公办早教机构的风采。

3. 规划妇女儿童活动中心(新校址)早教指导区的示范蓝图

根据妇女儿童活动中心开展早期家庭教育实践研究与示范的实际需求,新的东莞市妇女儿童活动中心(新校址)将早期家庭教育指导纳入核心功能之列。新校址早期教育功能用房面积3550平方米,包括早期教育示范活动区、婴幼儿专属活动区与家居环境示范活动区、早教指导师与父母学堂培训教室、共享图书馆等。

(二)基本服务模式设计

以公益为原则的基本服务模式设计,是以免费基本服务为主。服务时间有半日制、小时制、入户制。服务形式包括0~3岁婴幼儿的个性化咨询与预约0~1岁入户、入社区指导课程、父母(监护人)课堂以及1~3岁的婴幼儿多元智力类、综合艺术类、游戏训导类亲子示范课与自然学校活动等。专门设有面向0~3岁随迁流动儿童、困境儿童开设全方位免费课程——畅学班;其他服务形式有亲子学堂、育儿咨询、父母研讨、社区推广与公益活动等,以加强对社会公众的引导,确保社会效益。

（三）指导团队的服务能力建设

队伍的能力建设和培养是关键。本研究重点从三方面着手，提升指导队伍的育德、育能、育人能力。

1. 能力建设目标

倡导"早期教育，让成长更美好"的愿景，发扬"尚德敬业、勤学善思、求真务实、团结创新"的团队精神，确立"师德高尚、业务精专、热心公益、创新实践"的师资培养目标以及"人人过好教育活动策划能力关、课程组织设计能力关、教育科研能力关、公共服务能力关、协同创新能力关"的专业标准与能力建设目标。

2. 指导队伍的能力结构与工作机制

早期家庭教育指导机构成立了项目工作领导小组、执行组、科研组、教研组、活动组、保育组等，通过各个功能组保障项目的基本运转。早教项目指导队伍由专家顾问团队、专职指导师团队、兼职指导师团队、志愿者团队组成。专职指导团队按课程构建的要求培养和引进，优化专业、年龄和经验结构。为合力开展早期家庭教育公益服务，指导团队还凝聚了一支专业媒体宣传、专家志愿者队伍。媒体志愿者整合利用报刊、广播、电视、网络等现代传媒资源，参与宣传儿童早期家庭教育，扩大团队的服务效能。

3. 指导队伍的管理与能力提升

制度建设是自动化运作的前提。制度建设内容包括：团队文化建设、团队纪律、各工作职能小组职责与各类人员的岗位职责与行为规范、各种管理规定与管理办法以及安全、活动管理、绩效管理、卫生保健、教科研管理等专项制度等。

师资培训是能力提升的关键，是教师精神成长和可持续发展的需求。项目组培训将系统培训与应需培训、专业培训与在岗轮训、专家引领与自身实践相结合，促进教师实现教育理论与实践的融合，提高家庭育儿水平和家庭教育指导能力。我们拟订了师资培养计划，采用走出去、请进来的方式，每年安排早教指导师培训，如邀请北大教授周笑莉等专家来中心讲授儿童戏剧美育与实操课程，派骨干参加全国妇联儿童工作部和联合国儿基会开展的儿童早期发展社区家庭支持项目、新增人员国家级培训班，组织早教项目全体指导老师赴上海参加国际蒙台梭利教育研讨会，学习上海科学育儿实验基地教科研与管理工作经验。在学习与指导实践过程中，提升早教指导教师的价值观与指导能力。

二、理论指导体系的构建与构建及方法

东莞市 0～3 岁儿童早期家庭教育指导的理论体系构建,采用现代科学理论整体构建的方法。整体构建从宏观到微观分 3 个层次。

宏观上的理论指导。将中外教育哲学理论、中外学前教育历史等作为构建的前提,将教育生态学作为逻辑起点。儿童早期家庭教育指导实践要研究哲学。这是因为教育的目的取决于价值,使儿童早期教育从一开始就有明确的方向。早期教育既要面向国际,也要借鉴历史。因此,要注重将全人类共同的优秀文化,包含"天人合一"的中国优秀传统文化意识、蒙学教育经验融合在早期教育实践研究的过程里。我们创造性地将新兴学科,如教育生态学对教育的相互作用的规律,运用到早期家庭教育指导,增强儿童早期教育与人文自然、与经济社会规范、与生理心理之间关系的综合研究意识,开阔我们的宏观视野。

中观上的理论指导。以教育社会学、教育经济学、教育心理学、教育神经科学等现代教育科学理论作为支撑,并融合营养学、健康学、医学等相关学科的最新研究成果,借鉴有关早期教育的教学论、学习论、课程论、教师论、方法论来增强构建的广度。以多领域、跨学科理论指导儿童早期家庭教育,更符合儿童早期感受性学习与全方位立体成长的需要。

微观上的理论指导。在微观应用层面,由各种专业知识和技能理论,如环境与健康理论、营养与卫生保健等科学理论作为基础。这一层面的理论构建必须有更加开阔的视野。在实践研究过程里,不断发现新问题、发现空白的领域,以寻求理论支撑。

三、实践体系的设计与探索

0～3 岁儿童早期家庭教育指导实践体系的设计,包括结构设计与内容设计。结构设计由指导课程、智慧课程、联动课程三大板块构成。内容设计根据不同阶段儿童特点开发出若干种不同的特色课程。

(一)结构设计

以家庭为基础的指导课程——主要是通过改变和提升家长能力素质使其成为

合格的施教者。按服务形式分为个性化指导、育儿咨询、父母学堂、入户指导、转介服务。按指导内容分为健康、营养、卫生、社会关爱与早期学习、育儿保健、安全。

以儿童为中心的智慧课程——采用半日制、小时制、入户制等不同的方式,通过亲子互动等情境游戏开启儿童智慧。根据0～3岁婴幼儿学习的情境与方式的不同,将此模块课程再分为多元智力整合、综合艺术教育、敏感期游戏训导、家园衔接、自然学校示范课程。

以社区为依托的联动课程——主要通过多系统参与早期教育的社会活动,如节日文化活动、社区推广活动、主题赛展演活动、实践体验活动、实践研究活动等,营造早教支持体系,使早期家庭教育形成合力。

(二) 内容特色

1. 三种类型的指导课程

个性化指导、育儿咨询。这是通过聆听父母的心声,帮助父母了解孩子、在孩子发展的不同阶段给予适时的教育建议以及有关转介服务。

入户指导、入社区指导。在早教的主要场所——家庭,进行早期经验、早期照料、亲子关怀、早期学习等问题的交流。重点对1岁内婴幼儿进行家庭生活中习惯养成方法、家庭教育文化环境、健康安全环境创设等生活与教育技能指导。

父母学堂。通过专题讲习和研讨,让家长掌握获得先进的教育理念和方法、知识与技能,改变在照料、护理、教育方面的观念、态度、行为,提高家长的榜样示范作用和家庭教育能力。

2. 四种方式的智慧课程

多元智力整合课是婴幼儿多感官体验全盛时期的游戏课堂。课程面向1～3岁婴幼儿开设了萌学班、乐学班、体能班、智能班。课程充分利用儿童语言、体能、智能发展的敏感期,创设丰富的运动与智能操作区域,通过多元互动使儿童能有丰富的机会来练习使用这些智力以获得知识,整理和储存信息。

综合艺术探索课是儿童通过动手动口动脑发现创造乐趣的审美课堂。课程主要面向2～3.5岁婴幼儿设计了"创意王国""音乐花园""语言城堡"特色课。它是以儿童各项能力和情感发展为主线,通过听觉艺术(音乐)、视觉艺术(美术)、形体艺术(舞蹈)、语言艺术(语言表达表演、儿童文学)等体现多元智能培养目标和学习方式的综合教学。

家园衔接课是入园缓适课程,是儿童迈向社会化的第一课堂。家园衔接班课程包括为流动人口儿童设计的畅学班,也包括面向2～3.5岁儿童,以半日制形式活动的、以自主探索与多元互动为主的集体生活课堂。

自然学校示范课程。自然学校示范课程是启迪智慧的大自然课堂。1～3岁处于逻辑思维能力的基本结构创建时期，可以通过采集、整理、储存生动的直观的社会经验、生活经验、科学知识类信息，帮助儿童发展自然观察智能，丰富语言表达力、学习能力。

3. 五大方向的联动课程

节日文化活动。节日文化活动是以节日文化教育资源为载体，为儿童创设的充满社会关爱和美好情境的节日文化生活体验场所。

社区推广活动。社区推广活动是充分利用社区资源，形成多方面的合作互动，体现政府主导的公共服务平台的普惠性。

主题赛展演活动。主题赛展演活动是围绕一个主题而延伸出的一系列教育指导、文化体验、知识传播、交流研讨、比赛展示、创作表演等的公益活动。

实践体验活动。实践体验活动是以半日营、一日营、四季营、冬夏令营等贴近社会、亲近自然的公益活动为载体，为儿童采集自然人文社会生活信息而开发设计的课程。

实践研究活动。实践研究活动是围绕相关课题，在教师、家长、儿童、专家合作互动中开展的一系列实践研究类活动。

四、0～3岁儿童早期家庭教育指导实践研究的实施

将游戏看作是婴幼儿的全部生活，将多感官参与作为婴幼儿学习的重要原理，始终坚持以游戏的方式贯穿指导过程，以活动的方式组织指导过程，以评价的方式提升指导实践效果，共同促进儿童早期综合发展。

(一) 以主题的方式展开指导过程

儿童早期有许多教育敏感期，也就是一个个教育的机会之窗。捕捉一个主题，就是打开一扇教育的机会之窗，就会形成一个个"思维胚胎"。古德曼博士指出："大脑的发展是以整体的方式进行的，他们是在同时获得了很多技能。"从脑认知功能的模块说来看，主题教学也是一种比较适宜儿童早期学习的教学方式。儿童早期经历越有意义、越丰富、越有趣味性，他的大脑思维"模块"与"联结"就塑造得越精妙。主题学习，能协调儿童创造"模块"与"联结"，将知识和生活联系起来，实现

知识的模块化,以促进其深入理解,并迁移到另一情景。主题活动内容的组织安排,符合脑的学习规律,能够为大脑提供比较系统的、有序的、生动的刺激,方便儿童从不断扩展的经验中学习。

设计和展开的1～3岁24个教育主题,就像一扇扇窗户,可以呈现出最美的风景。例如,从为期一个月的"快乐童谣"主题活动入手开展的"世界儿歌日"文化交流体验活动、"快乐童谣"绘画赛展演活动、入社区指导活动、亲子教育示范活动。加强了途径与情境的建设,从不同的角度达成活动指导的目标。

(二) 以游戏的方式贯穿指导过程

从儿童发展权利理论看,游戏是儿童的权利。科学育儿实验基地的实践,以游戏的方式贯穿整个活动,把游戏精神、游戏本质、游戏规则、游戏外延变成一个整体活动,让教师了解并将其融汇于每个教师的教育思想、教育行为中。教师要尽最大努力通过"游戏感"引发孩子的"参与"活力,让孩子在自己的课堂变得快乐,因为,只有在快乐的情绪状态下,孩子学起来才是真正的无压力,而且最有效。

(三) 以活动的方式指导过程

以活动的方式组织指导过程,突出了教育的三大特征:活动性、综合性、实践性。本研究坚持活动育人的指导理念,促进儿童的主动发展。

参与式活动是一个重要的学习原理。参与是"做中学",是所有儿童不加任何歧视、共同享有的权利。儿童通过多感官参与,学习如何编织语言、如何提问、如何表达自己的观点并让自己的观点得到重视,从而培养儿童的各项技能,锻炼和发展当他们面临困难时所需的思考能力和判断力。

活动的互动是多元的,有婴幼儿与生长的植物、小伙伴、小动物互动,有与教师、家长等的互动,有与物化环境、图书、工具、材料网络信息等非生命物质的互动。

活动的组织形式,有个别指导与集体指导活动,有入户制、小时制、半日制,有家庭活动和社会活动,有兴趣特色班活动,有综合活动,有预设主题活动,有自然生成的主题活动,等等。

活动的创意设计,倡导用多元智能来教、为多元智能而教。拥有这一活动理念,可以启发教师创造性地设计和实施各种教育游戏活动,如运用艺术通感开展色彩游戏活动、用感觉统合与TPR全身运动教学法学习语言、用音乐游戏训练感知觉,利用自然学校活动、生活活动培养主动思维能力、沟通能力、分析能力、责任承担能力等。

(四) 以评价的方式提升指导效果

本着促进儿童早期综合发展的目标,每次亲子活动教师都会进行自我反思、自我评价,作为下次活动的参考材料。在执行者自我评价的基础上,教研组定期开展教研会议,集体备课、说课、评课,一起探讨课程改进问题;除了执行者的内部评价,还积极听取专家的指导意见,并重视活动过程中家长的意见收集,也积极寻求媒体参与,以外部综合评价促进家庭教育实践活动的创新和进步。

五、实践研究的效果

(一) 指导目标初步达成

对照建设本土化的0~3岁儿童早期家庭教育指导实践研究目标,我们从理论和实践体系构建上、师资培养上、物质环境准备上、实践研究上,做了大量的工作,努力向0~3岁儿童和家长提供科学有效高质量的早期教育支持。

第一,整合性的理论指导体系与基本理念,开阔了本课程实施者的宏观视野,启发了教师的创意设计,提升了教师的创新能力,形成了指导者的创新习惯。

第二,东莞市科学育儿示范基地环境的规划和建设成效明显,提供了环境育人功能示范。环境的示范理念也迁移和渗透到家庭和社区,调动了家长为婴幼儿创设良好教育环境的积极性。

第三,按照公益指导模式,指导团队边实践边研究,制订主题教育指导活动计划、编写活动案例与反思,分别从理念、功能、队伍、行动几个方面为0~3岁儿童早期家庭教育提供指导范例,为东莞家庭、社区、儿童提供了较为优质的公益服务。

(二) 指导活动促进了合力共育、互动成长

指导活动促进了指导团队的成长。东莞市妇女儿童活动中心早教教师由具备教师资质、指导师资格的专业人员组成。他们通过多途径的师资培训,正在成长为一支重要的指导骨干力量。指导教师通过官方网站、公众微信平台与大家传递活动信息,介绍先进的育儿方法。指导教师坚持在教研中、在与家长一起解决家庭教育的难题和疑点过程中提高自己。每年参加国家级、省市级培训,如教育戏剧理论、中国传统国学文化教育体系课程、精准式培育理论等。中国儿童中心丛中笑、

美籍幼儿教育专家蔡伟忠博士、加拿大儿童美术教育专家简志雄、中华女子学院李丽惠教授都曾亲临中心指导,促进早教师资队伍的专业成长。

经过各种方式的家长课程培训,大部分父母的学习观、教养观、亲子观、发展观都有了可喜的变化。很多人已经认识到孩子的教育应从有生命的时候开始,从创设适合儿童成长的必要条件和生活情景开始,从重视发挥父母双方共同的榜样作用开始。学会关注和了解儿童合理的需要和个性,学习意识明显增强,家庭之间,家长与家长,家长与学校之间,有了相互学习、相互促进的环境与条件。

(三) 社会效益

东莞早期家庭教育指导团队致力于推广先进的早期教育理念和方法卓有成效。指导教师用心组织和选择指导教材,及时为家长送上前沿的育儿资讯和科学养护指南,赠送《儿童疾病的营养食疗与药疗》《1~3岁儿童健康养育指南》《让孩子的大脑自由》书籍数百本,累积送出省早期教育行业协会主办的刊物《广东早教》1 000多册。指导团队及时探索和总结,将自己的所学所想所用的经验及时与家长分享。初步汇编了《亲亲大自然》与《快乐童谣》等月度主题教材。活动组制作了亲子活动画册、宣传片数千份,编发了大量的宣传单页。项目负责人的课题荣获东莞市哲学社会科学类优秀课题,教师的论文《0~3岁入户指导的课程构建理论依据和现实策略》被《当代教学与管理》杂志刊用。15名教师承担了多次与兄弟单位的对口交流研讨。

东莞市妇女儿童活动中心科学育儿实验基地一年内开展入户、入社区等教育指导活动上百次,开展十大系列亲子活动课程共1 900次,经常通过官方网站、公众微信平台、QQ群指导等方式为家长答疑解惑,在中心园内、社区展示活动成果,科学育儿图展在市科技馆连续展出一个多月,早期家庭教育指导辐射功能日益扩大,发挥了良好服务功能和示范功能。较大型公益活动通过专业媒体的宣传推广,扩大了影响力,早教指导的公益性、公共性、专业性,综合性服务模式赢得了家长和社会广泛的信任。

参考文献

[1]《中国儿童发展纲要(2011—2020年)》。

[2]《国家中长期教育改革和发展规划纲要(2010—2020年)》,http://www.moe.edu.cn/publicfiles/business/htmlfiles/moe/moe_838/201008/93704.html。

[3]《关于进一步推进0~3岁婴幼儿早期教育工作的意见》,http://govinfo.nlc.gov.cn/jssnjfz/xxgk/njsrkhjhsywyh/201209/t20120904_2555435.shtml?classid=443。

[4]《教育部启动0~3岁婴幼儿早期教育试点》,http://www.moe.edu.cn/publicfiles/business/htmlfiles/moe/s5987/201301/146464.html。

（赵美荣）

我国家庭教育指导需求研究综述

家庭是孩子的教育起点,父母是孩子的启蒙老师,家庭教育在孩子成长历程中起着重要作用。家长已认识到家庭教育对孩子健康成长的重要作用,但由于家庭教育等方面知识与技能缺乏,在教育孩子过程中显得束手无策。家长希望通过接受家庭教育指导,从而掌握家庭教育等相关知识、理念、方法与技能,为孩子提供全面、系统、科学和高效的教育。然而,我国家庭教育指导需求方面研究与家庭教育指导实践并不能满足家长的需要。因此,有必要对我国家庭教育指导需求研究进行系统的梳理与分析,通过回顾我国家庭教育指导需求的研究成果,反思不足,以期为家庭教育指导需求研究与家庭教育指导实践提供借鉴。

一、目前我国家庭教育指导需求研究的主要内容

(一)不同儿童家长家庭教育指导总的需求量研究

通过研究发现,70%的儿童父母从儿童的健康成长角度,认为有必要接受由专业机构或工作者提供的家庭教育指导。① 不同类别儿童家长接受家庭教育指导的需求都比较强烈,不同地区比较,最少也有70%以上的儿童家长有接受家庭教育指导的需求。家庭教育在孩子成长过程中有着举足轻重的地位,家长对家庭教育越来越重视,但由于教育学、心理学和家庭教育等方面知识与技能缺乏,在教育孩子过程中家长往往力不从心。因此,不同类别儿童家长产生强烈的家庭教育指导需求,并且有积极参与家庭教育指导的意愿。家长对家庭教育指导需求是比较全面的,不

---

① 程福财:《最年幼的流动人口——对上海0—3岁流动儿童生存状况的调查》,《当代青年研究》2011年第9期。

仅有家庭教育具体知识与技能的需求,而且有家长自身教育能力提升的需求。

(二)家庭教育指导需求文献中各类儿童家长需求文献比重研究

以"家庭教育指导"或"家庭教育指导需求"为主题词或篇名在 CNKI 中检索至 2017 年 12 月 31 日的相关文献,共 418 篇,其中期刊论文 317 篇,硕博论文 101 篇。通过对不同类别儿童家长需求研究的文献在总的研究文献中比重进行研究,分析不同类别儿童家长家庭教育指导需求研究的侧重情况。

1. 以儿童学段划分家长需求群体的文献比重研究

在我国家庭教育指导需求研究的相关文献中,有 44% 的文献主要研究学前儿童家长的家庭教育指导需求,小学生家长的家庭教育指导需求研究占文献总数的 29%,普通中学生家长的家庭教育指导需求研究占文献总数的 23%,而职业中学学生家长的需求研究仅仅占文献总数的 4%。因此,在我国家庭教育指导需求的研究中,偏重对学前儿童家长家庭教育指导需求的研究,对小学生家长和普通中学生家长家庭教育指导需求都有一定量的研究且比重相当,而对职业中学学生家长的家庭教育指导需求研究偏少。以上研究情况反映出专家学者在我国家庭教育指导需求研究中的侧重失衡,偏重对学前儿童家长家庭教育指导需求的研究且关注学前儿童各方面的发展;对普通中小学生家长的家庭教育指导需求有一定量的研究,而更多关注他们的学习成绩的情况;职业中学生所表现出的问题较多,但对职业中学生家长家庭教育指导需求的研究较少,今后要加强对职业中学生家长家庭教育指导需求的研究。

2. 以儿童类别划分的家长需求群体的文献比重研究

在我国家庭教育指导需求研究的相关文献中,普通儿童家长家庭教育指导需求研究文献占总文献的 65%,农村儿童家长需求研究文献占总文献的 15%,流动人口的儿童家长需求研究文献占总文献的 13%,特殊儿童家长需求研究文献占总文献的 5%,城市困难儿童家长和未成年犯罪儿童家长需求研究文献仅各占总文献的 1%。因此,在我国家庭教育指导需求的研究中,对普通儿童家长家庭教育指导需求的研究要远高于其他类别儿童家长家庭教育指导需求的研究。其中,流动人口的儿童家长和农村儿童家长的家庭教育指导需求有一定量的研究。对特殊儿童家长、城市困难儿童家长和未成年犯罪儿童家长的家庭教育指导需求的研究偏少。由于普通儿童家长居住在城市且分布相对集中,调查研究的条件、资金与各种资源相对充足,国家、社会与家长普遍重视等方面原因,使得专家学者偏重对普通儿童家长家庭教育指导需求的研究。而对农村儿童、流动人口的儿童、城市困难儿童、特殊儿童和未成年犯罪儿童等弱势群体儿童家长的家庭教育指导需求研究偏少,主要是弱势儿童群体家长分布相对分散、地理位置与交通条件限制、研究条件与资金不足、调研群体的特殊性等原因造成的。在今后的家庭教育指导需求研究中,既要重视对普通儿童家长家庭教育指导需求的研究;更要侧重对弱势儿童群体家长家庭教育指导需求的研究,集中研究他们的指导需求、家庭教育问题的特殊性和指导的特殊性与便利性,为他们提供更好的家庭教育指导服务。

(三) 家庭教育指导内容需求的研究

1. 学前儿童、普通中小学生和职业中学生家长

研究表明,不同学段儿童家长对家庭教育指导内容需求有不同的偏向。学前儿童对家庭教育指导内容需求主要有培养儿童的行为习惯、获得家庭成员的支持、学习处理家庭危机的方法和树立正确的婚姻观念等。[①]普通中小学生家长的家庭教育指导内容集中在孩子的学业成绩、心理发展、身体发展和良好品行等四方面,在社交能力、亲子沟通、科学探索、教育资源和休闲消费等方面缺乏应有的关注。[②]另外,家长不仅有在教育孩子方面的需求,而且有自身学习家庭教育相关知识的需求。[③]职业中学生家庭教育指导内容集中在增强学习动力、提高学习自信、掌握学习方法、养成道德品质、纠正不良习惯、形成正确的态度与价值观等方面。[④]

2. 流动人口的儿童与农村儿童家长

研究发现,流动人口的儿童家长家庭教育指导内容主要有家庭环境创设、家庭成员关系、思想动态、学习不适、交往不适、安全问题和网络问题等方面。[⑤]另外,在促进家长转变教育观念、加强对流动人口的儿童家庭的教育状况以及解决不同群体面临的家庭教育问题的需求。[⑥]农村儿童家长家庭教育指导内容,以有效、科学的家庭教育理念、方法和手段为主。[⑦]

[①] 许月:《3—6岁幼儿家长接受家庭教育指导的现状研究》,河北师范大学,2017年。
[②] 侯晓晖、孙彩霞:《家庭教育指导的需求分析——太原市中小学家长为例》,《现代教育科学》2011年第5期。
[③] 朱丽娜:《小学生家长的家庭教育指导现状及需求研究——基于南京市Q区的调查》,《高等继续教育学报》2016年第5期。
[④] 陈丹辉:《科学指导家庭教育促进职校生学习效率的提高》,《职业技术》2007年第8期。
[⑤] 郭启华:《主体多元背景下流动儿童家庭教育指导研究》,《中国青年社会科学》2015年第3期。
[⑥] 李杨、任金涛:《中国流动、留守儿童的家庭教育指导服务现状与建议》,《首都师范大学学报》(社会科学版)2013年第5期。
[⑦] 牛金芳:《河南省农村家庭教育的现状及对策研究——以南召县家庭教育为例》,《中国校外教育》2011年第5期。

3. 特殊儿童、城市困难儿童与未成年犯罪儿童家长

研究反映出,特殊儿童家长的家庭教育指导内容主要有特殊儿童的行为养成教育、残疾儿童的权利与需要及政府和社会部门能提供的服务、行为矫正方法、青春期教育、性教育、特殊儿童良好心理品质的培养、社会适应教育和职业教育等方面。城市困难儿童家长进行家庭教育指导的主要内容有抚养教育子女的科学知识、教育子女的成功经验、改善家庭功能、激发儿童的心理资源和增强儿童的应对行为能力。[①]未成年犯罪儿童家长家庭教育指导内容应以培养孩子基本生活技能、社会规范、生活目标和社会角色等方面为主,并且培养家长健康的教育方式。[②]

综上所述,不同类别儿童家长对家庭教育指导内容需求存在差异性。学前儿童家长集中关注儿童身心的发展、品德习惯的培养和良好社交能力的训练等。中小学家长首要关注于孩子的学业成绩,其次是孩子的身心发展、品德培养等方面的内容。然而,中小学学生家长需求存在一些偏差,中学生家长更加关注孩子的学习成绩。普遍性是中小学生不了解非智力因素对智力学习的巨大作用,而且身心发展、品德培养与学业成绩同等重要。这就说明,在今后的家庭教育指导需求研究中,要深入了解家长的需求与问题,有针对性地研究才能更好地推动家庭教育指导工作。农村儿童家长、流动人口的儿童家长和城市困难儿童家长对家庭教育指导内容的需求,主要集中在接受先进的教育理念、转变以前的教育观念、学习科学有效的家庭教育知识、掌握儿童生理与心理发展规律、家庭环境创设和与孩子沟通交流技巧等方面。特殊儿童家长主要集中在尊重与激励儿童、激发儿童的潜能、与儿童沟通交流、特殊的教育教学方法和儿童的生理与心理的规律知识等方面。未成年犯罪儿童家长以不良心理与行为的矫治、与儿童的沟通交流、基本生活技能和父母效能训练等方面内容为主。

因此,在家庭教育指导内容研究方面,不同类别儿童家长对家庭教育指导内容需求存在差异。家长不仅对孩子各方面发展的内容有需求,而且对自身教育能力、家庭氛围的营造和成员良好关系的维系也有需求。在不同类别儿童家长家庭教育指导内容需求研究方面,既要研究不同儿童家长对指导内容的需求,又要研究儿童身心发展规律与特点、儿童健康发展的整体要求和系统、科学的教育理念,还要研究不同儿童家长所处现实环境、拥有的资源和享有的教育条件,将其真正有机地结

---

① 安秋玲:《贫困家庭教育指导项目的评估研究》,《华东理工大学学报》(社会科学版)2016年第3期。
② 张成仙:《东营市未成年人犯罪问题研究》,山东大学,2013年。

合起来,为家长提供全面、科学、系统和有效的指导。

(四) 家庭教育指导方式与途径需求的研究

1. 普通儿童家长

已有研究揭示出,儿童家长的家庭教育指导方式主要有个别指导、集体指导活动和文字、音像、资料的介绍、推荐和提供等。①而且,家长对集体指导形式的需求主要集中在亲子活动和家庭教育讲座上,对家庭教育经验交流会、专题讨论会、亲子活动和家长会等都有不同程度的需求。而且对于个别分组指导也有一定的需求。②

2. 流动人口的儿童与农村儿童家长

对流动人口的儿童和农村儿童的家庭教育指导方面的研究发现,流动人口的儿童与农村儿童家长对指导方式需求主要是以学校为主体进行集中指导的方式。具体来说,流动人口的幼儿家长家庭教育指导方式主要有沙龙、讲座、亲子活动和培训等集体指导方式。③通过对农村幼儿家长家庭教育指导现状进行调查,总结出家庭教育指导方式主要有幼儿园的指导以集中指导和个别指导为主,社区的指导以集中指导为主,幼儿家长自主获取信息学习等。④指导方式主要通过家长工作坊、幼儿园开放日、家长专题讨论会与专家系列讲座等活动的形式开展。⑤

3. 特殊儿童、城市困难儿童和未成年犯罪儿童家长

研究发现,特殊儿童家长家庭教育指导主要通过专题讲座、家长论坛、家教文集、亲子活动、榜样示范和家长委员会等集体指导方式进行,还有面谈沟通、电话沟通和网络沟通等个别指导方式。⑥城市困难儿童家长家庭教育指导方式有全体辅导、分类辅导和个别辅导等。城市闲散未成年犯罪儿童家长家庭教育指导主要通过家长学校、个别咨询指导和有针对性的救助等方式进行。

综上所述,一方面,在家庭教育指导方式与途径的选择上,不同类别儿童家长的需求具有一致性。多数家长对家庭教育指导方式与途径倾向于选择集体指导的方式,对个别指导方式有一定需求,而家长选择网络形式指导、查阅专业书籍资料

---

① 李洪曾:《家庭教育指导工作的对象、内容与形式》,《上海教育科研》2000年第6期。
② 王雅宁:《幼儿园家庭教育指导现状研究》,天津师范大学,2012年。
③ 游蕊源:《以社区为依托开展流动幼儿家庭教育指导活动的研究》,西南大学,2012年。
④ 王亚珺:《农村幼儿家庭教育指导现状研究》,南京师范大学,2013年。
⑤ 王丽:《关于加强西部农村地区幼儿家庭教育指导工作的思考》,《教育探索》2014年第9期。
⑥ 宋长虹:《学龄前特殊幼儿的家庭教育指导》,《现代特殊教育》2015年第2期。

等方式的需求偏少。家长选择集体指导的方式主要原因是面对面的交流有利于增强指导教师和家长有效的互动和信息的双向交流,在集体指导中不易暴露家长自身与孩子的缺点,更有利于准确地找出家庭教育的问题且进行有针对性的指导。家长对个别指导需求较少,由于家长自身素质、对家庭教育指导认知不足、自己面子和不希望单独暴露孩子的缺点等多种因素造成的。除非孩子的问题特别急切需要个别指导解决或家长自身接受个别指导的愿望强烈,家长会倾向选择个别指导的方式。部分家长由于自身素养、所处环境和所享资源等条件限制,对网络形式指导、查阅专业书籍资料等方式的需求偏少。另一方面,对普通儿童家长接受家庭教育指导可以通过学校、专业机构、家庭教育专家、家庭教育网络与家庭教育书籍资料等多种主体进行,家长接受家庭教育指导的方式与途径呈现多样化。而流动人口的儿童家长、农村儿童家长、城市困难儿童家长、特殊儿童家长和未成年犯罪儿童家长等弱势儿童群体家长,主要依靠学校开展的家庭教育指导相关活动来接受家庭教育指导服务,家长接受家庭教育指导的主体、方式与途径比较单一。由此,今后的家庭教育指导需求研究应更加关注弱势儿童群体家长的家庭教育指导,集中研究他们的家庭教育指导需求、家庭教育问题的特殊性和指导的特殊性与便利性,切实构建多样化的家庭教育指导主体、方式与途径,更好地为家长提供家庭教育指导服务。

(五)家庭教育指导师资需求的研究

已有研究发现,家长在家庭教育指导教师的需求方面,教师需求量包括教育专家、学校老师、专业家庭教育指导师、有经验的家长。不同类别儿童家长对家庭教育指导师资的需求主要集中在孩子自己的老师或班主任、家庭教育专家和专业的家庭教育指导教师这两类。家长对家庭教育指导教师的素养要求主要是专业知识丰富和实践经验充足。因此,在家庭教育指导的师资需求研究中,既要深入研究家长对家庭教育指导师资的需求,又要对家庭教育指导教师进行深入、系统和全面的研究。从而推动家庭教育指导教师适应指导行业的专业要求,符合家长对家庭教育指导教师的需求。在家庭教育指导的实践中,既要确立学校在家庭教育指导中的主体作用,积极打造一支科学、系统、高效和专业的师资队伍,又要发挥家庭教育专家和专业家庭教育指导教师的引领作用,形成专业化的家庭教育指导师资团队。在切实进行家庭教育指导的过程中,要做到专业与科学的指导理念和家长的需求相结合,为不同类别儿童家长提供专业的、系统的、科学的和有针对性的家庭教育指导。

二、我国家庭教育指导需求研究的不足

目前,我国家庭教育指导需求研究和实践工作方面都取得了一定成果,研究广度和深度都在逐渐发展。然而,由于对家庭教育指导需求这一主题的关注时间短、投入资金不足、研究队伍少、理论建设薄弱和研究不均衡等原因,在研究与实践方面难免存在不足之处。因此,对我国家庭教育指导需求研究进行总结会使得今后的研究与实践更有现实针对性。

(一) 家庭教育指导需求研究方面的不足

1. 家庭教育指导需求研究缺乏理论支撑

家庭教育的相关研究中,研究人员偏少且研究团队整体实力不强,理论研究不深入,研究缺乏体系化,研究成果产出偏少,这就造成在家庭教育指导需求研究中,缺乏家庭教育、家庭教育指导相关理论的支撑。对不同类别儿童家长家庭教育指导需求缺乏理论化、科学化与系统化的研究,仅在家庭教育研究者与实践工作者的经验基础上进行调查研究,从而影响家庭教育指导需求相关研究结论的科学性、有效性和推广性。

2. 家庭教育指导需求研究范围偏小且研究侧重失衡

家庭教育指导需求研究范围偏小,不能够有效地涵盖所有需求群体。在普遍程度上对不同类别儿童家长家庭教育指导需求进行研究,其中涉及学前儿童家长、中小学生家长、农村儿童家长、流动人口的儿童家长、城市困难儿童家长、特殊儿童家长和未成年犯罪儿童家长等,基本上涵盖了所有类别儿童的家长。但是这仅从家长的角度对家庭教育指导需求进行研究,而没有从政府、社会、学校和专业机构的角度考察他们对家庭教育指导的现实认知与未来规划,甚至没有从儿童自身的角度对家庭教育指导需求进行深入研究,切实了解儿童对家庭教育的需求。

家庭教育指导需求研究的侧重失衡,不同类别儿童家长家庭教育指导需求研究量与质都有很大的差别。大多数专家学者对家庭教育指导需求的研究都是围绕学前儿童展开的,侧重对学前儿童家长家庭教育指导需求的研究,而对中小学生家长家庭教育指导需求研究相对较少,对职业中学生家长家庭教育指导需求研究则偏少。而且专家学者侧重对普通儿童家长家庭教育指导需求的研究,而对弱势群体儿童家长家庭教育指导需求研究偏少,例如对流动人口的儿童家长、农

村儿童家长、未成年犯罪儿童家长等弱势儿童群体家长的家庭教育指导需求研究偏少。

3. 家庭教育指导研究者与实践工作者间交流沟通不畅

研究者在家庭教育指导需求研究过程中很少将实践工作者作为家庭教育指导需求的研究对象，不能与实践工作者很好地交流沟通，从而对实践工作者的专业素养、家庭教育指导的专业需求、指导所遇困难和对指导的可行性建议等信息做充分了解。而且研究者通过相关研究，得出的家庭教育指导需求相关结论、构建的家庭教育指导体系、提出的可行性的策略与建议等方面内容，并没有真正地渗透和运用于实践工作者的家庭教育指导的实践工作中，从而影响实践工作者专业素养提升和家庭教育指导工作的效果。实践工作者在实际的家庭教育指导工作中所出现的情况、遇到的指导困惑与问题、自身对指导的思考和意见，不能及时与家庭教育指导研究者进行有效沟通交流，从而影响研究者对家庭教育指导需求研究工作的深入推进。在家庭教育指导需求研究中，研究者和实践工作者交流沟通不畅、信息不能双向互通，既影响研究者对家庭教育指导需求的研究，又影响实践工作者的家庭教育指导效果。

（二）家长家庭教育指导需求方面的不足

1. 家庭教育指导内容需求不合理

不同类别儿童家长对家庭教育指导需求存在差异性，对家庭教育与家庭教育指导的内容不熟悉，并且家长所需家庭教育与家庭教育指导内容对孩子产生的教育效果不明晰。家长在教育孩子过程中存在盲目寻求家庭教育指导倾向，对家庭教育指导内容包含的基本要素不清楚，对它们产生的教育效果无法评价。而且由于家长自身素养、家庭教育的理念、观念和方式等因素限制，家长在教育孩子过程中不能针对性地、科学地和有效地选择自己所需要的家庭教育指导内容。例如，中小学生家长对家庭教育指导内容需求集中于盲目地追求孩子的学习成绩，不顾及孩子的身心健康发展、良好行为品德养成以及自身教育素养提升等，从而影响家庭教育的效果。

2. 家庭教育指导方式与途径需求比较单一

家庭教育指导方式与途径需求比较单一。不同类别儿童家长对家庭教育指导方式与途径需求存在单一性。家长对指导方式与途径需求最大的是集中指导的方式。家长考虑到面对面交流有利于增强指导教师与家长间有效的互动和信息的双向流通，更有利于准确地找出家庭教育中存在的问题并进行针对性的家庭教育指导。而且由于在集体指导中不易暴露孩子自身的缺点、家长的自身素质、对家庭教育指导的认知和自身好面子等多种因素，使得家长对集中指导的方式需求较大。但是，对个别指导的方式也有一定量的需求，而对网络形式指导、查阅专业书籍资料等方式的需求偏少。这是基于现实条件限制、家长自身素养、指导老师与家长不能双向沟通交流，不能针对性地解决家庭教育中的问题等诸多因素造成的。

3. 家庭教育指导师资需求比较单一

家长普遍偏向接受孩子班主任和任课教师所提供的家庭教育指导服务。主要原因是孩子的班主任和任课老师对自己孩子比较熟悉，家长也比较信任孩子的班主任和任课教师，愿意接受他们提供的家庭教育指导服务。但是，家长和教师看孩子视角不同，有的教师没有专业的家庭教育理论知识，提供的指导服务未必符合家长的需求与孩子的健康成长。教师面对大班额教学，很难做到切实有效的指导。从实践了解的情况看，教师给家长反映孩子的不良情况多，提供的家庭教育指导偏少。而且家庭教育专家和家庭教育指导教师还没有普及到家长的身边，家长对家庭教育专家和家庭教育指导教师不太了解，因而对专业家庭教育指导教师和教育专家的需求较少且不愿意接受他们的指导。

三、我国家庭教育指导需求研究的展望

对我国家庭教育指导需求研究与家长自身家庭教育指导需求不足的分析，一定程度上为我国家庭教育指导需求研究与家庭教育指导实践的未来走向提供了借鉴。具体而言，未来我国家庭教育指导需求研究与家庭教育指导实践，需针对以下几个方面作更加全面、系统与深入的探索。

（一）对家庭教育指导需求研究的展望

1. 加强家庭教育指导网络建构方面的研究

政府、社会、学校和专业机构之间相互配合，共同承担家庭教育指导的重担，合力建构家庭教育指导网络。政府把握家庭教育指导的大方向，制定家庭教育指导的相关政策法规与监督管理条例，联合相关的教育部门编制家庭教育指导的实施手册；调动社会各方力量加强对家庭教育理论的研究、推进家庭教育的理论化建设；加大对家庭教育指导的资源投入，平衡家庭教育指导的城乡状况。充分利用社

区优势提供家庭教育指导的社区服务,社区有别于学校,应发挥社会工作的优势,利用集中学习与个别指导相结合的方式帮助家长解决教育孩子过程中遇到的问题与困难。学校利用自身的教育资源优势,提升教师家庭教育指导的专业素养,开展多样化的家庭教育指导活动,切实地为家长提供家庭教育指导服务,解决家长在家庭教育中的问题与困惑。专业机构要加强自身专业化水平建设和家庭教育指导的宣传,赢得家长对专业机构的认可与信赖,切实承担起家庭教育指导的重任。家庭教育指导要综合各方力量,融合学校教育、社会教育和家庭教育的优势,共同推进家庭教育指导全方位、立体化和多层次的网络建设,充分发挥家庭教育指导的作用。

2. 促进家庭教育、家庭教育指导相关理论和研究队伍的建设

国家要加强对家庭教育的支持与建设力度,调动和协调各方力量促进对家庭教育与家庭教育指导相关理论的研究,使家庭教育与家庭教育指导的相关理论不断地体系化和科学化。加强对家庭教育与家庭教育指导的专业队伍建设,充分利用高校尤其是师范类院校家庭教育的相关研究平台,促进高校家庭教育研究队伍不断壮大,丰富家庭教育与家庭教育指导的相关研究成果,使得家庭教育、家庭教育指导理论不断充实完善,以期为我国家庭教育指导的研究和实践工作提供相关的理论支撑,更好地指引家庭教育指导工作者的实践活动。

3. 扩大家庭教育指导需求的研究范围,促进研究内容的相对平衡

在家庭教育指导需求的研究中,既要扩大研究的范围,又要促进研究内容的相对平衡。在扩大家庭教育指导需求研究范围方面,不仅要对不同类别儿童家长进行深入的研究,而且要从政府、社会、学校和专业机构的角度考察他们对家庭教育指导的现实认知与未来规划,更要从儿童自身的角度对家庭教育指导需求进行深入研究,切实了解儿童对家庭教育的需求。从而开拓家庭教育指导的研究范围与角度,从而顾及不同群体的家庭教育指导需求。在促进家庭教育指导需求研究侧重相对平衡方面,既要侧重对普通儿童家长家庭教育指导需求的研究,更要深入地、有针对性地加强对社会弱势儿童群体家长家庭教育指导需求的研究,促进对不同类别儿童家长的家庭教育指导需求研究比重相当,切实推动家庭教育指导需求研究与家庭教育指导服务的公平。

4. 加强研究者与实践工作者之间交流沟通

加强研究者与实践工作者之间交流沟通,增强双方互动与信息互通。在家庭教育指导需求的研究中,研究者需要以实践工作者为重要的研究对象而进行深入家庭教育指导的研究,从而在研究结论的推广、可行性策略与建议的提出和家庭教育指导的体系建构等方面做到全面、系统和科学。实践工作者进行家庭教育指导实践工作,需要学习与借鉴相关研究成果,从而增强自身专业素养,推动自身在科学、专业、系统和有针对性的家庭教育指导理念引领下,为家长提供优质的家庭教育指导服务。

(二) 对家庭教育指导实践的启示

1. 加强家庭教育指导的宣传力度,增强家长寻求家庭教育指导的意识

政府、社会、学校和专业机构要加强家庭教育与家庭教育指导的宣传力度,更新家长的家庭教育观念与理念,促使家长对家庭教育有全面、系统、正确和清晰的认知。推动家长能够按照自身的需求自主地寻求家庭教育指导,增强家长寻求家庭教育指导的意识。尤其是农村儿童家长、流动人口的儿童家长等弱势儿童群体家长,他们祖辈与父辈的教育观念陈旧、缺乏家庭教育的知识与技能、不熟悉儿童的生理和心理发展规律。要切实通过家庭教育指导活动改变家长的家庭教育理念与观念,掌握必备的家庭教育知识与技能,从而系统、科学、有效地教育自己的孩子,促进孩子全面健康成长。

2. 推进家庭教育指导内容全面、科学、有针对性,符合儿童身心的健康发展

家庭教育指导的内容既要符合家长的需求,又要体现科学性、全面性、系统性、针对性和可行性。家庭教育指导的理念、观念要与时俱进,能够与家长家庭教育指导内容需求、儿童身心发展规律、儿童全面发展的教育理念相契合。在指导家长过程中要充分了解家长和孩子的实际情况,以家长的需求为依据对他们进行有针对性的家庭教育指导,使指导内容做到全面、系统、科学、有针对性和高效。

3. 构建多样化的家庭教育指导方式与途径

家庭教育指导方式与途径要多样化,家庭教育指导要充分采用集体指导、个人指导、网络平台和查阅书籍资料的自主学习相结合的方式。在家庭教育指导中,既体现家庭教育指导教师与家长之间互动性强、信息双向交流等特点,又体现家庭教育指导对解决家长教育孩子过程中出现问题与困难的便利性、快捷性和有针对性,切实构建多样化的家庭教育指导方式与途径,更好地为他们提供家庭教育指导帮助。

4. 促进家庭教育指导教师专业化建设

国家应不断完善家庭教育指导教师专业素养相关的要求准则,加强对家庭教育的专家学者、家庭教育指导教师和学校教师的家庭教育指导专业培训,切实提升相关从业人员的专业素养。加强对开展家庭教育指导相关从业人员的监督和管理,以规范相关从业人员的职业行为,提升相关从业人员的职业素养,为家长提供更加全面、系统与科学的家庭教育指导,促进孩子全面健康发展。

(李海云　魏　衍)

四、儿童发展与社会支持

大力发展公益性校外教育　营造儿童健康成长空间

儿童的健康成长和全面发展需要有安全的、丰富的、有教育性的校外活动环境，目前，我国很多地区在城市建设和发展中偏重于学校教育机构的发展，忽视了校外教育机构的建设和管理，造成广大少年儿童课后缺少适宜的娱乐和活动场所。政府对由企业建设和运营的校外教育机构缺乏有效管理，这些机构活动主要以学业补习和特长培训为主，且收费高昂，不仅加重了学生的课业负担，也加重了家庭的经济负担。公益性校外教育的发展应该成为城市公共服务发展中的一项重要内容，政府在政策、资金、土地等方面应给予支持，增加校外教育机构的数量和类型；教育部门对校外教育机构的课程和活动进行规范和指导，为儿童的个性发展和实践能力的培养创造空间。

一、校外教育的概念和独特育人功能

中华人民共和国成立初期，我国学校教育资源严重不足，很多地区实行"二部制"教学，很多孩子只上半天学，其他时间就在校外自由活动。由于青少年好奇心强但缺乏辨别能力，容易参与一些具有危险性、破坏性的活动，对青少年的健康成长产生了很多消极影响。为了营造安全的校外教育活动环境、做好青少年道德教育，我国借鉴苏联的教育模式，建立了以少年宫为主体的校外教育机构。这些机构一般配备了专门的游乐设施，有专门的教师组织各种活动和培训，如球类、绘画、手工制作等。校外教育机构为青少年提供了丰富、健康的游乐和学习活动，对于青少年的健康成长起到了积极的促进作用。经过60余年的发展，我国在校外教育的研究和实践方面都取得了巨大进步，校外教育独特育人功能被进一步发掘，成为基础教育的重要组成部分。

(一)校外教育的概念

目前,关于校外教育概念的论述大致可以分为两种:一种是从广义而言,认为校外教育是指学生在学校以外广阔的时间和空间里所接受到的各种影响和教育,内容相当广泛;另一种观点从狭义来谈,认为校外教育是指专门的校外教育机构对学生进行的多种多样的、有目的、有计划、有组织的教育活动。以上两种观点都认为校外教育是在学校教育教学计划范围之外所开展的活动,不同之处在于对校外教育概念外延的界定,前一种观点包含所有能够对青少年施加影响的机构和活动,后一种观点则专指以广大少年儿童为主要服务对象的校外教育机构和活动,如少年宫、青少年宫、儿童活动中心、青少年活动中心、青少年科技馆等,这些机构多属于公益性的。

教育是一种有意识、有目的的社会活动,是引导少年儿童向真、向善、向美的活动。广义的校外教育将学生在校外所接受的所有影响都包含在内,既有积极的,也有消极的,有有意识的,也有无意识的,超出了教育活动的范畴,从研究和实践上都不利于理解和把握。因此,本文主要采用狭义的校外教育概念,校外教育是以青少年学生为主要服务对象的专门教育机构(或称活动场所),根据国家教育方针和青少年的身心特点所开展的有目的、有计划、有组织的培养学生个性特长,增强实践体验的活动。校外教育与学校教育有共同的教育目的,但在具体教育目标和教育形式上存在差异,学校教育强调系统知识的学习,形式以班级授课为主,校外教育强调个性特长培养,形式以兴趣小组活动和群众性活动为主。

(二)校外教育育人功能分析

经过几十年的发展,我国校外教育逐渐成为具有独特内涵、任务、目标、内容和方法的教育体系,在拓展孩子们生活和学习的空间、推动素质教育实施、促进青少年全面发展方面发挥了重要作用。

1. 培养儿童良好的道德品质

古希腊学者在议论"美德是否可教"问题时,早就否定"道德说教"的有效性。校外教育通过活动体验的方式对儿童进行道德教育,更适合儿童的身心发展规律,提升了德育的实效性。通过活动体验,学生的道德认知不再仅停留在对概念性知识的记忆上,而是能够产生情感上的共鸣,并向行为上转变,比如很多校外教育机构通过参观展览、模拟体验等形式进行爱国主义教育,让他们在活动中感受国家独立和强大的来之不易,从而激发青少年的爱国情操和爱国意识。

2. 培养儿童的艺术欣赏和创作能力

为了培养青少年的艺术情操，校外教育机构开设了科目众多的艺术类培训项目，有书画类的书法、美术、国画、素描、色彩等，有音乐舞蹈类的声乐、民乐、钢琴、小提琴、舞蹈、艺术体操等，有生活类的工艺、园艺、劳技制作等，还有技能类的小节目主持人、小摄影家、小记者班等……这些培训不仅培养了青少年兴趣爱好，使他们开阔了思路，学到了知识，学会了技能技巧，更重要的是帮助青少年提高了识别美、欣赏美、热爱美、创造美的能力。

3. 培养儿童的合作能力和团队精神

团队，是对青少年实施素质教育的最佳载体，在团队中，可以学习与他人交往，学会相互帮助，相互理解与相互尊重。青少年宫、儿童活动中心等校外教育机构，在组织团队活动方面有着独特的组织优势、人员优势、专业优势。近些年来，各地校外教育机构举办的团体性活动形式愈加丰富，活动数量和活动参与人数不断增加。由于其活动具有自愿性、趣味性、灵活性、开放性的特点，青少年均可以从自身的性格特点出发，根据爱好参与，如各类夏令营、冬令营、文艺展演、竞技比赛等。

4. 培养儿童的科学素养和科学精神

科技素质是现代人才的显著标志，是青少年成才的重要条件。各地校外教育机构广泛开展科普教育和高科技体验活动，为中小学生提供航天、航海、机器人、3D打印、新能源应用、物联网探索、无人飞行器等丰富的课程选择，培养青少年的观察能力、思维能力、想象能力和发现问题、分析问题和解决问题的能力，激发了孩子们对创新创造的热情和探索求知的兴趣。

5. 培养儿童坚强的意志品质

校外教育机构开展各类素质拓展活动和劳动教育。"十二五"期间，教育部利用45亿元中央专项彩票公益金在全国建设了的149个中小学示范性综合实践基地，广泛开展各类素质拓展活动，如野外生存、定向越野、军事训练等，锻炼了体魄、磨炼了意志。一些校外教育机构还开展了学工、学农活动，开展了丰富的劳动技术课程，让学生们走出校园，亲历劳作，既增加了对各种职业的了解，也培养了吃苦耐劳精神。

二、校外教育发展中存在的问题

随着我国经济社会的不断发展和广大青少年精神文化需求的日益增长，青少年校外活动场所建设和管理工作还存在一些不适应的地方。

（一）校外教育机构总量不足，儿童校外活动环境堪忧

校外场所总量缺乏，分布不均，设施设备亟待更新，难以满足青少年活动的需要。根据2016年校外教育场所调查数据，我国教育系统所属(区)县及以上校外活动场所约3 000个，建筑面积约为1 270万平方米，现有城市学生为45 118 908人，生均建筑面积仅为0.28平方米，现有乡镇学校205 373所，乡村校外活动站和乡村学校少年宫共计34 533个，建设率仅为16.8%。随着参与校外教育活动场所青少年的增加，现有校外活动场所远不能满足日益增长的需求，部分校外活动场所只能借用和租用场地开展活动，校外活动场所专业活动设备老化和损坏严重，维护更新较慢，现代化的设备装备不足，难以完全满足学生活动的要求。

（二）投入保障机制不健全，内部运行缺乏活力

校外活动场所经费来源渠道单一，主要依靠政府财政经费投入，普遍存在经费不足的情况。2015年全国教育系统所属校外活动场所经费收入总计为703 503.19万元，其中政府拨款为559 761.17万元，占总经费的79.6%，活动收费和社会资助仅占14%。西藏校外场所经费完全依靠政府拨款，黑龙江、新疆、新疆兵团政府拨款占总经费的95%以上。①虽然2000年，中共中央办公厅和国务院办公厅颁发的13号文件明确提出，"青少年学生校外活动场所作为公益性设施，所需建设投资以各级人民政府投入为主"，但目前来看，各级校外活动场所获得的政府拨款主要来源于中央专项彩票公益金，地方政府拨款极少。随着中央彩票公益金支持的减少，一些地区的校外活动场所已经陷入运营困境，普遍是保工资、保运转，较难开展人数较多的公益性活动。

校外活动场所的收费性质、收费项目和收费标准缺少明确的规定。按照中办、国办印发的《关于进一步加强和改进青少年校外活动场所建设和管理工作的意见》要求，校外活动场所可以成本性收费，但目前教育行政事业性收费项目中不包括校外教育的收费。在实际操作过程中，各地物价部门对校外教育活动收费是事业性收费还是经营性收费，有着不同认识，部分地区未确定校外教育活动的收费项目和收费标准，导致部分校外场所连基本的成本费用都无法收取。

（三）公益性活动开展不足，活动内容吸引力不强

校外活动场所活动内容散乱、单调。校外教育场所活动课程没有统一的大纲

---

① 数据来源于笔者参与的2016年教育系统所属校外教育活动场所调查。

或课程开发指南,活动内容和形式主要由各活动场所自行设计、开发,普遍存在活动内容散乱、单调等问题,已不能满足青少年日益增长的需求。从各省的调查看,校外活动场所开展的活动主要还是音、体、美老三样,缺乏新鲜元素,时代感不强,对于处于信息时代、网络时代的青少年缺乏吸引力。部分校外场所过多地开展有偿性培训,偏重于培养特专长学生,开展普惠性的教育活动数量少,忽略了公益性活动的开展。

校外活动课程定位不明确,学科性倾向太强。目前,很多校外活动课程实际就是变相的学科课程,并没有真正促进青少年个性发展,反而是在加重孩子的学习负担,以绘画课为例,很多孩子参加绘画不是因为自己的兴趣,而是为了考级加分,类似的还有钢琴、舞蹈等活动课程。这些课程都设立了很严格细化的课程目标,在教学上也多是教师居于主导地位,学生被动接受,跟学校课程没有差异,只是将地点搬到了学校外而已,校外活动课程成了学校课程单纯的辅助和延伸。

(四)城乡发展不均衡,社会效益亟待提高

城市的校外教育场所建设得好,活动内容丰富,教学水平高,而农村和边远贫困地区的校外场所设施老化,活动单一,影响着校外教育的效果。学校、家庭、社会教育缺乏统筹规划,尚未形成学校教育、校外教育良性的互联、互通、互动、互补机制。一些校外教育机构的教育活动难以与学校教育有效衔接,不能列入学校教育教学计划,造成一方面校外教育机构大部分时间里空置,存在"白日空"现象,而另一方面广大青少年学生由于找不到活动的场所纷纷进入网吧等不相宜的处所。

三、促进校外教育发展的举措

随着教育改革不断深入,校外教育在育人中的重要功能日渐显现,校外教育应成为城市建设和社会发展的重要内容,从国家、地方政府、校外教育机构3个层面共同努力,建立促进校外教育发展的长效机制。

(一)国家层面

明确校外教育定位。国家应从顶层设计上解决好校外教育与学校教育同步发展的问题。世界上许多国家都高度重视校外教育。日本是校外教育极其发达的国家,建立了一套立法、决策、咨询、管理、执行一体化的校外教育管理运营机制,其校外教育设施遍布全国,有儿童文化中心、少年自然之家、学习塾等,大量的中小学生

课后去校外教育机构参加活动,美国、加拿大、俄罗斯、澳大利亚等国家,研学旅行、营地教育早已常态化,积累了丰富经验。经过几十年的发展,我国校外教育的规模和影响力日渐增大,校外教育逐渐成为具有独特内涵、任务、内容和方法的教育体系,但我国还没有专门的政策文件对校外教育的地位、功能、目标、发展方向、保障措施等进行规定,甚至在《国家中长期教育改革和发展规划纲要(2010—2020年)》对校外教育只字未提,校外教育还被作为学校教育的辅助和补充,这严重限制了校外教育的发展。因此校外教育的发展首先需要从国家层面做好顶层设计,对校外教育的功能地位、目标任务、组织管理、师资队伍、经费投入等作出明确规定。

(二)地方政府层面

1. 做好校外教育机构建设和管理

各级政府应利用好中央专项彩票公益金和本地的配套资金,做好校外教育场所的新建和改扩建工作,统筹各类社会资源,丰富青少年校外教育实践基地类型。注意校外教育发展均衡,将裁撤后的中小学校优先改造为校外教育活动场所,做好乡村学校少年宫建设。应完善校外教育机构管理制度和考核评价机制,对校外教育活动场所的服务宗旨、发展路径、制度保障等方面提出要求,逐步规范校外活动场所的管理运作。

2. 加强校外教育师资培训

打造一支政治素质好、业务水平高、管理能力强的教师队伍,是推进校外场所建设和发展的重要保障。省级和市级校外教育主管部门要推动建立校外教育教师、管理人员全员培训制度,安排专项培训经费,对校外教育机构管理人员和骨干教师进行分层次培训,提升对校外教育的认识和管理、教学能力。

3. 加强校外教育经费的保障

各级政府应按照中办、国办印发的《关于加强青少年学生活动场所建设和管理工作的通知》要求,增加对校外活动场所建设的投入,落实文件提出的"各级财政部门支持青少年学生开展课外活动和维修青少年学生活动场所的经费开支,可以在地方财政对教育经费增加的一个百分点中安排"。对校外教育活动收费的性质、项目和标准作出明确规定,规范校外教育活动的收费。

(三)校外教育机构层面

1. 在活动课程开发上下功夫

校外教育机构应立足"教育性"、突出"实践性"、渗透"趣味性"、体现"服务性"、确保"安全性",为广大青少年学生全面发展、健康成长创造丰富多彩的活动载体。要着眼道德培养,以培育和践行社会主义核心价值观为引领,开展各类主题教育活动,引导广大未成年人热爱祖国,接触自然,关注社会,提升自我。要突出公益性质,对农村学生家庭、困难家庭提供免费的公益培训。要注重系统整合。为广大青少年学生在应急避险、节约环保、素质拓展、心理健康、劳动技能、科技素养、艺术表演、志愿服务诸方面提供专业化和系统化的培养,让学生们在情境中体验生活,在实践中提升能力,为他们幸福美好的人生打下基础。

2. 在校内外课程融合上下功夫

校外教育机构要主动加强与学校教育的衔接和共建,破除校内外教育的壁垒,一体化构建校外教育内容体系和实践体系。校外活动场所要主动对接学校教育计划、课程标准和综合素质评价,使活动与国家课程、地方课程、校本课程有效衔接,避免"白日空"现象,使校外教育资源得到充分利用。

参考文献

[1] 康丽颖:《中国校外教育发展的困惑与挑战——关于中国校外教育发展的三重思考》,《北京师范大学学报》2011年第4期。
[2] 邵学伦:《现代校外教育的功能初探》,《当代教育科学》2007年第2期。
[3] 侯怀银:《"校外教育"解析》,《教育科学研究》2017年第5期。
[4] 邱绍义:《青少年校外活动在素质教育中的功能》,《东岳论丛》2009年第6期。

(任金涛)

多维融合:聚焦儿童发展的"成长共同体"

儿童是家庭成员、社会分子与国家公民,联合国《儿童权利公约》指出:政府(包括政府创办的学校)有责任确保儿童的权利得到保护,他们必须帮助你的家人来保护你的权利,并且创造一个有利于小朋友健康成长的环境。儿童健康成长的环境如何,是一个至关重要的问题,也是学校和家庭必须予以充分关注的。父母永远是学校教育的同盟军。作为学校,要始终坚持以儿童为中心的工作理念,希望包括父母、老师在内的群体,能够真正俯下身去倾听儿童的声音,从儿童的视角去看待儿童的权利,进而充分担负起在社会上的责任。本文以上海市嘉定区普通小学的家庭教育"成长共同体"为例进行研究。

一、"成长共同体"的概论内涵及研究背景

"成长共同体"有着深厚的根基和丰富的内涵,依托三大主要载体,团队共同学习,共同分享,共同活动,促进家庭内部成员携手成长,家庭和家庭之间分享成长,家庭和学校之间互助成长。其中,"家庭共同体"注重理顺家庭内部的关系,关注和谐亲子关系的培养,以"家长沙龙"为载体,关注家庭教育的个别化指导,问题共论。在此基础上,有了"家家共同体"的诞生,注重家庭之间的相互影响和带动,以"快乐家庭学习苑"为主要载体,家庭之间形成团队,资源共享,注重体验分享。"家庭共同体"和"家家共同体"的打造使"家校共同体"的产生也有了土壤,它以2006年在全市率先开展"家长微型课程"为主要载体,通过家长参与共研的形式,为学生提供更加丰富多元的课程。"成长共同体"以"家庭共同体"为实施基础,以"家家共同体"为动力源泉,同时注重"家校共同体"的内涵发展,三者目标明确,各有侧重,相互联系,又互为依存。

普通小学创建于清光绪二十七年(1901年),是全国百所名校之一。现有44个教学班,2 004名学生,125名教职工。学校之所以有名,不仅仅是在传承中坚持,更能在推进中创新,形成了两翼齐飞、多维融合的教育观,打开了学校成长的新格局,使百年老校不断迈向新的优质。2009年,学校被全国妇联、教育部命名为全国示范家长学校,2011年入选上海市家校合作体制机制创新项目学校,连续多年被评为上海市家庭教育指导实验基地,同时也是全国教育系统先进集体。

作为嘉定区教育综合改革示范校,普通小学倡导"尚教育"办学理念,围绕尚德、尚智、尚能、尚师、尚品,提出"五尚并举,多元发展"的教育综合改革目标。学校的持续发展,需要家庭教育全方位的参与和助力。家庭教育作为学校教育的同盟军,通过日常听课评课制度、家长值勤制度、校家委会例会制度、家长志愿者制度、家长微型课程、家庭学习苑活动,在"尚教育"办学进程中发挥了参与、监督和决策的重要作用,"成长共同体"对学校品质和特色的形成起着强有力的推动作用。

作为一所嘉定地区规模较大的公办小学,普通小学家长资源非常丰富,来自社会各行各业,普遍具有较高的文化层次。但学生来自各类不同家庭,家长因教育背景不同,家庭教育的需求也比较多元,因此,学校家庭教育聚焦"四个关注",即关注问题、关注途径、关注方法、关注成长,在"勤诚"校训文化的引领下,注重家庭教育的多维融合和多元发展,依托家长沙龙、家庭学习苑、家长微型课程等三大主要载体,聚焦"成长共同体"的全力打造。

二、"成长共同体"的机制和平台

(一)家长沙龙,问题共论,聚焦"家庭共同体"

学校的家长沙龙经历了三次重大的变革,从1999年开始的面对面交流到2014年开始的网络家长沙龙,再到2015年尝试的"线上线下"互动型家长沙龙,关注延续和创新。

早在1999年,学校就开始了家长小组辅导模式的探索,每月月末的周四晚上,家长、教师、专家都会相聚在普小,准时"开演"家长沙龙,一做就是18年。沙龙是漫谈式的,由年级家委会事先根据家长的需求确定主题,开设菜单。沙龙为家长创设了个别指导环境,家长既带着问题,又带着经验,既是指导者,又是被指导者。

2014年起,学校开始尝试运用新媒体,开展班级层面的"网络家长沙龙",方便快捷有实效。

一年后,学校又与区家庭教育指导中心携手合作,尝试开展"线上线下"互动型家长沙龙,共有300多人参与。活动中既有主持人与场上8位家长、场下160位家长的互动,又有网络平台上100位家长同时在线,由志愿者们牵线搭桥,共同参与现场讨论。

一个个具有共同目标、步调一致的"家庭共同体"在"家长沙龙"这个固定交流育儿经的平台上应运而生,并且产生了"滚雪球效应",整个家庭成为一个互相信任、齐心协力的"共同体"。

(二)快乐家庭学习苑,资源共享,聚焦"家家共同体"

"家家共同体"的设想源于普小的一项传统家庭教育特色活动——快乐家庭学习苑,已经有了10多年的历史,注重家庭之间资源共享、形成团队,每月开展一次社团活动,促进交往分享及家庭之间的相互影响与带动。

家家共同体是一种以家长为主体,教师为引导,学习型家庭为核心,几户家庭以各种灵活原则自由组合、优化组建、优势互补的结合体。每个家庭学习苑有专门的电子活动档案。

2016年开始,结合区"幸福课程"校本化实施,家委会和德研部共同架构普小"幸福童年"家庭篇,开展"家庭学习苑,职业微体验"系列活动,通过校级、年级、班级三级联动,带领孩子来到家长的工作单位,近距离开展适合孩子年龄特征的职业体验,形成了深度交流、紧密合作的"家家共同体"。活动规模有大有小,大到校级联动,以校家委会为单位组织大型活动;小到只有一个家庭学习苑,四五个家庭牵手共享欢乐时光。

具体为:第一,由校级家委会牵头,引领职业微体验。16个家庭组队来到上海工商职业技术学院,开始"探宝寻宝"行动。由校级家委会各个委员轮流负责,分享资源,每学期开展一次"职业微体验"活动,增进校家委会家庭之间的交流和互动。第二,年级家委会联动,微体验平台扩容。2017年,普通小学"家庭学习苑,职业微体验"系列活动启动仪式在上海陆军预备役高射炮兵师第四团拉开序幕。一年级40个家庭联动,大手牵小手,来到了高炮四团,体验一次新鲜紧张的军旅生活。之后,各个年级家委联动,"百蒂凯"农庄体验、萌童诗词秀、"心互动,乐行动,体验徐行草编的魅力"等体验活动纷纷开展。第三,班级家委会律动,微体验百花齐放。为充分发挥"家家共同体"灵活机动、优势互补的原则,班级家委会保持每月一次的律动,职业微体验活动百花齐放。有家长开了一个多肉绿植店,组织了"动动手,迎春天"活动,大家亲自动手制作 DIY 多肉盆景;有家长开了一家小画廊,她组织 15 个家庭开展了"童心绘秋景,亲子品秋韵"活动;有家长是 IT 工程师,他组织家庭学习苑来到了南翔智地创意园,体验了嘉定首家室内儿童剧场。

(三)家长微型课程,参与共研,聚焦"家校共同体"

"家校共同体"以普小"家长微型课程"为主要载体,是学校校本特色课程的重要组成部分。通过家长参与共研的形式,为学生提供更加丰富多元的课程。

一是多途径构建家长微型课程资源库。面向全校家长发放《家长微型课程开发意向表》,征询意向,通过学校微信平台、家长会等途径发动宣传;通过校本家庭教育亲子读本《你想知道吗?》《我想告诉你!》,向每位新生家长告知《普通小学家长微型课程申报开设基本要点》。

二是梳理课程结构,设置课程学习模块。学校整体规划,明确家长微型课程在学校课程体系中的定位与作用,以及与校本课程间的关系,梳理出其课程结构与课程学习模块,确立了艺体类、卫生类、文史类、科普类、活动类、综合类等六大课程学习模块,100 多门课程。

三是优化家长微型课程开发的实施流程。开设家长微型课程超市,赋予家长、学生"我的课程我选择"权利。家长自主设计课程内容、编写教学大纲,赋予家长"我的课程我做主"权利。探索多种授课形式,灵活开展实施,赋予家长"我的资源我开发"权利。采用"请进来"和"走出去"双向互动方式。如家长以"走班制"形态面向学生跨年级、跨班级授课;或者走出去,以"基地活动制"形态,辅导学生开展丰富多彩的课程实践活动。2017 年 3 月 30 日,借中光中学场地举行了"我们的成长路上"家长微型课程大型研讨活动,策划主持、课堂展示、摄影撰稿全部由家长一手包办,全体二年级家委会成员参与评课和讨论,《东方教育时报》记者现场观摩采访,《新民晚报·当代教育周刊》进行了微信推送和报纸报道。

三、"成长共同体"的成效

家庭共同体,打破传统,改变形式,凝聚力量。"家庭共同体"依托的重要载体——家长沙龙,经历了三次重大的变革,从面对面交流到网络家长沙龙,再到"线上线下"互动型家长沙龙,每一次改革都是从家长的实际需要出发,改变了传统家长沙龙受时间、地点及人员的限制,家长的参与率和受惠率不断提升。

家家共同体,个性体验,深度融合,互动成长。"家家共同体"以快乐家庭学习苑为主要载体,从 2016 年开始,继续开展"形神兼备"模式的探索,规划性和系统性兼备,组织者围绕"微体验"实施校级、年级、班级各级联动,使孩子通过系列活动,增强了对职业的系统体验和深度认识。

家校共同体,有效开拓,多元选择,共育共荣。"家校共同体"实施途径明确以家长微型课程为主要载体,充分体现出课程的多样化。微型课程成为连接家长、教师、学生三者的桥梁,家长成为校本课程的参与者、开发者、实施者及教学活动的指导者。家长微型课程突破校园围墙,最大程度地开拓了课程的广度,架构了真正意义上的"家校共同体"。

四、"成长共同体"的思考与探索

第一,家庭共同体:"关注需求,专业指导,个性发展"的探索。2017 年,"家庭共同体"尝试家长沙龙和家庭教育个别化指导相结合。提升"家庭共同体"的个性化及可持续发展。如针对有心理健康教育和家庭教育特殊需求的家庭,邀请市、区专业人士开展面对面的专业团体辅导。同时,积极挖掘家长资源,开展关注孩子兴趣爱好培养的特色沙龙活动,王味之教授(家长)作《关注儿童绘画兴趣培养》的讲座沙龙;校家委会主任印瑛(专职画师)为家长们带来儿童绘画兴趣和技能的指导策略。

第二,家家共同体:尝试发挥现代化媒体的作用。普小现有家庭学习苑近 300 个,把各个"家家共同体"带动起来,使各项体验活动全面开花,需要充分利用现代化媒体的助力。学校和家委会共同招募具有较好新媒体素养的家长志愿者,进行统一的培训,发挥媒体高效、快捷的作用。

第三,家校共同体:关注多元化家长微型课程评价机制的完善。"家长微型课程"作为"家校共同体"的主要载体,开展学生评价、授课家长自评、学校综合评价等多种评价方式,设计"课程学习单"和"快乐学分卡"为评价载体。同时,从评价出发,校家委会牵头评选"精品课程",聘请能力出众、热情主动的授课家长担任业务顾问和骨干讲师,关注"家校共同体"的可持续发展。

我们认为,家庭教育永远在路上,家长永远是学校教育的同盟军。

(张 甦　张静艳)

共青团在儿童福利中的角色、困境与探索

儿童福利是儿童权益的重要组成部分,国内外关于儿童福利大多从政府主体、立法保障、社会参与等方面进行研究。美国、日本以及西方高福利国家,形成了具有各自特点的儿童福利政策。改革开放以来,我国的儿童福利作为儿童事业的一部分,发展较快。但也存在很多不足之处。作为儿童福利供给侧的共青团,在维护好儿童福利方面发挥着一定作用。本文以浙江共青团为研究对象,旨在探索团组织在儿童福利中的路径与作用。

一、儿童福利的研究概述

习近平总书记指出:"新陈代谢是不可抗拒的历史规律,未来总是由今天的少年儿童开创的。"①少年儿童于国家、民族、政党来说,都至关重要。要想把少年儿童培养好,就必须要加大对儿童的关心,加大对儿童福利的关注。与此同时,儿童福利也是保障儿童权益,提升儿童获得感的重要抓手。

(一)儿童福利的概念

儿童福利有广义与狭义之分。1959年《联合国儿童权利宣言》指出,"凡是以促进儿童身心健康发展与正常生产为目的的各种努力,事业及制度均称之为儿童福利"。②美国的儿童福利联盟则认为:"儿童福利是社会福利中特别以儿童为对象,提供在家庭中或其他社会机构所无法满足需求的一种服务。"《美国社会工作年鉴》则指出:"儿童福利旨在谋求儿童愉快生活、健全发展,并有效地发掘其潜能,它

---

① 习近平:《习近平谈治国理政》,外文出版社2014年版,第181—182页。
② 周振欧:《儿童福利》,台北巨流图书公司1993年版,第234页。

包括了对儿童提供直接福利服务,以及促进儿童健全发展有关的家庭和社区的福利服务。"①

广义儿童福利是由国家或社会为立法范围内的所有儿童普遍提供的旨在保证正常生活和尽可能全面健康发展的资金与服务的社会政策和社会事业,从内涵来讲它具有普遍性、发展性、社会性(陆士桢,1997)。狭义儿童福利是指政府和社会为有特殊需要的儿童及其家庭提供的各种支持、保护和补偿性服务,所谓有特殊需要的儿童是指:儿童的生理、心理和发展需要不能在家庭中得到恰当的或充分满足的儿童;自身的发展、情感或行为需要超过了在家庭环境中能够满足的程度或不适宜继续在家庭中生活的儿童;由于各种原因失去家庭依托的儿童(徐月宾,2002)。

一般认为,狭义儿童福利概念虽然具有针对性,特别是在我国社会资源有限的情况下,便于社会和政府有针对性地对亟需帮助的儿童提供支持,但它具有残补性取向,是一种消极性儿童福利,在现今社会条件下,随着社会经济的发展和社会人道主义观念的发展,人们已开始更多地认同广义的儿童福利,这种面向所有的家庭和儿童的儿童福利具有发展取向,是一种制度性的儿童福利。②

(二)国外研究

1989年,联合国大会通过《儿童权利公约》,明确儿童生存、发展、保护和参与权。1990年,世界儿童问题首脑会议通过《儿童生存、保护和发展世界宣言》和《执行九十年代儿童生存、保护和发展世界宣言行动计划》两个文件,为世界儿童福利事业指明方向。

美国儿童福利研究一直紧跟美国现实中的儿童问题,最早可以追溯到19世纪晚期美国东部地区的儿童贫困和犯罪研究。长达一个多世纪的研究历史,使得美国儿童福利研究在研究视角、研究方法以及研究工具等方面都积淀了丰富的经验成果。

如美国学者Kenneth C.Land(2006)认为,儿童发展和福利即为儿童的生命质量,而68%的生命质量内容和83%的测量指标可归结为7个福利方面,并由此构建了儿童福利指数。③美国William P.O'Hare(2003)开发的包含10项指标的儿童福利指数采用了同样的计算方法。

---

①② 陆士桢、常晶晶:《简论儿童福利和儿童福利政策》,《中国青年政治学院学报》2013年第1期。
③ 刘新亮、雷海潮:《国外儿童发展与福利状况综合评价研究的最新进展》,《医学与社会》2007年第11期。

巴西儿童发展指数考察了医疗卫生服务、教育服务和家庭环境3个维度的情况，分别通过6岁以下儿童母亲文盲率、6岁以下儿童父亲文盲率、疫苗接种率、母亲产前保健服务覆盖率、粗学前教育入学率来反映。印度开发的儿童发展指数只含有4项指标：婴儿存活率（对应于婴儿死亡率）、婴儿规范免疫接种率、入学率和小学巩固率。

国外研究者在进行儿童发展与福利状况综合评价时，多采用等权重处理方法，即各指标以等权重汇总成各维度指数，后者再以等权重汇总成综合指数。他们认为，虽然给不同指标赋予不同权重在理论上是合理的，但实际分配权重时很难找到客观的权重分配依据，所以最终选择等权重处理。

（三）国内研究

东北师范大学教育学部刘秒杞（2019），以瑞典为例，研究了福利国家儿童福利政策，总结提出，儿童福利政策的内核是"儿童中心主义"。普遍主义的福利原则对尚未脱离城乡二元结构的中国具有现实借鉴意义；学前教育应兼顾儿童社会属性与生理属性，学前机构的公益性并不排斥竞争和私营；恰当、适度的国家干预是儿童福利政策迭代的引擎。①

北京大学公共卫生学院的刘继同提出，中国特色儿童福利制度框架与服务体系，强调国家儿童福利责任主体与责任范围内容。②中国人民大学的柴鹤湉重点研究了中国古代儿童福利，认为："在儒家思想主导下的中国古代社会，儿童福利主要是由国家主导来保障实施的。如历朝历代通过赈济和赐恤孤幼、收养孤幼、孤幼犯罪减免刑罚、孤幼财产检校保全等措施适度保障了部分困境儿童的成长。"③台湾学者林万亿（2006）认为，过去台湾社会福利政策的发展混合着儒家的父权式、家庭主义的慈善式福利，这和台湾地区以儒家文化为核心的主流价值观的保留完好有直接的关联。④

上海社会科学院社会学研究所何芳研究了美国儿童福利立法的历史演进，认为我国应该加快儿童福利立法进程以回应社会现实问题，重点研究法律如何确定和落实儿童最大利益，并在立法时注意妥善处理国家与家庭的关系。⑤长沙民政职

---

① 刘秒杞：《福利国家儿童福利政策研究述评——以瑞典为例》，《社会科学动态》2019年第2期。
② 刘继同：《中国特色儿童福利概念框架与儿童福利框架建构》，《人文杂志》2012年第5期。
③ 柴鹤湉：《中国古代儿童福利的理念与实践研究》，《暨南学报》（哲学社会科学版）2017年第11期。
④ 林万亿：《台湾的社会福利——历史经验与制度分析》，台北五南图书出版股份有限公司2006年版。
⑤ 何芳：《美国儿童福利立法的历史演进及对我国的启示》，《青年发展论坛》2018年第5期。

业技术学院的易谨对我国儿童福利立法问题认为,儿童福利法律制度规定的儿童福利服务应包括教育性服务、保健性工作、福利性措施和保护性处置。①首都经济贸易大学财政税务学院蔡秀云研究了改革开放以来我国儿童福利的发展脉络,总结出儿童福利事业发展的五大成就,特别是党的十八大以来,中国政府出台的一系列政策法规,标志着中国儿童福利与保护体系从补缺型向普惠型全面转型升级。②中国社会科学院大学社会工作学院童小军以国家亲权为视角,提出国家监护作为新时代国家儿童福利的核心职责,分析和论证了国家主导、家庭尽责、社会参与的集儿童发展、儿童救助和儿童保护于一体的儿童福利制度框架及其建设思路。③

二、国外儿童福利政策经验与国内儿童福利发展历史

儿童福利政策是政党、国家社会政策的一部分,是为保证儿童健康发展、保证儿童获得最大利益的一切立法及行为的总的原则和规范。

(一)国外儿童福利的经验

美国的儿童福利主要是以立法的方式推进。美国自20世纪30年代以来颁布了多项涉及儿童福利的法律,内容主要涵盖经济援助和儿童保护两大领域。早期立法目标是为贫困家庭的儿童提供补贴,20世纪70年代以来的重点是防范儿童受虐风险,20世纪末开始走向服务于儿童的长期、稳定、幸福生活的目标。

在美国儿童福利立法的发展历程中,每一次法律的建立、废止、修正都受到社会现实的推动。20世纪30年代的经济大萧条所造成的失业和贫困问题推动了《社会保障法》及《失依儿童补助方案》的出台;人们对儿童受虐待问题的普遍关注推动了《儿童虐待防治法》的出台;《贫穷家庭临时补助计划》的出台则是为了解决福利依赖问题。④

日本有一套完整的儿童福利的政府管理和执行体系,从中央到地方都设有职责明确的儿童福利行政机关组织。中央政府厚生省设立儿童家庭局,隶属于健康和福利部门,对全国儿童及妇女的福利做整体规划,并指导监督地方政府儿童福利

---

① 易谨:《我国儿童福利立法的几个基本问题》,《中国青年政治学院学报》2014年第1期。
② 蔡秀云、李雪臣:《我国儿童福利事业发展现状分析》,《经济研究参考》2017年第53期。
③ 童小军:《国家亲权视角下的儿童福利制度建设》,《中国青年社会科学》2018年第2期。
④ 何芳:《美国儿童福利立法的历史演进及对我国的启示》,《青年发展论坛》2018年第5期。

业务的执行;厚生劳动省是日本负责医疗和社会保障的主要部门,也为儿童福利建设提供支持;中央儿童福利理事会是为了调查审议儿童、孕妇、智障者的福利状况特设的。①

瑞典儿童中心主义的显著特点是儿童教育免费。尽管送孩子去学前教育机构的费用最高可达 1 287 瑞典克朗,但很多家庭可以选择使用每月的儿童津贴来冲销这一费用。瑞典学前教育作为儿童福利政策的实践领域,也是教育"外溢性"的承接领域。作为学前儿童自身的长远发展和"社会化"的桥梁,学前儿童福利政策在为学前教育实践提供良好外部环境的同时,自身也深深嵌入学前教育之中,甚至成为学前教育的一部分。瑞典一以贯之的学前儿童福利政策对福利国家的包括儿童在内的整个国民教育贡献不可估量。②

(二)我国儿童福利的发展脉络

1990 年 2 月 22 日,国务院妇女儿童工作协调委员会正式成立,取代原来由全国妇联牵头的全国儿童少年工作协调委员会,国务院设立专门负责妇女儿童工作的"协调议事机构"。总体来说,此时儿童福利制度建设的成果主要是"法律法规",儿童福利"政策"微乎其微。法律法规制度建设重点是儿童福利制度和相关领域,如婚姻家庭与继承、义务教育与学校。

1993 年 8 月 4 日,国务院妇女儿童工作协调委员会更名为"国务院妇女儿童工作委员会",成为国务院负责妇女儿童工作的协调议事机构,负责协调和推动政府有关部门执行妇女儿童的各项法律法规和政策措施,发展妇女儿童事业,为儿童福利事业发展奠定政府组织性基础。③

2010 年是中国社会福利元年、儿童福利元年与家庭福利元年,标志中国总体社会福利、儿童福利、家庭福利时代来临,社会福利、儿童福利与家庭福利成为国家发展的战略重点。儿童福利制度是总体性社会福利制度框架战略重点与核心。④

我国已经形成各级妇女儿童工作委员会,具体负责落实当地包括儿童福利在内的妇女儿童权益。2011 年 8 月,国务院妇儿工委正式公布的《中国儿童发展纲要

---

① 裘晓兰:《日本儿童福利政策的发展变迁》,《当代青年研究》2011 年第 7 期。
② 刘秒杞:《福利国家儿童福利政策研究述评——以瑞典为例》,《社会科学动态》2019 年第 2 期。
③ 刘继同:《改革放 30 年来中国儿童福利研究历史回顾与研究模式战略转型》,《青少年犯罪问题》2012 年第 1 期。
④ 刘继同:《中国特色儿童福利概念框架与儿童福利框架建构》,《人文杂志》2012 年第 5 期。

(2011—2020年)》是典型例证,《纲要》首次增加"儿童福利"专章,"儿童福利"成为"儿童发展"概念框架重要部分。妇儿工委的各成员单位对儿童福利富有行政上的主体责任,这些成员单位主要来自教育、公安、医疗、卫生、群团等系统。其中群团中的共青团主要通过采取道德教化和政策帮扶的"青少年工作"与维权保护来实施。

(三)共青团在儿童福利中的角色困境

作为妇儿工委的重要成员单位,共青团在维护儿童福利中发挥着一定的作用,但同时也面临较大的困境。这些困境主要来自三个方面:

第一,共青团自身对维护儿童福利方面的理论研究欠缺。正如刘少奇在《论共产党员的修养》中指出:"如果我们不能掌握马克思列宁主义的理论武器,我们就不能正确地认识和处理在革命斗争中所遇到的各种问题,就有迷失方向、背离无产阶级革命立场的危险,甚至可能自觉地或者不自觉地成为各种机会主义者,成为资产阶级的俘虏和应声虫。"共青团工作的特点是注重实践操作,但缺乏深度理论探索。长期以来,国内学者对于儿童福利研究的侧重点都集中在国家顶层制度设计、实权部门执法研究、国内外研究对比等维度,仅有较少的理论文章研究共青团与儿童福利发展。即便是有研究涉及,也大多从社会工作的角度来进行。与此同时,共青团的各级干部,又主要是具体从事团的工作实施,他们没有太多的精力来进行理论探索。而高校和科研院所的学者,又较少把研究视角切入到共青团中。长期以来,这就客观导致共青团在儿童福利的理论研究方面出现严重短板。由于理论研究不足,相应的理论支撑也就无从谈起。这又进一步局限了共青团在儿童福利中的能力。

第二,共青团自身工作格局中对儿童福利的关注不够。共青团的"凝聚青年、服务大局、当好桥梁、从严治团"的"四维"工作格局中,还是以青年和党政大局为主,对儿童的关注度不高。在团的内设机关中,与儿童福利有关的部门主要是"少年工作部"和"权益保障部",而少年工作部的重点又在少先队组织文化教育,而非儿童福利给予,权益保障部主要是青少年的权益维护和保障,对于儿童福利几乎不在服务范围之内。而各级团的机关,每年又要承担大量的党政中心任务,这使得共青团组织和团的干部没有太多的时间和精力来专门关注儿童福利。久而久之,共青团在儿童福利方面的关注度逐步下降,更多的职能是作为妇儿工委的成员单位参与相关政策制定,配合相关主题活动等。

第三,共青团在经费保障上对儿童福利支持不够。儿童福利支持一是需要财力。作为群团组织,共青团既不是党委机关,也不是政府机关,最多只能算是一个政治机关。因此,共青团无法像党政那样调配政治资源、社会资源以及经济资源为我所用。共青团的经费保障,往往是捉襟见肘的。而战线工作作为共青团的主责主业,自然在经费保障上会得到一定的倾斜。而与共青团的"本"工作相比,儿童福利则是"末"工作。儿童福利支持二是需要人力,要有专门的人来从事这项工作,少先队工作有少先队辅导员来承担,共青团工作有团委书记来承担,但儿童福利并没有专门的人来从事,即便是少年部的负责同志,也只能是捎带做些儿童福利的"锦上添花"的配合工作。

三、浙江共青团在儿童福利中的探索

共青团没有设置负责"儿童福利"的专门机构,关于儿童福利的政策大多散见于"青少年工作"的相关政策、文件中。但是,我们也可以从青少年工作的制度和实践探索中,窥探出儿童福利的影子。浙江共青团在维护儿童福利中,主要开展了以下几方面的探索。

(一)制度探索

习近平总书记指出:"少先队要坚持开展组织教育、自主教育、实践活动,更好为少年儿童培育和践行社会主义核心价值观服务,把广大少年儿童团结好、教育好、带领好。全社会都要了解少年儿童、尊重少年儿童、关心少年儿童、服务少年儿童,为少年儿童提供良好社会环境。对损害少年儿童权益、破坏少年儿童身心健康的言行,要坚决防止和依法打击。"①因此,浙江共青团在制度上加快设计,切实推进青少年事务社会工作专业人才队伍建设。印发实施了《团省委落实〈关于加强青少年事务社会工作专业人才队伍建设的意见〉的工作规划(2015—2020年)》,制定了到2020年全省青少年事务社会工作专业人才队伍的发展目标以及七大工程的实现路径。同时,确定全省青少年事务社会工作专业人才2 200人规模的发展指标,并根据我省各地经济社会发展水平、在籍青少年人数、工作基础拟定了年度发展指导目标。联合省综治办推动将青少年事务社会工作专业人才队伍建设工作纳

---

① 中共中央文献研究室编:《习近平关于社会主义政治建设论述摘编》,中央文献出版社2017年版,第185页。

入社会管理创新项目,进一步完善顶层设计,提升了对推进这项工作的有效执行力度。围绕青少年事务社会工作专业人才薪酬保障、考核评估、人才培养、岗位设置、"社工+志愿者"联动等工作机制,联系对接省财政厅、省人力社保厅、省民政厅等单位,建立完善我省青少年事务社会工作专业人才队伍建设与发展的制度体系。开发建设全省青少年事务社会工作信息系统。加强青少年舆情监测系统建设。

推进包含儿童福利的青年权益工作探索创新。推动杭州、宁波、湖州3个全国试点城市,围绕"青少年权益工作创新"的试点方向,完善保障措施,狠抓工作落实,探索有益经验,取得试点实践。加强对试点城市的工作交流和督查,开展有针对性的指导,帮助解决试点中的难点和问题。对已经形成的工作亮点、经验进行提炼总结,带动权益工作整体活跃。完善青少年权益工作考评机制。不断将青少年维权工作纳入党政工作格局,强化资源保障,加强职能化分工,项目化落实,推进工作各负其责、齐抓共管。开展年度预防青少年违法犯罪、平安建设、"面对面"活动等考核工作,进一步完善考核机制,充分发挥考核的杠杆作用。完善重点工作督导评估机制,实现考核科学化、督导经常化。

(二)突出重点

突出重点群体,扎实做好预防青少年违法犯罪工作。扎实做好重点青少年群体服务管理和预防犯罪全面推进工作。继续推动重点青少年群体排查及数据录入纳入基层平安综治日常信息排查工作体系,常态化做好数据信息采集、录入、更新等工作。全省重点青少年群体信息系统录入数据22万条。部署推动第三批24个县(市、区)重点青少年群体服务管理和预防犯罪全面推进启动工作,指导各地按照省级部署、市级启动、县级实施的安排以及各地实际,制定完善全面推进工作实施方案,并以正式文件印发汇编成册。按照团中央要求,完成对我省第二批36个全面推进县(市、区)自查自评工作,并对全面推进工作及成效进行省级等次评价及打分。圆满完成年度预防工作、平安综治工作考核。完成对各市年度预防青少年违法犯罪工作考核打分,并向团中央报送年度省级预防青少年违法犯罪工作考核材料。完成团省委对各市、县(市、区)共青团牵头的平安建设(综治工作)考核,并向省平安办、省综治办报送团省委本级考核材料。做好预防专项组其他工作。配合省平安办做好年度浙江省平安市、县(市、区)考核评审条件的修改完善工作,推动青少年事务社会工作、重点青少年群体服务管理和预防犯罪等工作项目纳入年度平安考核范围。

加强舆情管理员、监测员和舆情监测样本员队伍建设,完善基层舆情监测的组织体系。做好舆情监测系统建设课题研究,进一步梳理舆情监测的指标体系。围绕热点难点问题以及青少年成长发展的重点问题,及时进行调查监测和分析,按月开展主题监测,定期发布全省青少年舆情监测报告。加强维权类社会组织发展。发挥共青团组织枢纽性作用,探索通过共青团对接政府购买公共服务,以公益创投、项目合作的形式实现对维权类社会组织的引导、激励和评价,鼓励维权类社会组织积极参与承接青少年权益维护个案或项目,实现青少年权益维护工作的社会化效应。

(三) 深化宣教

紧密结合培育和践行社会主义核心价值观,坚持规则教育、习惯养成与法治实践相结合,着力培养青少年的法治精神,引导青少年通过行为习惯养成,接受并认同基本的道德底线、法制底线。依托团队组织,开展"倡导遵纪守法"活动,引导少先队员参与"学法章"争章实践体验。贯彻"六五"普法规划,突出重点开展《宪法》普法宣传,弘扬宪法精神。加强青少年禁毒宣传教育,培育禁毒志愿者队伍,引导青少年自觉远离毒品。按照"临界预防"理念,加强对有不良行为青少年等重点群体的法制宣讲和感化教育。加强网络和新媒体在青少年法治宣传教育工作中的应用作用,提高参与度及成效。加强12355青少年服务台建设。加强对各地12355青少年服务台运行情况的督导,拓展和完善12355的服务内容,壮大后台服务的资源保障,提升各地心理咨询、法律援助等项目的专业化水平,打造综合性公益服务平台。深化12355青少年公益服务项目,集中力量开展好12355青少年"心灵花园"体验项目、"轻松备考12355与你同行"——2015年共青团12355阳光行动、寒暑假青少年安全自护教育三大专项行动。

(刘东海)

社会组织推动儿童福利督导员队伍建设模式研究

一、问题提出

近10年来,中国社会已进入经济建设和社会建设并重的新时期。在经济发展的基础上,更加注重社会建设,儿童福利也从过去的"补缺型"福利制度转型为适度普惠型福利制度,①建立一个完备的儿童福利保护及相对应的社会支持体系刻不容缓。②2011年颁布的《中国儿童发展纲要(2011—2020)》(《纲要》)将"每个街道和乡(镇)至少配备1名专职或兼职儿童社会工作者""90%以上的城乡社区建设1所为儿童及其家庭提供游戏、娱乐、教育、卫生、社会心理支持和转介等服务的儿童之家"列入近期政府工作目标之一。

近年来,我国政府扩大和明确了适度普惠型儿童福利制度对"困境儿童"的界定范围,密集出台了一系列政策加强对困境儿童福利和保护的制度建设,2016年出台的《国务院关于加强困境儿童保障工作的意见》(简称《意见》)明确指出,要建立健全覆盖城乡、上下联动、协同配合的困境儿童保障工作体系,并为解决困境儿童服务"最后一公里"的问题,提出村(居)民委员会要设立儿童福利督导员。

2017年以来,各地逐步开始推动基层儿童福利保护体系建设工作的落实,基层儿童福利督导员队伍建设和专业化发展的不足对儿童福利保护体系作用的发挥形成掣肘。《意见》中对"儿童福利督导员"是专职还是兼职没有指定,也没有明确相应的经费和人员保障,因此,在各地实践中,村(居)儿童福利督导员大多由村(居)干部兼任,干部虽对本地区困境儿童情况相对比较熟悉,但普遍缺乏儿童工作

---

① 彭华民:《中国组合式普惠型社会福利制度的构建》,《学术月刊》2011年第10期。
② 熊跃根:《福利国家儿童保护与社会政策的经验比较分析及启示》,《江海学刊》2014年第3期。

经验和技巧,①加之村(居)委会本就比较沉重的工作负担,使得干部们往往忙于手头的本职工作而无暇顾及儿童福利督导的任务。

吸纳社会组织、社工等专业力量,充分发挥资源链接和整合优势,是推进儿童福利督导员队伍建设的有效方式。部分地区开始探索政社合作之下推动儿童福利队伍专业化建设的举措,②但由于当前村(居)委员会的繁重任务使得在全国范围内几乎没有可能在村(居)委员会中设立专职儿童福利督导(委)员,而现行高校专业人才教育、社工职业水平考试认证培育体系等,难以在短时间内培养大量基层儿童工作者。更严峻的挑战是,当前城乡经济和社会发展差距大,广大农村地区,特别是贫困农村极难留住专业人才,而这些地区困境儿童和留守儿童的数量和福利保护需求往往又特别巨大。③因此,探索和总结社会组织参与基层儿童福利和保护服务专业队伍建设的有效模式,可为全国各地儿童福利督导员队伍建设提供可供参考的路径和经验,也是确保我国适度普惠型儿童福利制度发挥作用、《意见》和《纲要》落到实处的基础和关键。

本文通过对几个较有代表性的社会组织在该领域实践的研究,深入分析社会组织推动儿童福利督导员制度建设的有效模式,并针对社会力量推动基层儿童福利保障体系建设面临的挑战和困惑,提出建议和对策。

二、社会组织推动儿童福利督导员队伍建设的三种模式

儿童福利督导员在中国最早的来源,实为2009年起民政部和联合国儿童基金会在中西部欠发达的5个省启动中国儿童福利示范区项目,其初衷是在中国贫困地区探索出一套针对当地儿童的福利服务系统。经过近10年的探索,其间不断有社会力量的加入和在其他地区推进,终于在2016年出台的《国务院关于加强困境儿童保障工作的意见》中明确提出"村(居)民委员会要设立由村(居)民委员会委员、大学生村官或者专业社会工作者等担(兼)任的儿童福利督导员",把这支队伍在全国全面铺开作为了正式制度确定下来。由于各地实际情况的巨大差异,在《意

---

① 周海船:《广西:1.2万儿童福利督导员走马上任》,《中国社会报》2018年6月25日。
② 杜娟:《天津市探索标准化儿童福利服务体系建设》,《中国社会报》2016年4月29日。
③ 黄晓燕、许文青:《区域性贫困地区儿童福利服务的思路与实践——以中国儿童福利示范区项目为例》,《社会工作》2012年第11期。

见》中对于以何种形式组建儿童福利督导员、是否专职等情况并未"一刀切",加之很多社会组织与地方政府多个部门合作探索,因此,在实践当中,社会组织推动儿童福利督导员队伍的模式也丰富多样。本文从专兼职情况和承担职责主体性质两个维度,将儿童福利督导员建设初步分为3种模式。

(一)通过社会组织项目资金向社会招募的专职儿童福利督导

这一模式以目前在四川、贵州、江西三省300多个村里试点的"童伴妈妈"为代表。该项目由中国扶贫基金会联合各省级政府合作伙伴,由中国扶贫基金会拨付项目资金,由政府部门在各项目村招募专职儿童福利督导员(项目称之为"童伴妈妈"),对全村0~18岁儿童开展服务。该项目开展近3年来,在300多个贫困村建立起"童伴之家",每个村招聘了至少1位专职的"童伴妈妈"承担儿童福利督导员的职责,运营管理"童伴之家"并为本村困境和留守儿童提供服务,并通过链接当地政府各个相关部门、高校和研究机构、志愿者等资源,发挥儿童福利和保护的桥梁纽带作用。

(二)通过社会组织项目资金支持村(居)干部兼任儿童福利督导员

这一模式以爱佑基金会、儿童乐益会等社会组织在江西、贵州、陕西等地进行的探索为代表。经由政府部门推荐项目村(居)干部兼任儿童福利督导员,由社会组织拨付项目资金,对推荐的兼任督导员进行系统的专业技能培养,提供适当的津贴,并由社会组织对其开展服务进行支持、跟进和评估。

(三)社会组织为政府指派的村(居)干部兼任儿童福利督导员提供技术支持

这一模式在北京、贵州等地有部分试点。2017年起,北京市选择了地域特点各不相同的5个区推动建设北京市基层儿童工作队伍,要求"各区依托社会工作专业机构,为每个社区(村)确定一名儿童社会工作者"。[1]从实际情况看,各试点区儿童社会工作者(儿童主任)的承担者,多为村(居)负责民政、青教、妇联以及低保或养老的村委或社区工作者兼任。该试点项目还购买了社会组织的专业服务,要求社会组织对试点区县的儿童社会工作者进行专业培训,督导其开展服务,并对各区这项工作的开展情况进行评估。

---

[1] 京民儿福发〔2018〕241号《北京市民政局关于建立基层儿童工作队伍有关事宜的通知》。

三、挖掘本地资源的儿童"赤脚社工"模式

中国的社会工作专业人才的培养近几年才蓬勃发展,当前从事专业社会工作的人数和广大的社会需求之间存在着极大的差别,更遑论在经济欠发达的农村社区有专业社工开展服务。要落实在每个村庄和社区都有一名专业儿童社会工作者,其难度可想而知。而各类社会组织在其中的推动和探索,则提供了更为多元的解决方案,通过挖掘当地有生力量,把一批本地社区有意愿有热情从事儿童保障服务的本地力量,培养成具备一定儿童社会工作服务知识和技能的"赤脚"社工。

(一)充分挖掘和培养本地人力资源

无论是童伴项目在招募专职"童伴妈妈"的条件里,还是另两种兼职的做法,在招募或指派儿童福利督导员时,明确要求必须是本村人。乡里乡亲又熟门熟路,极大地降低了最初启动时入户家访和建立困境儿童档案时的时间成本。对于由村(居)干部兼职承担工作时,则能更好地整合已有的困境儿童信息和当前各个部门对困境儿童帮扶的资源,充分做到对本社区的困境儿童早发现、早解决。

(二)系统化的能力建设以增强职业信心和服务水平

中国扶贫基金会起初在招募"童伴妈妈"时,项目组设定的招募标准是至少高中毕业。然而在实践中发现,在贫困农村受过一些教育的村民几乎全都外出务工,偶尔几位高中毕业或幼师专科毕业的年轻人,在县城里往往有更多机会找到待遇更为丰厚的工作,人员流失率相当高。因此,项目在开展半年多后,放宽了对"童伴妈妈"学历的要求,但强化对"童伴妈妈"的儿童社会服务技能培训。在由村居干部兼任的模式中,也同样存在着儿童服务专业性不足的突出问题。这些村居干部对于社区传统工作非常熟悉,也有很强的工作能力,但具体到如何识别高风险家庭、如何评估困境儿童的身心健康状况、如何提供有针对性的专业服务等方面,是明显缺乏相关技能和心理准备的。

因此,对于儿童福利督导员的培养,需要一系列长期、规范、系统和实践性强的培训。在诸多社会组织设计提供的相关培训中,大都包括了诸如儿童福利和保护的相关政策、儿童社会工作、儿童心理学、儿童社会支持、儿童安全保护知识和方法、儿童之家运营管理以及项目管理等内容。除了聘请专业团队开展定期集中培训以外,还设计了形式多样的骨干(社工督导)培养计划和线上陪伴答疑系统,为帮助"临危受命"的儿童福利督导员迅速成长为相对比较专业的儿童社会工作者提供

全面支持,持续系统的培训,还能增强这支队伍成长为专业儿童社会服务者的信心,增强了对其从事的"儿童福利督导员"的职业认同感和自豪感。

(三) 专人专岗和适度津贴

目前,国务院文件并未对儿童福利督导员是否专职做明确要求,社会组织也对各种模式进行了尝试。中国扶贫基金会"童伴妈妈"项目规定必须为全职工作人员。在项目设计当中,每个项目村每年有5万元经费,其中用于"童伴妈妈"人员费用为2.4万元/年,包括每个月1 200元基本补贴、300元左右的通信交通和误餐补贴,以及每月300元左右的绩效津贴和年度绩效津贴和奖励等,每名"童伴妈妈"还享有集体购买的商业意外保险一份。

而据2018年初四川省、贵州省统计局发布数据显示,2017年,四川省农村居民年人均可支配收入12 227元,[①]贵州省农村居民年人均可支配收入8 869元,[②]"童伴妈妈"年收入远高于当地农村人均收入,加上相对完备的保险和培训机制,还有到成都、贵阳甚至北京参加培训和活动的机会,使"童伴妈妈"在当地成为一个充满吸引力的岗位。也正因如此,项目得以有机会公开招募到那些真正愿意扎根于农村、长期致力于为困境儿童提供服务的本地精英,并在工作内容、业务流程和管理规范方面设定有具体的考核标准。

爱佑基金会、乐益会等发起的由村(居)干部兼职承担儿童福利督导员的模式,充分认识到有专人花费相当精力来开展这项工作的重要性。在无法完全实现"专人专岗"的情况下,也通过项目资金拨付的形式,为兼职儿童福利督导员提供每个月800~1 500元的专项津贴,并通过开展定期督导评估,对按时按质履行职责、表现突出的人员进行表彰,也能较好地鼓励兼职人员充分履职,发挥基层儿童服务队伍的主要功能和作用。

四、社会组织参与儿童福利督导员队伍建设的挑战和思考

儿童福利督导员队伍建设,可视为社会组织参与基层儿童福利保护体系建设的

---

① 《2017年四川省国民经济和社会发展统计公报》,http://www.sc.gov.cn/10462/10464/10797/2018/2/28/10445753.shtml。

② 《2017年贵州省国民经济和社会发展统计公报》,http://www.gz.stats.gov.cn/tjsj_35719/tjgb_35730/tjgb_35732/201804/t20180404_3229307.html。

典范,但在实践中也面临着诸多挑战。儿童福利督导员工作职责的界限越来越模糊,能力不足以回应需求,专职效果明显更好,但缺乏制度保障和持续支持,等等,这些问题对儿童福利督导员队伍建设和困境儿童福利保障建设来说,都会带来巨大挑战。

(一)儿童福利督导员的职责定位模糊

《意见》对儿童福利督导员的职责规定为:"负责困境儿童保障政策宣传和日常工作,通过全面排查、定期走访及时掌握困境儿童家庭、监护、就学等基本情况,指导监督家庭依法履行抚养义务和监护职责,并通过村(居)民委员会向乡镇人民政府(街道办事处)报告情况。"政策文件中的一段话,在实践工作中便需要千头万绪的工作去落实。具体到儿童福利督导员的工作内容时会发现,由所指向的政策内容宽泛,使得很多项目中对于儿童福利督导员的工作期待成为一个"万能的妈妈",在实际中的情况往往是只要和留守、困境儿童有关的任何事情都要介入,对儿童福利督导员角色和作用的期待大大超出了这支队伍的能力范围。

(二)儿童"赤脚社工"的专业技能和知识储备与现实需求有较大差距

就笔者对"童伴妈妈"及其他地区儿童福利督导员的观察发现,这支队伍的专业能力和儿童服务的知识储备,距离政策中对"儿童福利督导员"的角色要求和实际当中儿童及社区的需求并不相称。童伴项目的经验表明,虽然项目在遴选和培养"童伴妈妈"这支专业服务队伍上花费巨大精力,在两年多的培养和锻炼后这些儿童福利督导员对社区儿童保护和服务工作具备了认同感和责任心,也获得了开展儿童工作的基本理念和方法,但这个队伍整体的教育水平和相关经验确实还有较大差距。童伴项目在招募当中已经对学历和经验有一定要求,但仍旧有超过1/5的童伴妈妈仅有初中学历。由村居干部兼任的儿童福利督导员,其相关的教育背景、专业能力和知识储备也是少之又少。

(三)专职还是兼职一直备受争论

近期由清华大学公益慈善研究院开展的一项研究,对比了由村干部兼任儿童福利督导员、通过行政渠道递送服务和中国扶贫基金会选派的专职儿童福利督导员("童伴妈妈")两种模式后发现,相比于行政化服务递送模式,来自社会组织的"童伴妈妈"模式对困境儿童心理健康、卫生习惯、生活照顾、社区安全、学业表现和监护力度等六个维度有显著的正向影响。①

---

① 本数据来源于2018年中国扶贫基金会委托清华大学公共管理学院邓国胜教授及研究团队完成的题为《"童伴妈妈"项目社会影响评估报告》。

值得注意的是,虽然国家已经有关于建立"儿童福利督导员"队伍的文件和要求,也有在90%以上城乡社区建立儿童之家的规划目标,但从政府公共财政开支来看,并没有相应的专项资金用以建立督导员队伍或建立儿童之家。目前应鼓励各省各主责部门积极发挥本地本部门优势,通过多元途径进行探索和创新。研究发现,由于政府没有专项经费用于支持"儿童福利督导员"的人员开支,也在客观上造成未能在技术和资金上给社区和村委会干部以支持,使儿童福利督导员的工作效率和服务质量受到较大影响。

(四)专业督导和持续支持不到位

不但基层一线儿童福利督导员的专业素养不足,基层政府部门的工作人员在指导和支持基层儿童服务体系建设的工作中,也存在专业知识和方法不足的情况。尽管目前在民政部和北京市民政局已经设立了专门的儿童福利和保护处,但在基层绝大多数地方还没有成立专门负责儿童福利和保护的部门,儿童福利、保护、救助和社会服务等工作仍旧散落在不同部门中,然而对儿童福利督导员的指导、支持和考核等工作,需要一个全局性规范和日常持续跟进。相关业务散落在不同部门,无法有一个专门部门来持续跟进,而基层民政干部并没有项目所需的知识储备,也缺乏项目管理经验,常常以行政会议和工作总结等代替专业的项目督导和效果评估。

北京市民政局为在试点项目中加强对技术的指导和实施的监督,还特别邀请北京师范大学中国公益研究院全面开展支持,并每年定期组织对基层儿童福利督导员的能力培训,还提供了常见问题和应对指南等资料,并建立了微信群进行实时在线技术指导。但由于远程支持高昂的成本,很难做到对每个村居的日常服务或是在与孩子们开展活动时遇到的问题进行有效回应,也为未能给整个基层困境儿童福利提供持续且及时的支持备感压力。

五、建议和讨论

社会组织推动儿童福利督导员队伍建设的实践,可被视为社会力量回应国务院关于加强困境儿童保障政策的典范,对落实《中国儿童发展纲要(2011—2020)》有关儿童和社会环境的目标,探索基层儿童社会工作者队伍建设,提供了有推广价值的备选方案。

在推动儿童福利督导员队伍建设的同时，多方社会资源还建立并运营儿童之家，使之成为公众互动和交往的新的公共空间，有效增加了社区社会资本，重建了熟人社会之间的信任关系，成为提高社区凝聚力的新的纽带和桥梁。而具备了一定专业服务能力、对困境儿童和家庭提供关怀和保障的儿童福利督导员，其在缓解干群矛盾、建设和谐社会中发挥着一定的作用，成为新"乡贤"的一员。但社会组织参与基层儿童福利保障体系建设也面临着一系列的问题和挑战。结合研究发现，提出以下三点对策和建议。

第一，探索政府购买服务或PPP模式，实现社会组织参与的可持续性。研究发现，通过社会化手段递送服务的效果要明显高于行政化手段递送服务的效果，项目实施的时间越长，效果越好。事实证明，一旦将"儿童福利督导员"纳入行政体系，通过兼职的儿童主任或村干部递送儿童福利服务，面临的最大挑战就是行政化的"儿童福利督导员"势必以乡镇重点工作为主，无法全心投入社区儿童服务之中，服务的时间、质量均会大打折扣。因此，采用社会化的方式运行，有助于提升儿童福利保障体系建设的效率与质量。《国务院关于加强困境儿童保障工作的意见》明确指出："建立政府主导与社会参与良性互动机制。加快孵化培育专业社会工作服务机构、慈善组织、志愿服务组织，引导其围绕困境儿童基本生活、教育、医疗、照料、康复等需求，捐赠资金物资、实施慈善项目、提供专业服务。落实国家有关税费优惠政策，通过政府和社会资本合作（PPP）等方式，支持社会力量举办困境儿童托养照料、康复训练等服务机构，并鼓励其参与承接政府购买服务。"因此，建议政府通过购买社会力量服务的方式，或者PPP的方式来递送困境儿童的福利服务。

第二，把儿童福利督导员培养与本地社工人才队伍建设有机结合。一方面，当前选派或招募的儿童福利督导员的专业能力和相关经验，尚不能承担"儿童福利督导员"和"儿童社会工作者"的要求；另一方面，特别是在农村地区，难找到既有较好的教育背景，又有爱心和热情开展儿童社会服务工作的人选。因此，建议把针对儿童福利督导员的培训与当地民政等部门对于专业社工人才队伍建设的工作结合起来：一方面，可以通过政府合作伙伴的协调和认定，为系统接受了培训的儿童福利督导员颁发类似于"社工员"的证书，从官方的角度认可他们在儿童社会工作方面一定的专业性，以激发这些"赤脚社工"参与项目、自我成长的内在动力，保证他们通过参与项目收获"幸福感"和"获得感"，稳定这支队伍；另一方面，也要通过政策、待遇和项目成效，吸引更多有能力、有经验、有热情的社会工作者加入困境儿童福利和保障工作当中来，通过传、帮、带，来提升基层儿童福利督导员队伍整体水平和能力。

  第三,加强对儿童福利督导员的遴选与能力建设。研究表明,儿童福利督导员的责任心、素质与能力直接关系到服务的成效。因此,建议开展此项工作的社会组织务必强化对儿童福利督导员的遴选工作,确保找到相对符合要求的人选。与此同时,加强对这支队伍的培训。建议在开发标准化的培训教材、活动设计方案、视频资料之外,还需要采用案例教学、同伴分享、小组讨论等参与式培训方法,增强培训的实践性和操作性,提升学习效果,以更好地指导实际工作。同时,加强对各省学术研究机构、专业社会组织和志愿者团队的资源整合,尽可能通过链接本地资源为本地儿童福利督导员提供更好的支持。

(南　方)

五、特殊儿童发展研究

特殊学生课堂问题行为的调查

一、研究背景

笔者在特殊学校工作已有 4 年,特殊学生的课堂问题行为相对普通学校学生来说,更为复杂、多样,比如会出现上课嚎叫或哭闹、拍击座椅、无故离开座位转圈或跑动、吐口水或是玩口水等行为。当然,学生的课堂问题行为跟学生心理健康发展密切相关,小学儿童身心发展不成熟,他们的注意力一般不会太长。研究表明,5—7 岁儿童聚精会神地注意某一事物的平均时间是 15 分钟左右,7—10 岁是 20 分钟左右,10—12 岁是 25 分钟左右,小学生活动的自觉性和持久性不理想,自制力、毅力、耐力也相对缺乏。[1]而特殊学生的心智相对普通小学生要低很多,就算是已经读初中八、九年级的学生的心智也只有普通一、二年小学生或是更低年级学生的心智,所以作为特殊学校的老师更是要多面地研究学生课堂问题行为,多面分析学生的课堂问题行为,这不仅能给特殊教育的老师提供课堂管理的依据,而且能提升课堂管理的效率。因此,本文以特殊学校五年级学生为对象,采用他评(任课教师)方式,研究了特殊学生课堂上发生的问题行为情况,并根据调查结果,从总体情况和各学科的课堂问题行为特点两个方面分析特殊儿童课堂问题行为的特点,得出结论,对教师有效地管理课堂,有一定的参考价值。

课堂问题行为是指出现在课堂中的学生各种各样的问题行为。本研究在参考前人研究的基础上,将特殊学生的课堂问题行为定义为发生在课堂教学中,学生经常出现的心理或身体上的,破坏课堂秩序和违反班规校纪,影响教学效率和妨碍教学正常进行的行为,即上课说话打闹、擅自离开座位、不参与课堂活动、注意力不集中等行为。本研究的目的是分析特殊儿童课堂问题行为的特点,比较不同科目之间的课堂问题行为的情况。

二、研究方法与程序

本研究以上海市闵行区一所特殊学校五年级学生为研究对象,采用方便取样方式。由于特殊儿童的识字和认知有限,因此,问卷采用他评(教师)方式,调查特殊儿童课堂问题行为发生的频率和具体情况。共调查10名学生,其中,5名自闭症学生(3名重度自闭症),1名脑瘫,4名智障。学生的智商测验分数基本在50分以下。

"课堂问题行为发生频率评分表"是自编的,参考了昝飞教授的《挑战性行为发生频率评分结果》[2]和黄江棋的论文中对小学生课堂问题行为的调查表。[3]评分表采用五级评分制,请教师对自己班的学生课堂问题行为的发生状况进行评价,评价分为:"从不""较少""一般""通常""总是"五个等级,其中五个等级中的"从不""较少""一般""通常""总是"相对应的分别是1分、2分、3分、4分、5分。"学生课堂问题行为调查表(教师问卷)",此问卷采用多项或单项选择,各项之间没有程度之分。

三、研究结果

(一)特殊儿童课堂问题行为的总体情况

将最常见的19种课堂问题行为进行分析,分别从发生的频率、不同性别和不同类型3个方面进行比较。

1. 课堂问题行为发生频率

表1结果显示,19种课堂问题行为发生频率从高到低依次为:"发呆或眼神游离""上课时尖叫或自语""不听课,玩手中玩具""上课擅自离座""擅自拿玩具""哭闹""坐在座位上摇晃身体""打头""吮吸胳膊或身体其他部位""扔东西""拍击桌子""拍打大腿或身体其他部位""抢同学玩具或教具""无故转圈或走动""坐在座位上乱踢腿""乱翻老师抽屉""吐口水或玩口水""睡觉""撕书或作业本",因此,19种课堂问题行为发生总的频率是高低不同的。

表1 特殊儿童课堂问题行为总的发生频率

课堂问题行为	总值	均值	频率高低顺序
打头	79	1.98	7
吮吸胳膊或身体其他部位	77	1.93	8
扔东西	77	1.93	8
乱翻老师抽屉	61	1.53	14
上课擅自离座	96	2.40	4
不听课,玩手中玩具	97	2.42	3
擅自拿玩具	81	2.03	5
上课时尖叫或自语	98	2.45	2
拍击桌子	76	1.90	9
坐在座位上摇晃身体	80	2.00	6
无故转圈或走动	71	1.78	12
坐在座位上脚乱踢	64	1.60	13
拍打大腿或身体其他部位	74	1.85	10
抢同学玩具或教具	73	1.83	11
哭闹	81	2.03	5
吐口水或玩口水	56	1.40	15
撕书或作业本	54	1.35	17
发呆或眼神游离	113	2.83	1
睡觉	55	1.38	16

2. 不同类型的特殊儿童课堂问题行为

为了探讨不同类型的特殊儿童在生活课上的课堂问题行为,将自闭症、脑瘫、智障学生进行比较,结果显示,课堂问题行为出现的频率从高到低依次是:自闭症儿童、智障儿童、脑瘫儿童。

表2结果显示,自闭症儿童出现课堂问题行为的频率从高到低依次是:"上课时尖叫或自语""发呆或眼神游离""上课擅自离座""坐在座位上摇晃身体""不听课,玩手中玩具""哭闹""打头""扔东西""拍击桌子""拍打大腿或身体其他部位""无故转圈或走动""擅自拿玩具""吮吸胳膊或身体其他部位""坐在座位上脚乱踢"

"乱翻老师抽屉""抢同学玩具或教具""吐苦水或玩口水""睡觉""撕书或作业本"。

脑瘫儿童出现课堂问题行为的频率从高到低依次是:"上课擅自离座""抢同学玩具或教具""发呆或眼神游离""擅自拿玩具""哭闹""扔东西""上课时尖叫或自语""不听课,玩手中玩具""打头""乱翻老师抽屉""吮吸胳膊或身体其他部位""拍击桌子""坐在座位上摇晃身体""无故转圈或走动""坐在座位上脚乱踢""拍打大腿或身体其他部位""吐苦水或玩口水""睡觉""撕书或作业本"。

智障儿童出现课堂问题行为的频率从高到低依次是:"发呆或眼神游离""不听课,玩手中玩具""吮吸胳膊或身体其他部位""抢同学玩具或教具""上课擅自离座""擅自拿玩具""上课时尖叫或自语""拍击桌子""坐在座位上摇晃身体""拍打大腿或身体其他部位""撕书或作业本""打头""吐苦水或玩口水""乱翻老师抽屉""坐在座位上脚乱踢""无故转圈或走动""哭闹""扔东西""睡觉"。

表2 不同类型的特殊儿童课堂问题行为的发生频率对比

课堂问题行为	自闭症学生		脑瘫学生		智障学生	
	均值	顺序	均值	顺序	均值	顺序
B1 打头	2.85	6	1.5	6	1.00	9
B2 吮吸胳膊或身体其他部位	2.3	10	1.25	7	1.63	3
B3 扔东西	2.65	7	2.00	4	1.00	9
B4 乱翻老师抽屉	2.00	12	1.5	6	0.94	10
B5 上课擅自离座	3.15	3	2.75	1	1.38	5
B6 不听课,玩手中玩具	2.9	5	1.75	5	2.00	2
B7 擅自拿玩具	2.55	9	2.25	3	1.31	6
B8 上课时尖叫或自语	3.65	1	1.75	5	1.13	7
B9 拍击桌子	2.65	7	1.25	7	1.13	7
B10 坐在座位上摇晃身体	2.95	4	1.00	8	1.06	8
B11 无故转圈或走动	2.6	8	1.00	8	0.94	10
B12 坐在座位上脚乱踢	2.25	11	1.00	8	0.94	10
B13 拍打大腿或身体其他部位	2.65	7	1.00	8	1.06	8
B14 抢同学玩具或教具	1.9	13	2.75	1	1.5	4
B15 哭闹	2.9	5	2.00	4	0.94	10

续 表

课堂问题行为	自闭症学生		脑瘫学生		智障学生	
	均值	顺序	均值	顺序	均值	顺序
B16 吐口水或玩口水	1.8	14	1.00	8	1.00	9
B17 撕书或作业本	1.65	15	1.00	8	1.06	8
B18 发呆或眼神游离	3.25	2	2.5	2	2.38	1
B19 睡觉	1.8	14	1.00	8	0.94	10

（二）特殊儿童各学科的课堂问题行为

由于笔者资源有限，只能调查4门学科：陶艺、体育、生活、语文学科的学生课堂问题行为，对10名学生的19种课堂问题行为的发生频率进行统计，下面从3个方面（出现总频率、不同性别、不同类型）对各学科学生课堂问题行为进行分析。

1. 课堂问题行为发生频率的比较

表3结果显示，陶艺课上，19种课堂问题行为发生频率从高到低依次为："发呆或眼神游离""不听课，玩手中玩具""上课时尖叫或自语""上课擅自离座""擅自拿玩具""无故转圈或走动""吮吸胳膊或身体其他部位""扔东西""哭闹""坐在座位上摇晃身体""拍打大腿或身体其他部位""打头""拍击桌子""坐在座位上脚踢腿""乱翻老师抽屉""抢同学玩具或教具""睡觉""吐口水或玩口水""撕书或作业本"。

体育课上，19种课堂问题行为发生频率从高到低依次为："发呆或眼神游离""上课时尖叫或自语""抢同学玩具或教具""上课擅自离座""擅自拿玩具""吮吸胳膊或身体其他部位""不听课，玩手中玩具""打头""哭闹""扔东西""拍击桌子""无故转圈或走动""撕书或作业本""拍打大腿或身体其他部位""坐在座位上摇晃身体""乱翻老师抽屉""吐苦水或玩口水""坐在坐位上脚乱踢""睡觉"。

生活课上，19种课堂问题行为发生频率从高到低依次为："上课时尖叫或自语""哭闹""发呆或眼神游离""扔东西""坐在座位上摇晃身体""打头""上课擅自离座""坐在座位上脚乱踢""不听课，玩手中玩具""拍击桌子""无故转圈或走动""拍打大腿或身体其他部位""吮吸胳膊或身体其他部位""抢同学玩具或教具""擅自拿玩具""乱翻老师抽屉""吐苦水或玩口水""撕书或作业本""睡觉"。

语文课上，19种课堂问题行为发生频率从高到低依次为："发呆或眼神游离""不听课，玩手中玩具""上课擅自离座""擅自拿玩具""拍击桌子""坐在座位上摇晃身体""打头""上课时尖叫或自语""拍打大腿或身体其他部位""吮吸胳膊或身体其他部位""抢同学玩具或教具""哭闹""扔东西""坐在座位上脚乱踢""无故转圈或走动""睡觉""乱翻老师抽屉""吐苦水或玩口水""撕书或作业本"。

表3 各学科课堂问题行为发生频率的比较

课堂问题行为	陶艺课		体育课		生活课		语文课	
	均值	顺序	均值	顺序	均值	顺序	均值	顺序
打头	1.7	9	1.7	5	2.1	5	2.4	5
吮吸胳膊或身体其他部位	1.8	7	1.9	3	1.7	8	2.3	6
扔东西	1.8	7	1.6	6	2.3	3	2.0	9
乱翻老师抽屉	1.5	11	1.5	7	1.5	10	1.6	13
上课擅自离座	2.1	4	2.0	2	2.1	5	3.4	3
不听课,玩手中玩具	2.6	2	1.8	4	1.8	7	3.5	2
擅自拿玩具	2.0	5	1.9	3	1.6	9	2.6	4
上课时尖叫或自语	2.5	3	2.1	1	2.8	1	2.4	5
拍击桌子	1.6	10	1.6	6	1.8	7	2.6	4
坐在座位上摇晃身体	1.7	8	1.5	7	1.8	7	2.6	4
无故转圈或走动	1.9	6	1.6	6	1.8	7	1.8	11
坐在座位上脚乱踢	1.6	10	1.0	9	1.9	6	1.9	10
拍打大腿或身体其他部位	1.7	8	1.6	6	1.8	7	2.3	6
抢同学玩具或教具	1.4	12	2.0	2	1.7	8	2.2	7
哭闹	1.8	7	1.7	5	2.5	2	2.1	8
吐口水或玩口水	1.2	13	1.3	8	1.5	10	1.6	13
撕书或作业本	1.1	14	1.6	6	1.4	11	1.3	14
发呆或眼神游离	2.9	1	2.1	1	2.5	2	3.8	1
睡觉	1.4	12	1.2	10	1.2	12	1.7	12

2. 不同类型学生的比较

图1、2、3、4结果显示,自闭症学生发生课堂问题行为的频率在4门学科(陶艺、体育、生活、语文)中均高于脑瘫学生和智障学生,脑瘫学生最低。

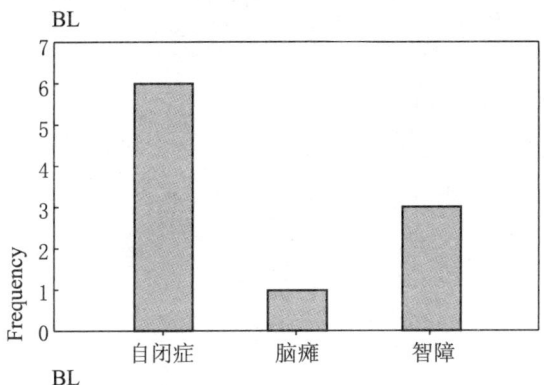

图 1 不同类型的特殊儿童在陶艺课上问题行为的发生频率

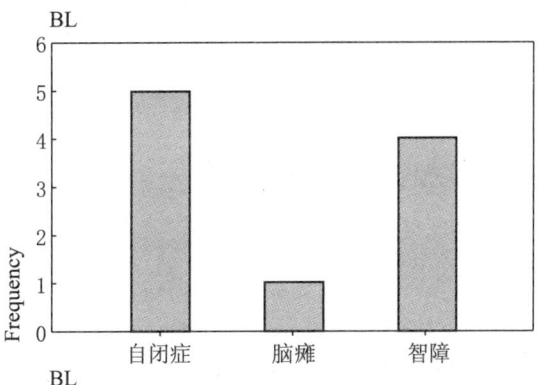

图 2 不同类型的特殊儿童在体育课上问题行为的发生频率

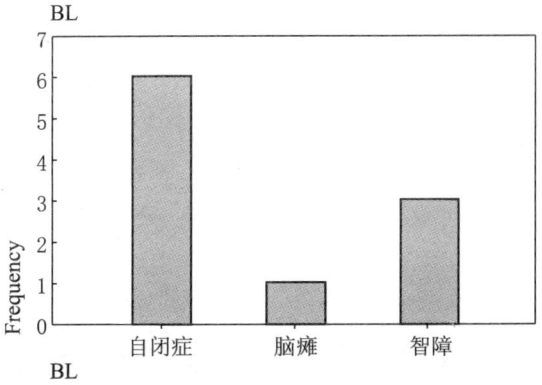

图 3 不同类型的特殊儿童在生活课上问题行为的发生频率

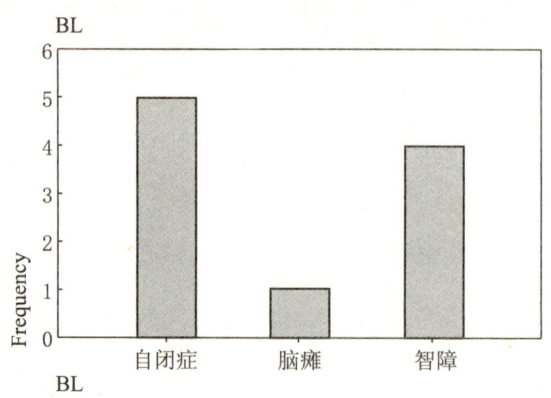

图 4　不同类型的特殊儿童在语文课上问题行为的发生频率

四、讨论

整体而言,特殊儿童课堂问题行为发生频率最高的五种行为是:"发呆或眼神游离""上课时尖叫或自语""不听课,玩手中玩具""上课擅自离座""擅自拿玩具"。四门学科(陶艺、体育、生活、语文)比较,自闭症学生出现课堂问题行为的频率均高于脑瘫和智障学生,脑瘫学生最低。

(一)课堂问题行为的总体情况分析

调查显示,特殊儿童课堂问题行为发生频率最高的五种行为是:"发呆或眼神游离""上课时尖叫或自语""不听课,玩手中玩具""上课擅自离座""擅自拿玩具",其中前面四种行为是属于自扰行为,"擅自拿玩具"属于离座行为。说明班级学生去主动干扰别人的行为比较少,一般都是自扰行为,间接干扰课堂。

自闭症学生课堂问题行为出现的频率高于脑瘫学生和智障学生。这也是符合平时老师上课经验的。对自闭症学生、脑瘫学生、智障学生作进一步分析,自闭症学生最常出现的五种课堂问题行为是:"上课时尖叫或自语""发呆或眼神游离""上课擅自离座""坐在座位上摇晃身体""不听课,玩手中玩具"。脑瘫学生最常见的五种课堂问题行为是:"上课擅自离座""抢同学玩具或教具""发呆或眼神游离""擅自拿玩具""哭闹"。智障学生最常出现的五种课堂问题行为是:"发呆或眼神游离""不听课,玩手中玩具""上课时尖叫或自语""上课擅自离座""擅自拿玩具"。比较可以看出,"发呆或眼神游离"和"上课擅自离座"是三种类型的学生最常出现的行为,老师在上课时可以多注意这两种行为。

(二) 各门学科的课堂问题行为分析

在陶艺课上,学生出现频率最高的 5 种课堂问题行为是:"发呆或眼神游离""不听课,玩手中玩具""上课时尖叫或自语""上课擅自离座""擅自拿玩具"。在体育课上出现频率最高的五种课堂问题行为是:"发呆或眼神游离""上课时尖叫或自语""抢同学玩具或教具""上课擅自离座""擅自拿玩具"。在生活课上出现频率最高的五种课堂问题行为是:"上课时尖叫或自语""哭闹""发呆或眼神游离""扔东西""坐在座位上摇晃身体"。在语文课上出现频率最高的五种课堂问题行为是:"发呆或眼神游离""不听课,玩手中玩具""上课擅自离座""擅自拿玩具""拍击桌子"。比较这 4 种学科,看出"发呆或眼神游离"都会出现,这可能跟学生本身是特殊儿童,注意力更短,更易转移有关系。"上课时尖叫或自语"和"上课擅自离座"也是几门学科中出现较多的,也可能是与班级自闭症学生较多有关。

在四门学科(陶艺、体育、生活、语文)中,自闭症儿童出现课堂问题行为的频率均高于脑瘫和智障学生,而脑瘫学生出现课堂问题行为的频率均最低。这可能是班级中自闭症学生人数多,其中 3 名自闭症学生是重度自闭症,而脑瘫学生只有一名,且能力也比较强,在班级中属于 A 组的学生。

参考文献

[1] 刘艳:《小学生课堂问题行为干预的个案研究》,山东师范大学,2014 年。

[2] 昝飞、谢奥琳:《自闭症儿童行为功能评估的个案研究》,《中国特殊教育》2007 年第 5 期。

[3] 黄江棋:《低段小学生课堂问题行为的特点及其功能评估研究》,杭州师范大学,2015 年。

(王 倩)

差异与困境:单亲留守儿童社会支持厘析

被问题化和标签化的留守儿童群体,早已是学术界和政府层面关注的焦点,相关研究和政策层出不穷。但事实上,课题组在多次对留守儿童的调研中发现,留守儿童并非一个均质化的群体,其个体差异和地域差异性比较大。在留守儿童群体内部,单亲家庭留守儿童是一个兼具"留守儿童"和"单亲家庭儿童"双重身份的特殊群体。这群"单亲家庭留守儿童"的特点在于:一是虽然暂时还无法统计出精确的数量,但总量并不在少数,且通常是生活在母亲缺位的单亲家庭中。以浙江省为例,在温州市泰顺县偏远农村的横坑小学学生中87名是留守儿童,其中25名是单亲家庭的留守儿童。①丽水市北山镇某学校老师在一次访谈中介绍到,全校180名学生中有120名左右是留守儿童,其中大多数是单亲、残疾等特殊留守儿童。二是这个群体面临着单亲和留守双重问题,需要社会支持的力度和广度,需要针对性和有效性。作为单亲留守儿童,本身只拥有父母亲其中的一方,不仅得到的教育和关爱少,还可能因为单亲的原因在学校和社会活动中产生较强的自卑心理,进而形成内向、敏感的性格。同时,父亲或母亲长期在外打工,靠一己之力负担家庭的经济压力,与双亲家庭相比,能用来关心家中孩子的时间和精力更少,单亲留守儿童可获得的物质和精神资源也更少。因此从留守的角度,单亲留守儿童比双亲在外的留守儿童更加无助和弱势,产生孤独感的可能性更高。父母离异、丧偶或一方失踪、死亡等情况对单亲留守儿童的心理都可能造成直接的巨大冲击。还有相当一部分农村留守儿童,其母亲由于贫穷等原因出走、改嫁,在一定意义上是被母亲主观意愿"抛弃"的,这些在单亲留守儿童生活和成长中的不利因素所造成的潜在消极影响,无疑是单亲留守儿童成长和发展中的隐患。单亲留守儿童的重点帮扶和社会支持工作理应得到学者和社会的关注和重视。但以"单亲留守儿童""单亲家

---

① 张利洪、刘洲:《刍议"留守儿童"与"流动儿童"》,《成都大学学报》(社会科学版)2006年第4期。

庭留守儿童"为关键字,在知网上检索到的学术文章不足10篇,且多数文章与本文"单亲家庭留守儿童"所指相差甚大。另外,虽有些机构或个人特别关注到这一群体,但政府层面的专门针对这群儿童的帮扶政策较少,多是以"留守儿童"或"单亲儿童"的单一身份享受政策福利。不管是学术层面还是政策层面,"单亲家庭留守儿童"都尚有空白之处。基于此,本研究以课题组多次调研的经验为基础,以"单亲留守儿童"为研究对象,讨论其定义及梳理现有的社会支持现状,以期为今后"单亲留守儿童"的研究和政策制定提供一定的依据和建议。

一、单亲留守儿童的概念及特殊性

(一)概念异同及界定

张利洪与刘洲两人根据留守儿童父母外出的数量,把留守儿童分为"单亲留守儿童"和"双亲留守儿童"。"单亲留守儿童"是指父母一方外出,并在流入地停留4个月以上,令其子女驻守的未成年人。"双亲留守儿童"则是指父母双方都外出,并在流入地停留4个月以上,令其子女驻守的未成年人。①王洋在其硕士毕业论文中亦将"单亲家庭留守儿童"界定为"由父母任何一人外出打工而由另一人照顾留在原籍的儿童。"②不难看出,上述从父母外出数量角度界定的"单亲留守儿童"概念与从监护类型角度界定的"单亲监护留守儿童"及"单亲监护型留守儿童"③的概念本质上并无二致,本质上都是指父母一方外出打工,由另一方在户籍所在地共同生活并监管照护的儿童。

有别于父母外出数量和监护类型的视角,本文则是从父母婚姻状况和留守状况的角度界定"单亲家庭留守儿童",即指向兼具"留守儿童"和"单亲家庭儿童"双重身份的特殊儿童群体。

随着国内"留守儿童"和"单亲家庭儿童"的研究成果丰富且成熟,这两个概念

---

① 王洋:《单亲留守儿童媒介素养水平实证研究》,重庆大学,2016年。
② 中华人民共和国中央人民政府:《国务院关于加强农村留守儿童关爱保护工作的意见》,http://www.gov.cn/zhengce/content/2016-02/14/content_5041066.htm。
③ 参见:鹿克新:《农村单亲监护型留守儿童家庭教育现状及社会工作介入——以宁阳县A村留守儿童为例》,山东大学硕士学位论文,2015年;赵甜甜:《农村单亲监护型留守儿童的家庭赋权模式研究——以山东省宁阳县D村为例》,《泰山学院学报》2016年第4期。

也日渐清晰。2016年国务院《关于加强农村留守儿童关爱保护工作的意见》从年龄、父母外出数量及监护状况3个维度对留守儿童进行界定。《意见》指出,留守儿童是指父母双方外出务工或一方外出务工另一方无监护能力、不满16周岁的未成年人。①这一基于政策制定层面的界定虽与一些学者的研究稍有出入,但这一界定不仅是学术界留守儿童研究的累积之果和留守儿童群体状况认知的精准概括,而且还是官方制定相关政策的理论之源。因而,此界定将是本文讨论"单亲留守儿童"概念的基础之一。

在《中国大百科全书》和《婚姻家庭大辞典》中,"单亲家庭"均定义为"父亲或母亲一方与未婚子女共同构成的家庭",②但是在这一定义中,"未婚子女"的年龄界定不清晰。刘鸿雁在其研究中以是否被赋予成年人的权利与义务为依据,指明单亲家庭中,子女年龄应界定在18周岁。③因此,作为本文另外一个基础性的概念,"单亲家庭儿童"是指由父母一方单独抚养的18周岁以下的子女。

综合"留守儿童"和"单亲留守儿童"的定义,本文的"单亲家庭留守儿童"是指因离婚、身故、失踪、丧偶、未婚生育等情况造成的由父母一方抚养,但抚养人外出务工或无实际监护能力,不满16周岁④的未成年人。

(二)单亲留守儿童的特殊性

单亲留守儿童的特点主要源于其家庭结构和监护方式的双重特殊性,这一群体的家庭结构客观上与单亲儿童相似,而监护方式上则具备留守儿童特点。从表面上看,单亲留守儿童只是留守儿童中的一部分,但在实质上,单亲留守儿童在与单亲儿童、留守儿童存在诸多联系的基础上,还有其更深层的特殊性。

1. 家庭结构的缺损性

原生家庭对单亲留守儿童的影响主要是家长的管教和观念意识的培养。在家庭形态上,只有普通留守儿童的家庭形态在结构上是完整的,单亲儿童和单亲留守儿童的家庭结构都是不完整的。与典型的核心家庭、主干家庭不同,单亲儿童和单亲留守儿童所在的家庭,实际上都因父母离异、分居,或一方发生死亡、失踪等情

---

① 中国大百科全书总编辑委员会:《中国大百科全书·社会学》,大百科全书出版社1991年版。
② 彭立荣:《婚姻家庭大辞典》,上海社会科学院出版社1988年版,第68页。
③ 刘鸿雁:《单亲家庭研究综述》,《人口研究》1998年第2期。
④ 中国《民法通则》规定,16周岁以上不满18周岁的自然人,能够以自己的劳动收入,并能维持当地群众一般生活水平的,可以认定为以自己的劳动收入为主要生活来源的完全民事行为能力人。因而"单亲留守儿童"的年龄界定参照国务院文件中"留守儿童"的定义,而非"单亲家庭儿童"中的年龄界定。

况,而导致家庭中父亲或母亲一方缺失。即两者都是单亲家庭,在"父亲或母亲一方与未婚子女共同构成"的定义和特点上一致。但比单亲儿童处境更艰难的是,因为仅有的父母一方外出,单亲留守儿童往往并不能与父亲或母亲一方长期共同生活,不少单亲留守儿童所处的家庭结构为隔代家庭等,得到父母一方照顾的可能性远低于单亲儿童。而比普通留守儿童面临的生存环境更为复杂的是,一方面,单亲留守儿童父母亲一方缺失的原因较为复杂,父母亲的存在感更低,另一方面,单亲留守儿童得到缺失方照顾的机会很低。需要指出的是,家庭结构的客观不完整性是区分单亲留守儿童与"单亲抚养型留守儿童"的重要标准,在过去的研究中,"单亲抚养型留守儿童"是指父母双方中一方外出打工,另一方在家抚养的儿童,这一群体的儿童客观上拥有完整的家庭结构,根据现有的留守儿童的定义,实则不属于留守儿童的序列,与目前的单亲留守儿童具有本质区别。

2. 监护类型的复杂性

与家庭结构相对应和关联的则是儿童的监护类型和监护人。单亲儿童的监护人通常是与儿童共同生活的父母亲一方,而单亲留守儿童与双亲均外出的留守儿童一样,因为父母外出打工而导致其实际监护人很多不是自己的父亲或母亲,常常是由隔代的祖父母、外祖父母,或是与父母同辈的姑姑、叔叔等进行监护和抚养,因而监护类型也相应地包括单亲或双亲监护、隔代监护、上代监护或自我监护等甚至有少数留守儿童是在无人监护、照顾的情况下独自生活,成为事实孤儿①的一部分,相比较而言,单亲留守儿童成为事实孤儿的可能性更大。因此,监护类型的非父母监护性也是区分单亲留守儿童与单亲儿童、单亲抚养型儿童的重要标准,后两者的监护类型均为父亲或母亲单亲监护,与单亲儿童的监护类型有较为明显的差异。

3. 主观问题的严重性

单亲和留守的共同作用使得单亲留守儿童的情况比单亲儿童和普通留守儿童更加复杂,他们身上既有单亲儿童的问题,又有留守儿童的问题,也更容易影响单亲留守儿童在学习、社交、性格、心理状态等方面的成长和发展。2015年在贵州发生的毕节留守儿童自杀事件中的几个儿童便是单亲家庭中的留守儿童。从以往研究来看,学者普遍认为,原生家庭中父母不良的婚姻状况对子女的成长具有消极影响,与双亲家庭的儿童相比,单亲家庭的儿童在性别认知和发展②、性格形成③和社

---

① "事实孤儿"是指因父母重度残疾、服刑、患严重疾病等因素而无人抚养的儿童。
② 顾琼、桑青松:《单亲家庭儿童常见心理问题及其疏导对策》,《现代教育科学》2008年第1期。
③ 何宏灵、刘灵、杨玉凤:《单亲家庭儿童个性和学习成绩研究》,《中国现代医学杂志》2006年第3期。

会交往①等方面问题较多,也会比完整家庭儿童表现出更多的行为问题,如李晓芳等人的研究显示,单亲儿童比完整家庭儿童表现出更多的行为问题,其退缩、社交问题、焦虑抑郁较为突出,尤其男童更为明显。②而留守儿童在学习行为和情绪控制等方面发展较为欠缺,③同样地,留守儿童也被不少学者认为在学习、社交、性格、心理状态等方面存在问题。如卫甜甜等人认为,留守儿童存在家庭情感缺失、社交孤立等问题。④另外,单亲和留守的儿童都常会出现不同程度的自卑、敏感、焦虑等心理。而单亲留守儿童兼备了"单亲"和"留守"的特点,他们面临的问题更多、更复杂,既有来自原生家庭的情感缺失、经济匮乏等,又有来自社会的身份污名等问题。相较于其他儿童群体,他们的成长之路势必更加艰辛。

二、单亲留守儿童群体形成的原因

众所周知,留守儿童是伴随着我国经济社会发展和工业化、城镇化进程而出现的,单亲儿童是因父母婚姻状况发生丧偶、离婚、分居等变化而出现的。而具有双重身份的"单亲留守儿童"的出现远远不是留守儿童与单亲儿童出现原因的简单叠加,他们的现状实则是留守与单亲互相交错影响的结果。课题组在多次对农村留守儿童的调研中发现,除去经济条件较差的大前提导致这个群体被留守之外,单亲留守儿童之所以单亲的原因非常复杂多样,分析这个原因有利于更加清晰地认识这个群体,从而从更加精准的角度去支持他们。

(一)父母责任感较差形成的单亲留守儿童

课题组在浙江农村调研时了解到,在经济发展较为落后的部分农村,尚存在娶妻难、留妻难等现象,有些小家庭是男女双方在外地打工时组建的,结婚时女方并不完全知晓男方家庭的实际情况,回到农村后难以承受现实生活情况而抛弃了家庭和孩子;也有一些家庭的女方因为外出打工后,受到了外部环境的诱惑,抛弃了

---

① 朱玲:《单亲家庭儿童社会性发展的问题及教育对策》,南京师范大学,2006年。
② 李晓芳、杨淑红、王敏娜:《单亲家庭子女个性特征和行为问题对照研究》,《中国健康心理学杂志》2005年第5期。
③ 陈昕苗、汪茵:《中国留守儿童研究综述》,《青少年研究与实践》2015年第2期。
④ 卫甜甜、张波:《社会支持网络视角下贵州毕节留守儿童自杀行为的述评与反思》,《青少年研究与实践》2015年第4期。

原有的家庭及孩子,导致了单亲留守儿童的产生;还有一些留守儿童的双亲长期分居两地务工,夫妻关系逐渐淡漠,出现了分居甚至是离婚的现象;此外,还有一些单亲留守儿童的产生是一些未婚女性在外出务工时未婚生育,但由于各种原因最终没有组建家庭形成的,这些原因都最终导致了分居式单亲留守儿童、离婚式单亲留守儿童和未婚先育式留守儿童的出现。

(二) 意外事件造成的单亲留守儿童

留守儿童的父母外出务工通常是从事技术含量较低,危险性相对较高的工作,因而在工作中发生意外事故的概率较高。丧偶式单亲留守儿童的出现就是由于父亲或母亲一方在外出中不幸身亡或失踪导致的。如在江西赣县韩坊平安希望小学,因为父母亲离异或一方失踪等原因不得不跟着祖父母生活的单亲留守儿童有很多,[①]课题组在浙江的调研中也多次发现了相同的现象。

可见,单亲留守儿童出现的原因和类型非常多样,但不可否认的是,他们的出现是父母婚姻状况改变和外出务工情况相互胶着的结果。

三、单亲留守儿童社会支持现状

(一) 主体:共青团组织、妇联的帮扶最直接有效

由于工作对象直接相关的原因,当前对留守儿童的支持主体中,共青团组织和妇联占了较大的比例。如 2017 年共青团中央发出通知,为深入贯彻落实《国务院关于加强农村留守儿童关爱保护工作的意见》,更好地履行农村留守儿童关爱保护工作部际联席会议成员单位责任分工,全团组织实施"情暖童心"共青团关爱保护农村留守儿童工程,服务农村留守儿童健康成长。各级团组织聚焦手拉手志愿服务、关爱服务项目、重点支持保障 3 个方面,集中打造"暖心"工程,突出共青团对农村留守儿童的情感心理关怀和精神成长引导。通过开展"情暖童心"大手牵小手团员志愿服务活动、"七彩假期"青年志愿者关爱行动、少先队员"手拉手"互助等活动,动员广大团员青年、青年志愿者、少先队员为农村留守儿童提供情感关怀、课后辅导、生活照料、心理疏导等关爱服务和互助活动。推动实施"青年之家——红

---

① 《一个留守儿童的困惑:我的爸爸在哪里?》,http://club.history.sina.com.cn/thread-7493258-1-1.html。

领巾梦想村塾"和"希望社区——留守儿童 i 陪伴"等服务项目、红领巾微心愿圆梦行动、"情暖童心"公益夏令营活动。积极合理参与未成年人权益保护典型性个案维权,开展示范项目和典型评选,推进青年就业创业工作,推动社会各界为留守儿童健康成长提供支持保障。但值得注意的是,单亲留守儿童并没有被单列出来。

同时,为及时准确了解农村留守儿童、城乡流动儿童成长发展状况,掌握他们面临的突出问题及迫切需求,有效解决留守流动儿童问题提供科学依据,各级妇联组织联合高校等共同开展全国农村留守儿童的课题研究,进行各种形式的帮扶等,都积累了丰硕的成果。如 2015 年,新华社报道的湖南省邵阳县黄荆乡 123 个单亲留守儿童的故事,就是妇联联合其他社会组织对单亲留守儿童进行帮扶的有效案例。当地很多留守儿童的父亲为了养家糊口,常年在外打工,而他们的母亲却因各种原因离开了他们。中国儿童少年基金会发起了"有爱就有家"关爱邵阳县黄荆乡特殊儿童公益行动,开放了"儿童快乐家园",组织专家和志愿者为孩子们定期开展心理疏导和辅导。在邵阳县妇联等部门的努力下,已经为几十名单亲留守儿童联系上了生母,邵阳县妇联还成立了黄荆乡留守儿童关爱服务中心。中国儿童少年基金会与湖南省妇联、邵阳县妇联在当地动员征集了"爱心家庭""爱心妈妈",与单亲困境儿童结成对子,进行一对一关怀照顾,已为百余名留守儿童找到了属于自己的"爱心妈妈"。① 也有一些留守儿童较为集中的学校制定了关爱单亲家庭留守儿童工作实施方案,如贵州省遵义市桐梓县马鬃乡中心学校等,② 但总体上对单亲家庭留守儿童的关注和重点帮扶还较为欠缺。

(二) 内容:多聚焦于物质帮扶

当前,对留守儿童的社会支持主体较多,包括政府职能部门、各类社会组织、企业、高校等,每类主体都在其中发挥着不同的作用。但多集中在物质帮扶上,如浙江省温州市泰顺县"社会爱心企业关爱山区孩子"活动中,温州爱心企业为横坑小学每个孩子捐赠衣服、文具和体育器材等;温州永嘉县岩坦镇潘坑村对山区贫困单亲留守儿童与低保老人进行走访慰问;2016 年,温州市连续举办了多年的"百名爱心人士结对贫困单亲儿童"活动,其中也有不少单亲留守儿童的身影。前文中提

---

① 《湖南单亲留守儿童有了自己的"快乐家园"》,http://news.xinhuanet.com/local/2015-09/13/c_1116546180.htm(2015-09-13)。

② 《马鬃乡中心学校关爱单亲家庭留守儿童工作实施方案》,https://wenku.baidu.com/view/5b3180ee0912a21615792923.html(2016-05-24)。

到,单亲留守儿童在心理上的帮扶需要远大于物质帮扶,单纯的物资捐赠,并不能从根本上解决他们面临的困境。

四、单亲留守儿童面临的困境

单亲家庭留守儿童的特殊性主要源于其家庭结构和监护方式的双重特殊性,这一群体的家庭结构客观上与单亲儿童相似,监护方式则兼具留守儿童特点。从表面上看,单亲家庭留守儿童只是留守儿童中的一部分,但在实质上,单亲家庭留守儿童在与单亲儿童、留守儿童存在诸多联系的基础上,其所面临的问题还有更深层的特殊性。

(一)家庭困境:亲密关系缺失或弱化

家庭在社会化中地位独特,作用突出。家庭是个体社会化的起点,也是一个极为重要的社会化因素。费孝通先生认为,家庭中的夫妇关系和亲子关系是相互影响的,不能独立开来,亲子关系是夫妇关系的前提,夫妇关系则是亲子关系的必要条件,当一个家庭中夫妇关系不再存在时,家庭中的亲子关系也会有所影响。对单亲家庭留守儿童而言,我们需要考量更多的是单亲家庭留守儿童的社会支持与家庭结构形态、家庭教养方式、家庭亲密关系链等因素的勾连。与普通留守儿童不同的是,家庭结构的缺损导致单亲家庭的留守儿童在亲密关系链中所感受到的危险性信号更强。笔者在一次对留守儿童的访谈中发现,家庭亲密关系的缺失对单亲家庭中的留守儿童有重要的影响,他们对缺失的情感有强烈的弥补心态,在性别角色上,会表现出不同的行为特征,甚至影响对未来生活的主观设想。因此,家庭亲子关系的弥补或修复对他们而言至关重要。

(二)精神困境:心理健康成隐患

对单亲留守儿童,尤其是由此导致的事实孤儿,由于父母常年无法照料,物质上的匮乏是他们面临的主要困境之一,但相比较而言,精神上的无助对他们而言。以往的研究显示,单亲孩子的心理健康出现了严重的问题,缺乏主见,优柔寡断、猜忌怀疑、胆小畏惧,不愿与人交往、嫉妒等成为影响他们健康成长的"拦路虎"。课题组在多次访谈中也发现,单亲家庭的孩子在人际关系处理上会不太健康,因为父母的离异、分开的情况会让他对人与人之间的关系产生多疑、不信任的情绪,容易退缩、自闭;还有的孩子为了不让别人看不起,掩饰自己的自卑感,更多地会在社交活动中采取攻击的行为,犯罪倾向和暴力倾向会增加。因此,单亲留守儿童更需要专门的心理疏导和陪伴,但很多乡村学校并没有配备专门的心理老师。

(三)支持困境:帮扶缺乏针对性

1. 统计摸排工作不足

单亲留守儿童的关爱工作起自这一群体的统计工作,包括人数、分布等的掌握,落脚于针对这一群体的精准帮扶工作。目前,对单亲留守儿童的统计工作主要体现在留守儿童档案中,而单亲留守儿童的关爱工作常常被纳入对单亲家庭儿童或留守儿童的关爱帮扶工作中,统计工作和帮扶工作的针对性都不强。当前为留守儿童建立档案是留守儿童信息排摸的基础环节,在对农村留守儿童基本情况登记过程中,统计家庭及监护情况即涉及留守儿童父母的工作、是否有监护能力及无监护能力的原因;由此信息可以推断出留守儿童是否处在单亲家庭,但除此之外,在一般需要关爱的儿童群体统计和发布过程中,呈现方式往往是留守儿童、单亲家庭儿童、贫困儿童、孤残儿童等,即使是专门针对留守儿童的调查,单亲留守儿童的数据也很少有所体现,这与留守儿童家庭结构和监护人情况的复杂多变也有一定的关系。单亲留守儿童初期的统计工作相对于单亲家庭、孤残儿童、贫困儿童等都较为薄弱和模糊。

2. 帮扶针对性不强

在具体的单亲留守儿童关爱工作体系中,尚未出现关于单亲留守儿童的关爱制度、文件或系统性措施。目前,单亲留守儿童的关爱工作通常在单亲家庭帮扶和留守儿童关爱工作中一并进行,一般不对单亲留守儿童进行单独区分,鲜有针对性的关注和帮扶。为数不多的明确涉及单亲留守儿童的关爱帮扶工作,也均是在贫困儿童、留守儿童或单亲儿童关爱工作中体现的。

近年来,政府、学者、媒体、社会组织等都对留守儿童进行了大量的研究和帮扶。如前文所述,单亲家庭留守儿童是留守儿童群体中的一个特殊群体,跟其他特殊群体一样,需要得到更多针对性的帮扶。无疑,单亲留守儿童是一个需要得到针对性帮扶的特殊群体。只有厘清单亲家庭留守儿童的实际现状和需求才能使得帮扶更有效果。我国目前与未成年人保护相关的机构部门很多,但是各机构权力分散、手段有限。法规条文原则规定多,但多呈现出碎片化,没有确定专门负责未成年人监护的管理、监督、执行的政府部门及司法机构,缺乏统一的从上到下的有效社会控管力量和政府服务体系,导致机构职能与职权错位、缺位。一些发达国家和地区的做法是成立专门的保护机构,对特殊儿童进行有效监护。如德国各地青少年福利局则有委托照管儿童和对儿童采取临时性保护措施的责任。在美国,每个州都有儿童福利局,负责筛选评估有意愿接受寄养孩子的家庭。如何借鉴发达国家和地区的经验,对单亲留守儿童,尤其是其中的事实孤儿进行帮扶,亟须切实方案并加以解决。

(卫甜甜　陈昕苗　程德兴)

学前流动儿童教育关爱模式初探

——以上海市一民办三级幼儿园教师绘本阅读培训项目为例

一、问题的提出

随着社会经济的高速发展、城市化进程的加速,我国城市流动人口也不断增多,流动儿童随之也出现了增多的趋势。2010年第六次全国人口普查数据显示,我国学前流动儿童已达899万,占流动儿童总数的25.09%,比2005年增加191万,增幅达26.91%。①随着学龄前流动儿童数量的与日俱增,其生存与发展问题也引起了社会各界广泛的关注。随着学龄前流动儿童数量的与日俱增,其生存与发展问题也引起了社会各界广泛的关注。

学前教育对人的一生发展具有深远影响,大力发展流动儿童的学前教育,不仅可以为学龄前流动儿童提供均等的接受学前教育的机会,促进教育公平的实现,而且可以帮助学龄前儿童充分做好义务教育入学准备,为流动儿童形成积极健康的人格打下良好的基础。但是,目前我国尚未制定全国统一的有关随迁子女学前教育的管理规范,也未将其纳入基本公共服务范畴,使得外来务工人员子女的学前教育机会难以得到保障,学前教育品质难以得到有效提升。②中国儿童发展纲要(2011—2020年)明确提出,应加快发展3～6岁儿童学前教育,采取有效措施努力解决流动儿童入园问题,保障教育公平。③各地政府、各方社会力量也

---

① 段成荣、吕利丹、王宗萍等:《我国流动儿童生存和发展:问题与对策——基于2010年第六次全国人口普查数据的分析》,《南方人口》2013年第28期。
② 新公民计划:《流动儿童蓝皮书:中国流动儿童教育发展报告(2016)》,21世纪研究院2016年版。
③ 国务院:《中国儿童发展纲要2011～2020年》,人民出版社2011年版。

正采取相应的积极措施,全力改善学龄前流动儿童早期教育质量。重视学龄前流动儿童的教育问题显得尤为必要。"萌芽计划"上海市闵行区民办三级幼儿园教师的绘本阅读培训项目也在此背景下应运而生。本文以此项目为实证案例,证明了政府、幼儿园、社会、高校"四位一体"的学前流动儿童教育关爱模式的可推广性。

二、学前流动儿童教育关爱项目运行模式

针对流动儿童整体入学准备水平低、言语发展缓慢、阅读兴趣低等问题,"萌芽计划"上海市闵行区民办三级幼儿园教师的绘本阅读培训项目旨在通过对民办幼儿园教师的阅读教育理念与方法培训,改善学龄前流动儿童阅读与教育现状,提升学龄前流动儿童教师阅读教育专业素养。项目于2016年4月正式启动,涉及闵行45所民办幼儿园近400名民办幼儿园教师。"萌芽计划"由非盈利公募慈善组织"全球联合之路"出资,并牵手上海市慈善基金会、闵行区教育局、上海师范大学"大带小"儿童阅读推广团队共同完成。

"全球联合之路"牵手上海市慈善基金会,设立上海市慈善基金会"联合之路专项基金",出资支持"萌芽计划"顺利开展。"全球联合之路"是美国一家拥有百年历史的全球最大的非盈利公募慈善组织,主要关注教育、收入、健康领域的慈善事业,致力于动员社区力量改善全球民众生活质量。"联合起来,共创美好"是"全球联合之路"的口号。目前,"全球联合之路"已经遍布全球41个国家和地区,在全球范围内颇具影响力。近年来,"全球联合之路"关注上海地区流动儿童的教育发展问题,"萌芽计划"为其首推的学龄前流动儿童教育关爱计划,旨在通过联合政府机构、社会组织、企业、高校志愿者等力量,为学龄前流动儿童创建更好的学前教育环境。因此,"全球联合之路"此次牵手闵行教育局与上海师范大学"大带小"儿童阅读推广团队,发起学龄前流动儿童阅读关爱项目,发挥各自的优势,提升流动儿童的教育质量。

闵行区教育局为支持此项目顺利开展,成立了项目专项小组,甄选参与培训的民办三级幼儿园,积极联络和组织民办三级幼儿园及其教师参与项目,依据项目开展进程,有条不紊地发放教材与教具。教育局在幼儿园与"全球联合之路"中间搭建了一座有效的沟通桥梁,确保项目顺利开展。上海市闵行区占地面积

大、民办幼儿园分布较为分散，教育局根据幼儿园的分布，对45所幼儿园分批次、就近安排培训，专人负责每场培训的开展，极大程度地提升了项目执行效率。

上海师范大学"大带小"儿童阅读推广团队受"全球联合之路"委托，负责项目的执行，对民办三级幼儿园教师进行绘本阅读的针对性培训。上海师范大学"大带小"儿童阅读推广团队成立于2010年，由上海师范大学应用心理系吴念阳教授发起，主要成员涵盖心理系、学前系、小教系等200多名研究生和本科生，是一个兼容学术探究和社会服务的团队。团队旨在用一种既轻松又科学的方式——互动式分享阅读，让儿童热爱书本、热爱阅读、热爱生活。互动式分享阅读，就是"大人"或者"大孩子"和"小朋友"共读一本书，双方就书中的内容开展互动式讨论，共同分享阅读所得。在这个过程中，"大"不仅仅是一个讲述者，更是一个平等的参与者，一个倾听者、分享者，一个支持者、合作者。近年来，大带小成员不断深入社区、幼儿园、中小学、图书馆等公共教育场所，旨在进一步宣传先进的儿童阅读理念。2010年来，团队服务受益12万余人次。仅2016年度，参与互动式分享阅读实践的儿童，达到4 984人次，接受讲座培训的教师、家长等听众达1 983人次，"大带小"的足迹遍布闵行、浦东、奉贤、黄浦、松江、普陀、徐汇等7个区。

团队根据前期与外来务工人员子女互动、调研的经验，结合闵行区教育局通过民办幼儿园方获得的培训需求，为幼儿园教师制定了一套完整的培训方案。培训时间为一整天，上午2个小时，下午4个小时。一天的培训分为3个部分，每一部分进行2个小时，由浅入深，从走进互动式分享阅读到感受互动式分享阅读，最后为体验并掌握互动式分享阅读方法。

培训的第一部分主题为"绘本是最好的教科书"，旨在让民办三级幼儿园老师了解什么是绘本、如何为幼儿创设良好的绘本阅读环境；在对绘本有一个直观的体验后，培训的第二部分进入"让孩子爱上阅读主题"，通过"大带小"团队多年的实践经验与理论研究，从儿童的身心发展为教师解释为什么绘本适合幼儿、如何树立正确的阅读观和心理观，进一步深入了解互动式分享阅读的内涵；培训的最后一部分主题为"跟着'大带小'玩绘本"，团队通过让教师进行具体的实践操作，在实践中理解互动式分享阅读的理念和具体操作方法。3个部分的培训深入浅出，团队将适合儿童身心发展的绘本融入讲座，丰富多彩、别开生面。

三、学前流动儿童教育关爱项目进程与结果反馈

结合"大带小"团队多年在农民工子弟学校进行社会实践的经验,民办三级幼儿园教师的绘本阅读培训采取理论与实践结合的方式进行。在培训过程中,团队不仅会和各位幼儿园老师分享实用的儿童心理发展、阅读理论知识,而且会通过各种互动游戏、讨论、小组活动来让大家亲身体验绘本阅读的乐趣、互动式分享阅读的精髓。

在培训过程中,"大带小"团队发现近90%的民办三级幼儿园老师不知道绘本是什么东西。因此,对民办三级幼儿园教师而言,针对性的绘本阅读培训很有必要。此外,我们在培训中发现,理论结合实践的培训深受幼儿园老师的喜欢。参与者现场的亲身体验,能够让其更充分地吸收培训内容。培训结束,各位参与培训的老师在培训反馈表上的留言也表示了这种培训模式的成功。"此次绘本阅读培训中,让我印象最深刻的是主讲老师对我们的互动讲解,让我在专业知识上提高了很多,也让我更加意识到了幼儿绘本阅读的重要性。以后希望能够经常有这种培训机会。""此次绘本培训给我留下了很深的印象,原来图文一起可以连成很多故事。从绘本的色彩到绘本的文字,每一页都有它要阐述的内容,可以让读者循序渐进地走入故事情节,体验故事情感,整个故事也更具有深意,富有活力。绘本和积木的结合也很新颖,既可以掌握故事情节,也可以通过动手操作表达情感。感受真的很棒!""这次的手工制作和教授绘本阅读的技巧让我印象很深刻,希望以后多开展这种培训。这对提升我们民办三级幼儿园的专业水平能力很有帮助。""这次培训受益匪浅,老师的专业知识让我们收获很多。老师每一次和我们的互动,让我记忆很深。比如,老师和我们一起讲故事、和我们一起做那些绘本里面的很多动作……老师给我们教授的经验对我们实际教学有很大的帮助。感谢老师们给我们的培训。"不仅仅是培训老师现场反馈热烈,许多参与培训的老师回到自己的教学环境,第一时间便把培训上所学到的知识充分利用起来。

四、学前流动儿童教育关爱项目的经验与反思

"萌芽计划"民办三级幼儿园教师绘本阅读培训项目的成功开展,得到了政府、

幼儿园、社会力量和高校的全力配合,这也是对政府、幼儿园、社会、高校"四位一体"的学前流动儿童教育关爱模式的初步探索。

"萌芽计划"项目的顺利开展有赖于政府的鼎力支持。一方面,闵行区教育局积极联络、组织民办三级幼儿园及其教师,为"全球联合之路"基金会和民办三级幼儿园之间搭建一座有效的沟通桥梁。政府成立专项小组,支持"萌芽计划"开展。政府的支持让幼儿园及教师更加重视培训项目,也便于绘本阅读课程在幼儿园的开展。同时,政府及时、有效的反馈和沟通可以帮助培训方了解民办三级幼儿园教师具体的需求,便于培训方对教师针对性的指导。另一方面,政府根据各幼儿园实际情况分批次安排培训,优化培训流程,提供培训场地,准备培训教材。上海市闵行区占地面积大,45所民办幼儿园分布较为分散,因此,教育局根据各幼儿园的分布情况对45所幼儿园分批次安排培训,就近安排培训地点。此举最大程度上保证了幼儿园教师参与培训的出勤率,使更多教师受益,也使培训得以高效、便利地进行。同时,为了保障培训质量,教育局提前准备培训涉及的教材、教具,按时发放到各个幼儿园,以便培训内容落实到幼儿园,保障绘本课程在每一所民办三级幼儿园落地。政府的大力支持在行政上优化了培训流程,同时行动上的支持让民办幼儿园方更加重视项目的开展。同时,"萌芽计划"项目的顺利开展受益于民办三级幼儿园的认真配合。民办三级幼儿园派出优秀的教师团队参与培训。在培训中认真听讲,勇于尝试。每一场讲座均有微信群,幼儿园教师会在微信群内反馈自己在幼儿园的教学情况,提出自己的教学困惑,巩固培训内容。与此同时,每一场培训均需要由民办三级幼儿园园长负责,园长组织场地,联系讲师、参与的教师等,事无巨细妥善安排讲座。一天的讲座,参与培训的教师和讲师也会获得组织园的热情接待,民办三级幼儿园的积极协办也让"萌芽计划"得以顺利圆满地实施。

"萌芽计划"项目的顺利开展得益于社会组织的关注和配套资金支持。"全球联合之路"牵手上海市慈善基金会,成立上海市慈善基金会联合之路专项基金,首批推出"萌芽计划"项目重点关注学龄前流动儿童教育问题。"全球联合之路"在项目中,重视学龄前流动儿童普遍存在的阅读习惯差、阅读兴趣低、义务教育入学准备不足等教育问题,联动政府、企业和高校力量,积极改善学龄前儿童教育问题。"全球联合之路"在企业中劝募资金,动员社会力量用力所能及的力量来关心和帮助流动儿童的切身问题,同时发动高校力量,借助高校团体专业性的优势,为流动儿童存在的教育问题提供可操作性帮助,最后与政府部门沟通,寻找需要帮助的群体,将项目落到实处,帮助真正需要帮助的幼儿园及儿童。"萌芽计划"构建了一张由社会组织牵头，政府、企业、高校、幼儿园协力，帮助学龄前流动儿童健康成长的美好蓝图。

"萌芽计划"项目的顺利开展依赖于高校专业力量的支持。"大带小"儿童阅读推广通过前期调研和走访，发现学龄前流动儿童存在阅读兴趣低、幼儿教师师资力量薄弱等问题，结合本身心理学、学前教育学专业的学科背景，设计出符合儿童认知发展的绘本阅读培训课程体系，为民办三级幼儿园教师绘本教学提供帮助。作为一支高校学术队伍，团队将多年的研究经验融入实践，派出最有经验的博士、硕士研究生组成讲师团队，为民办三级幼儿园教师带来生动活泼的讲座。高校资源进入"萌芽计划"项目，为项目提供更多的科学指导，也为民办三级幼儿园教师带来更多可行的、接地气的教学实践方法。很多接受培训的教师表示非常感谢理论与实践并行的培训，希望以后能够获得更多的诸如此类专业的指导。高校力量让培训内容充实有趣，使得"萌芽计划"更加专业。

由此可见，"萌芽计划"项目的成功，让政府、幼儿园、社会和高校"四位一体"的流动儿童关爱模式具有可借鉴性。

(吴念阳　钱海燕　董　旭　柏　雪　吴　燕)

因果互构:洋留守儿童的家庭流动与教育策略

一、问题的提出

学界关于留守儿童的研究由来已久,尤其是 2004 年 5 月底教育部基础教育司召开中国农村留守儿童问题研究研讨会后,关于留守儿童问题的报道、研究和干预就都进入了一个新的阶段。但已有的成果中,关于研究对象,相关学者主要围绕父母由农村流动到城市务工后产生的农村留守儿童进行。实际上在浙江省青田县、文成县,广东省恩平县,福建省连江县等东南沿海地区,由于父辈劳动力流动的方向与方式不同,还存在大量的洋留守儿童,近年来在内陆地区如安徽省、福建省等地也产生了很多洋留守儿童。所谓洋留守儿童主要是指父母长期在国外工作,子女在国内和祖辈共同生活,或被寄养在亲友家,家庭成员长期分处不同国家的留守儿童,他们中有的已经拥有外国居留证,有的已经是外国国籍。该群体与农村留守儿童之间存在巨大的群体差异,比如在家庭经济环境、文化感知、成长体验、发展预期等方面都表现出独有的特征。洋留守儿童的受教育等问题在发生地已经引起教育界、政府、学校等方面的广泛关注,但学界关于洋留守儿童的关照与回应仍非常有限。本文主要依据课题组在浙江省青田县的调研资料,重在分析跨国家庭中洋留守儿童的空间迁移,以及这种迁移模式下家庭的教育认知、教育期望与教育投入如何影响儿童的学业表现。调研资料主要通过个案深度访谈获取。访谈对象包括洋留守儿童、学校负责人、团组织负责人等。

二、作为一种策略的空间迁移

青田县地处浙江东南部,位于温州西部、丽水东南部,是温州的后花园,也是丽水对外开放的窗口。青田县现辖3个街道、9个镇、20个乡,414个行政村。全县总面积2 493平方公里,2017年末总人口约56万,却拥有33万华侨,是典型的侨乡。① 随着中国对外开放水平的不断提高,世界各国之间的政治、经济联系不断加强,越来越多的普通人也像精英群体一样获得了出国的机会。青田"九山半水半分田"不宜农耕的自然环境以及"为了追求更好的生活"的经济理性等因素叠加,使得很多青田人以劳动力要素流动的方式纷纷出国——跨国劳务输出。在20世纪90年代,青田当地甚至流行着一句俗语:"凡是稍微有些人样的青田人都在国外。"因此,在青田县北山镇、方山乡、县实验小学东山分校等地方产生了数量非常庞大的洋留守儿童。据当地教育部门统计,2015年青田在校学生中,双亲或单亲在国外的,占比为34.91%,而有海外关系的学生,占总数的88.66%。他们中最小的仅1个月大就被送回国,被寄养于祖辈或亲友家最长的达16年。如青田T乡是一个典型的侨乡,离青田县城有半小时左右车程。据乡政府一名工作人员介绍,乡里登记的常住人口有6 000多人,绝大部分青壮年在国外讨生活,其中以意大利居多。T乡中心小学125名学生中,有55名是"洋留守"。同样在青田县城,据某中心小学老师介绍,一年级新入学学生中有2/3的人父母都在国外。据不完全统计,到2015年年底,青田共有6 617名华侨留守儿童(以小学阶段计)。②

空间流动是理解洋留守儿童受教育问题的必要前提。洋留守儿童的空间流动主要发生在国内与国外父母所在地之间。调研发现,洋留守儿童空间位移产生的原因除了像大部分农村留守儿童父母一样,属于没有能力将子女安排在身边的"无奈式留守",还存在流动性转向的不同,即空间流动不是绝对的、静止的,而是处于动态的变化中,如父母希望子女先回到国内习得一定的中国文化后再到国外生活的"循环式迁移",以及随着中国国际影响力不断提升,国内发展环境越来越好,有父母希望子女通过积累教育资本有机会回国发展的"投机性流动"等。

无奈留守是降低家庭经营成本的行动结果。访谈中,一位学生家长介绍说:

---

① 《行政区划》,http://www.qingtian.gov.cn/zjqt/qtgk/201305/t20130507_1097540.html。
② 《六一国际儿童节,让我们一起关注"洋留守儿童"》,http://www.sohu.com/a/233748596_100114155。

"不论打工还是做生意,很多人在国外每天都需要工作12个小时甚至更长,根本没有时间照顾孩子。虽然有时候也请当地的保姆帮忙,但还是觉得由自己的父母照顾更好,所以就会把孩子送回国内让家里的老人帮忙照料。"

新劳动力迁移理论强调了家庭成员对于迁移决定的重要性,迁移不仅仅是为了家庭利益最大化,也是为了家庭风险最小化。①如访谈中有的家长提道:"有一些父母现在非常关注中国的发展,看到国内现在发展得越来越好,不像以前说起法国这些国家,很向往,现在国外到处都是不稳定。国内的治安环境和教育条件更好,希望子女在中国多读几年书,将来能有更好的发展。"洋留守儿童在国内和国外之间的循环式流动是现代性推动下,家庭为积累更多资本和机会,降低风险的适应性策略。这也是不同于农村留守儿童流动到城市进行资本积累的迁移方式。

三、"被安排"下的教育表现

衡量学生教育表现应该包括学习的态度、行为和结果。已有很多研究表明,父母外出务工会导致留守儿童因缺乏父母关爱而负向影响留守儿童的学业,②但也有研究认为,农村劳动力流动后会提高家庭经济收入,收入提高增加了为留守儿童提供更多教育资金支持的可能,进而正向激励留守儿童的学业表现。③对于洋留守儿童而言,学业表现受父母教育观念的影响和"被安排的流动"的影响,主要有以下特点。

(一) 缺乏学习濡染性,学习基础普遍较差

讨论父母外出对留守儿童学习成绩的影响不能以问题化视角为前提,但通过对比洋留守儿童与非洋留守儿童两个群体的学习行为会发现,由于跨国务工的青田人多数文化水平不高,从事的多是开百元店、餐饮、缝纫等工作,工作很辛苦,难以在子女教育上投入很多时间和精力,跨国务工的父母也没有国内家长在升学压力下过分崇尚"赢在起跑线上"的教育焦虑和足够的教育资源,很少有孩子参加过幼小衔接类课程培训。而缺乏合理积极的教养方式、学习资源和学习的必要环境,

---

① 朱竑、张博、马凌:《新型城镇化背景下中国流动人口研究:议题与展望》,《地理科学》2019年第1期。
② 吴霓:《农村留守儿童问题调研报告》,《教育研究》2004年第10期。
③ 胡枫、李善同:《父母外出务工对农村留守儿童教育的影响——基于5城市农民工调查的实证分析》,《管理世界》2009年第2期。

导致当前洋留守儿童在教育中普遍存在学习基础差,学业成绩难提升的问题。访谈中,县城某小学校长提道:"因为国外不存在计划生育罚款,很多家长在国外一直生(孩子)到满意为止,很多洋留守儿童出生在国外,到了入学年龄后被家长送回来读,跟国内的孩子比,数学很糟糕,普通话也讲不流利,很难教。也有生下来就送回来的(孩子),但是回来之后也没人管(学习),老师教得很累,(学生)没有基础,教不出成绩。"

(二)缺乏自主性,学业倦怠现象明显

学习投入是指个体学习时具有充沛的精力和良好的心理韧性,能认识到学习的意义,对学习充满热情,沉浸在自己学习之中的状态,反映了学习者对任务或活动的参与程度,是学生在开始和执行学习活动时行为上的卷入强度和情感上的体验质量。①如前文所述,多数家长对孩子的教育期望不高,送孩子回国学习的目的仅在于习得一些基本的汉字,会说一些汉语,导致孩子对自身的要求也不高,进而产生学业倦怠。学业倦怠是学生在学业情境中对学习事件和过程的消极态度或行为,通常表现为情感衰竭、低效能感等。②学业倦怠会引发学生情感、认知层面的消极改变,导致学习动机的缺乏,进而在学业相关活动中表现出各种偏差行为。一位小学的心理健康老师谈到:"孩子在学校为所欲为,老师的话可以不听,作业可以不写,不守规矩,孩子之间的冲突也比较多。人际关系处理得也不好。因为家长对孩子没有要求,孩子知道自己会随时出去,所以对自己的要求也不高,根本无法安心学习,这助长了孩子们的厌学情绪,导致成绩普遍不好。而这样的情况非常普遍,每个班级都有十几二十个这样的孩子。"学校教育与家庭教育很难同频共振,导致学校教育变得质量低效,教师对孩子的教育"孤掌难鸣",不能成为洋留守儿童接受教育的重要推动力。

(三)缺乏连贯性,知识断链问题突出

小学刚入学阶段,青田县某重点小学的入学率经常爆满,但是到了二年级、三年级之后,学生的在校率会明显下降,很多洋留守儿童会选择到国外去生活学习。学习缺乏连贯性,国内短暂的学习生活并不能为以后知识体系的建立积累基本的知识,奠定扎实的基础。"父母都在国外的孩子很早就带走了,读书读到二三年级

---

① 杨宝琰:《城乡初中生学业表现差异的影响因素及作用机制——基于教育投入、学习投入和教育价值观的分析》,《教育科学研究》2017年第3期。

② 李若璇、朱文龙、刘红瑞、姚梅林:《家长教育期望对学业倦怠的影响:家长投入的中介及家庭功能的调节》,《心理发展与教育》2018年第4期。

就会出国,过一年58个学生就变成了48个,有的孩子这学期还在读书,下学期就要去国外了。这种现象到五六年级会稳定下来,(这个时候留下来的学生)起码会读到小学毕业。一年级班里坐不下,六年级会空出很多座位。有几个成绩好的,会一直留下来读。成绩差的早就带走了。"是否继续接受学校教育主要取决于家庭的教育决策,洋留守儿童流动到异国继续接受教育的机会成本较高,很多儿童面临中断教育从事父母老本行工作的情况,个人接受递进式教育的可能性较小。

(四)缺乏体验性,文化处于无根状态

现代性下的空间迁移切断了洋留守儿童与传统文化的联系。调研发现,很多父母选择让孩子留守在国内,还考虑了文化因素,如"接受中国传统文化教育,拥有中文基础,学会中国传统的人情世故,如果直接在外国抚养的话,孩子完全不像中国人。""父母人在国外,还是希望送回来给爷爷奶奶带,子女会一些中文,认识一些汉字,会说一些汉语后再出去。"但对于洋留守儿童而言,他们一方面难以在较短时间内熟悉国内的文化,很多国外生活过的洋留守儿童无法认同国内的生活方式,很难融入国内的生活;一方面他们又对未来无所适从,对将来要去的国家的历史、文化、地理、风土人情等认识并不充分,甚至一无所知。出国之后,面对异国他乡的新环境,他们在学习能力、学习习惯、文化背景与知识基础等方面都有较大差异,存在知识上的难以衔接,交流、融合和发展都存在问题,很难在教育上得到足够的支持或解决文化传承问题,难以形成文化积淀和参与文化交流,导致他们在文化知识上处于"无根"状态。

四、洋留守儿童的家庭教育实践

由于经济因素和不良学习习惯等导致的厌学情绪等原因,农村少年儿童失学现象已经引起了很多"三农"学者的关注。但与普通农村少年儿童或农村留守儿童不同的是,洋留守儿童的教育问题有家庭教育实践的特殊性。

(一)偏误的教育认知

在当前社会流动停滞、社会严重固化、阶级阶层矛盾深重的社会背景下,接受更高水平的教育仍然是个体获得更优良的社会经济地位的有效途径。肖小勇等通过分析中国家庭收入调查(CHIP)2013年外来务工住户相关数据发现,教育对农民工就业质量有一定影响,如受教育程度越高,农民工在提高工资、降低工作时间、提

高稳定性和改善福利等方面的就业质量越高。①

青田县出国务工的多是文化程度不高的人,从事的多是技术含量不高、职业门槛较低的行业,如餐饮、服装等低技术行业,如访谈中了解到的:"青田现在回来出(国)去的主要还是农村人。我们村以前出去的很少,这十来年出去的多起来了,出去总是比种田好,出去做衣服,挣得比国内多。"国外劳动力报酬的强大优势能快速给个体带来数额巨大的外汇收入,促成家庭经济资本的增加、经济收益最大化和经济地位提升。在这样的就业实践逻辑中,教育对就业质量的激励作用难以体现,教育引致的文化资本积累对家庭收益的影响更难以体现。因而很多家长对教育的认知出现了偏差,即认为多读书不如早工作,跨国务工是比读书改变命运更为直接的成功捷径,最终形成了"经济理性"至上的价值观。

(二)低微的教育期望

教育期望是家长对子女未来学业成绩和最终学历的期待、对子女学业能力的评价、对学业投入的坚持性信念等。影响家长教育期望的主要因素包括家长自身的职业实践、文化水平、教育认知、教育投入等。横断研究和纵向研究均表明,家长教育期望能促进子女的学业发展和学业成就。很多学者通过数据分析发现,农民工的流动会改变其对子女的教育期望。如马俊龙利用中国教育追踪调查(CEPS)数据研究发现,外出务工者能感受到城镇地区良好的教育回报给子女、家庭带来的正向回报,因此会激励农民工更加重视对子女的教育投入,提高父母对子女的教育期望。原因可能在于城镇地区较高的教育回报对父母产生了一定的激励效应。家长是子女接受教育的直接责任人,教育期望作为家长对子女教育态度与行为的表现形式,以独立于家庭经济条件与个人智力等之外的因素对子女教育产生影响。当家长对子女可以达到的学业成就具有更高期待时,这种一般性信念就会转化为特定的、针对子女学习过程的行为。访谈中,基层团组织一名工作人员也提道:"孩子成绩不好,学校跟家长沟通的时候,家长会说,老师没关系,明年我们就带出去了。这样的情况很多。除非成绩特别好的,父母会在意孩子的成绩。国外有点资产或事业的父母目标就是要把孩子带出去,在国外发展,到了国外父母的教育理念并没有改观,有店的开店,没店的继续打工。10 个人有 8 个都是这样想的。"洋留守儿童家长通过读书改变命运、通过教育实现"望子成龙望女成凤"的愿望被排除在

---

① 肖小勇、黄静、郭慧颖:《教育能够提高农民工就业质量吗?——基于 CHIP 外来务工住户调查数据的实证分析》,《华中农业大学学报》(社会科学版)2019 年第 2 期。

洋留守儿童家庭的教育实践之外。

(三) 低效的教育投入

农村留守儿童在家庭经济收益和子女教育两个问题的权衡上通常会希望经济收益和子女教育能兼顾，因而流动儿童在流入地就近入学成为大多数进城务工人员的迫切需求。现实中也有很多进城务工人员为了子女教育，放弃了外出机会。而对洋留守儿童父母而言，在经济收益和子女教育上，由于教育认知出现偏差，教育期望不高，增加经济收入往往成为家庭发展的最重要目标。教育决策与教育投入也围绕这个主要目标开展。

教育投入指家长为帮助子女完成学习与学校、社会、子女所进行的互动，包括帮助子女完成必要的学习辅导、参与家校互动、提高教育技能、提升教育理念等，是教育决策的直接体现。家长的教育期望与教育投入会潜移默化地影响子女对教育的认知，影响子女的学习习惯养成、学习理念塑造和学习效能感。如家长在物质经济、精神鼓励、行为要求、参与陪伴等多个层面上对子女的支持与帮助能够有效减少学业倦怠的产生，或者帮助缓解倦怠情绪，促使子女将父母的期望转化为更为积极的学习态度并激发学习动机，进而获得更高的学业效能感。

众所周知，外出务工及家庭成员的逐步迁移，破坏了已婚农民工家庭结构的完整性，从而导致家庭教育功能的弱化与外化。洋留守儿童所在的跨国家庭同样很难将家庭功能投射到子女的教育上，教育更多地体现为物质层面的投入，对比普通的农村留守儿童和洋留守儿童，一位学校老师提到："农村的留守儿童暑期参加小候鸟活动、夏令营，去过一次城里会觉得印象最深刻的是肯德基，因为以前没吃过。他们跟城里孩子的认知差距至少有两三年。但是洋留守儿童暑假都是去国外，过得很惬意。洋留守儿童并不差钱，身上穿的是品牌衣服，手上玩的是国外买的高档玩具。""有的家长在学校周围租房子住，条件稍微差一点，但都是个别的。其余的孩子条件都很好。一年级入学进来的孩子每年都不一样，现在的家长都很注重入学礼物。再者从校服上也能看出来，一套学生校服100多块钱，洋留守儿童都是一人两三套买，换着穿，但是北山(农村)的孩子家长就会觉得没必要买校服。还有很多洋留守儿童都是在学校过集体生日，家长很注重这些。但是农村那些留守儿童相对而言生活就很苦的。"

教育投入除像教育期望一样会影响子女的教育认知之外，也会直接影响子女的性格养成、教育获得。低效的教育投入会导致儿童面临心理、健康、照料等问题。如访谈中了解到的："父母在国外发展得很好的，孩子会感受到爱多一点的，就算成绩差一点,孩子也会阳光一点。有的孩子父母发展得不好,只关注孩子的吃饭穿衣,孩子性格也会受影响。有个孩子父母在国外,跟着外婆,外婆今年有事回家了,就托给一个旁边的人带,孩子感觉很寂寞,读书一点兴趣都没有,我们这里有很多这样的孩子。""10个家长中最多有2个重视学习的,如果亲子关系好一些,孩子成绩又好的,以后到国外也会得到好的发展。亲子关系一般,父母关注又仅停留在物质层面的,孩子成绩也会很一般。"

如同很多农村留守儿童一样,由于长期与父母无法一起生活,洋留守儿童的父母难以向其提供学习上的辅导,隔代教养的儿童很难获得有效的教育投入。"祖辈没有精力、没有能力照顾孩子。有的爷爷奶奶自己睡不着,早早就把孩子叫起来送到学校,校门都还没开,孩子根本休息不好。有的家长说孩子起得太晚了,6点都还不起来。孩子根本休息不好。""不上课的时候就把孩子留在家里,孩子能接触到的东西很有限。"

五、结语

在"三农"问题中,农村义务教育的问题尤为突出。由于缺乏父母的陪伴和照料,农村留守儿童受教育问题一直是热门研究话题。在国内接受学校教育的洋留守儿童正处于义务教育阶段,是人生观、世界观、价值观塑造的关键时期,也是中华文化植根于个体的关键时期,洋留守儿童都是中国未来的重要侨务资源,在当前国家大力提升文化软实力、积极涵养侨务资源、开展侨务公共外交的大背景下,加强对洋留守儿童问题的关注具有重要的现实意义。

分析理解洋留守儿童在学业上的表现理应将所在家庭的教育期望、教育决策与教育投入结合起来。洋留守儿童的教育获得和学业体现与家庭教育理念、教育期望和投入之间有因果互构的逻辑。跨国务工作为经济地位提升的捷径,能帮助农村家庭快速在经济上实现富足,但却难以在阶层地位上实现跃迁。阶层地位不高对教育的关注度便不高,教育与个体发展、家庭发展也难以同步跃升。因此,家庭教育决策以较低的期望与投入为主,导致子女学业成绩一般,教育获得有限,流动到国外之后大多数还是要通过打工出人头地。因此,不合理的教育策略、低质量的就业实践之间形成了因果互构的逻辑。这种循环往复导致洋留守儿童在义务教育阶段的教育获得很难有大的突破。近年来,随着对外开放水平不断提高,青田县通过建立重点项目盯引清单,落实县领导领衔、乡镇长局长领办责任制,推进青商回归、华侨要素回流,建成丽水(青田)侨乡投资项目交易中心,举办第三届世界青田人大会,签约招商项目等方式,在外青田人以回乡创业为荣的局面逐步形成,青田的人口流动结构也发生了很大的变化。洋留守儿童未来的学习就业模式也可能会发生新的变化。此外,各级群团组织通过组织各类夏令营、冬令营,举办华文培训班等与传统文化传承相关的活动,加强"培根"教育,以中华民族的文化、历史、地理、语言为主要教学内容,以石雕、剪纸、书画、太极、歌唱等为辅助教学内容,在洋留守儿童中进行爱国主义教育、理想信念教育和传统文化教育。但无论如何,理解侨乡近年来社会结构转变都应该把对数量庞大的洋留守儿童的认知归置在研究框架中,帮助洋留守儿童建立完善的知识体系,获得个体全面发展。

(卫甜甜 沈建良)

进城务工人员随迁小学生校园欺凌综合干预效果评估

校园欺凌是指受害者被一个或多个同龄人有意地、反复地、持续地施以负面行为,造成受害者心理或者身体上的伤害或不适。①发生在校园、上下学路上或者以校园为媒介的社交群体内的欺凌行为都属于校园欺凌。②校园欺凌行为在世界各地不同年龄段的中小学生中普遍存在,③严重危害着青少年的身心健康,引发青少年抑郁、焦虑、自杀等心理行为问题。④挪威籍瑞典心理学家 Dan Olweus 教授首先对校园欺凌行为展开了深入的研究,随后引发其他国家和地区纷纷开展了针对校园欺凌的干预研究。⑤Olweus 教授研究的校园欺凌干预策略强调从学校、班级、个体和社区四个层面综合开展干预措施。⑥我国校园欺凌干预研究开展较晚,现有的研究多从教育学和心理学的角度开展,重点在个体水平开展干预措施,班级层面和学校层面的干预措施较少。⑦进城务工人员随迁子女是城市中相对弱势的群体,与

---

① Smith P.K., Brain P. Bullying in schools: Lessons from two decades of research. *Aggressive Behavior*, 2000, 26(1):1—9.
② 史慧静:《儿童青少年卫生学》,复旦大学出版社 2014 年版。
③ Arslan S., Savaser S., Yazgan Y. Prevalence of Peer Bullying in High School Students in Turkey and the Roles of Socio-Cultural and Demographic Factors in the Bullying Cycle. *The Indian Journal of Pediatrics*, 2011, 78(8):987—992.
④ Klomek A.B., Kleinman M., Altschuler E., et al., High school bullying as a risk for later depression and suicidality. *Suicide Life Threat Behav*, 2011, 41(5):501—516; Brunstein K.A., Marrocco F., Kleinman M., et al., Bullying, depression, and suicidality in adolescents. *J Am Acad Child Adolesc Psychiatry*, 2007, 46(1):40—49.
⑤ Kärnä A., Voeten M., Little T.D., et al., A Large-Scale Evaluation of the KiVa Antibullying Program: Grades 4—6. *Child Development*, 2011, 82(1):311—330.
⑥ Olweus D.A., useful evaluation design, and effects of the Olweus Bullying Prevention Program. *PSYCHOLOGY CRIME & LAW*, 2005, 11(4):389—402.
⑦ 杜红梅、冯维:《移情与后果认知训练对儿童欺凌行为影响的实验研究》,《心理发展与教育》2005 年第 2 期;严颢:《中学生欺凌行为的研究及干预》,上海师范大学,2010 年。

本地户籍儿童相比,更容易出现一些心理行为问题,如社交焦虑、孤独感、歧视感等。①有研究调查发现,62.1%的进城务工人员随迁子女小学生曾经卷入过校园欺凌。②我国有研究者基于社会生态学模型提出了从整个学校层面开展校园欺凌的综合干预研究的新建议。③本研究选择在进城务工人员随迁子女小学中开展基于学校健康促进策略的校园欺凌综合干预研究,旨在探索有效的干预策略,改变校园欺凌发生现状。

一、调查对象与方法

(一)调查对象

2015年3~4月,我们在上海市嘉定区的全部14所民办随迁子女小学中,采取方便抽样的方法,选取4所有意愿开展校园欺凌干预项目的小学作为干预组,选择地理位置远近、学校规模大小和师生数量相似的另4所小学作为对照组,并在干预组和对照组学校的四年级中,以班级为单位随机整群抽取3个班级,对每个抽中班级的所有学生和家长进行基线问卷调查,共调查干预组学生502人,对照组学生553人。6月,在干预组和对照组学校继续对参与过基线问卷调查的五年级学生及其家长开展随访问卷调查,共调查干预组学生383人,对照组学生424人。由于面临升学问题,一些学生转学,两次问卷调查干预组与对照组学生的随访率分别为76.3%和76.7%。

(二)调查方法

在干预组学校开展了为期1年的综合干预,具体措施包括:(1)开展了3次校长工作坊,把学校的校长和有关教师集中在一起,由专业人员详细介绍了干预措施的实施目标和意义,取得学校老师的支持和配合,共同协商确定干预方案和实施计划;(2)开展人际关系为主题的课堂健康教育:每个班级的班主任老师每周

---

① 蔺秀云、方晓义、刘杨等:《流动儿童歧视知觉与心理健康水平的关系及其心理机制》,《心理学报》2009年第10期。

② 张喆、史慧静、李梦娜等:《随迁子女小学四年级学生校园欺凌行为现况》,《中国学校卫生》2015年第2期。

③ 史慧静:《基于社会生态学理论的反校园欺凌综合干预策略研究》,《中国学校卫生》2015年第2期。

安排一节20分钟的午会课,使用项目组提供的6个标准化教案为学生讲授人际关系相关知识;(3)组织学生观看了1次"反对校园欺凌"儿童剧的表演;(4)用展板的形式将"应对欺负有妙招"绘本展示给学生阅读学习;(5)请心理健康教育专家给家长和老师进行了1次人际交往主题的专家讲座;(6)用心理信箱的形式,帮助学生解决一些心理健康问题。对照组学校学生接受了其他健康促进主题的类似干预措施。

为了比较综合干预措施对干预组和对照组学生受到欺凌和欺凌别人的报告率的改善情况,采用相同问卷,开展了基线和随访两次调查,均由受过统一培训的调查人员在班级内使用规范化的指导语组织学生集体填写,并当场回收问卷。

校园欺凌行为的调查方法,主要是参考 Authoritative School Climate Survey (ASCS)问卷小学版[1]及陈世平等[2]修订的 Smith 校园欺凌问卷中的相关问题。本研究中,在对被调查学生解释"校园欺凌行为"的具体定义后,询问被调查者现在(过去1个月里)的受欺凌和欺凌别人行为的发生情况。若题目"在过去一个月里,你被别人欺凌过吗?"中,选择选项"大约每周1次"或"平均每周2次以上",则认为该同学目前正受到了欺凌。若题目"在过去一个月里,你欺凌过别人吗?"中,选择选项"大约每周1次"或"每周好几次",则认为该同学目前欺凌过别人。

问卷还调查了学生的基本人口学特征,包括性别、年龄、父母文化程度和职业类型。采用 Green 家庭社会经济地位综合评价的方法评价学生的家庭社会经济地位。[3]根据父母的职业类型和受教育程度的不同赋分,受教育程度为小学及以下、初中、高中或中专、大专及以上,分别赋分32、40、49、61分。职业类型为无业和农林牧渔水产业生产人员、运输设备操作人员、职员和办事人员、军人、商人个体服务业人员、专业技术人员、机关或企事业负责人分别赋分34、42、49、53、56、59、63

---

[1] Konold T., Cornell D., Huang F., et al., Multilevel multi-informant structure of the Authoritative School Climate Survey. *Sch Psychol Q.*, 2014, 29(3):238—255.

[2] 陈世平、乐国安:《中小学生校园欺凌行为的调查研究》,《心理科学》2002年第3期。

[3] Green L. W. Manual for scoring socioeconomic status for research on health behavior. *Public Health Rep*, 1970, 85(9):815—827.

分,[1]Green 评分越高说明家庭社会经济地位水平越高。

统计分析采用 EpiData 3.1 软件对数据进行录入和逻辑检错,用 SPSS 19.0 软件进行统计分析。采用 χ^2 检验分析干预前、后干预组和对照组之间校园欺凌报告率的差别。应用广义估计方程的方法对前后两次测量的纵向数据进行分析,评价干预措施的效果。$P<0.05$ 认为差异存在统计学意义。

二、结果与分析

(一) 对照组与干预组学生基线人口学特征比较

通过卡方检验,分析两组被调查学生基线时的基本人口学情况,发现两组学生的性别、父母的文化程度、父母的职业类别的构成差异无统计学意义。两组学生具有较好的可比性见表1。

表1 对照组与干预组学生基本人口学特征比较(人数、%)

	对照组 ($N=553$)	干预组 ($N=502$)	合计 ($N=1\,055$)	χ^2 值	P 值
性别					
男生	321(58.0)	294(58.6)	615(58.3)	0.029	0.864
女生	232(42.0)	208(41.4)	440(41.7)		
父亲文化程度					
小学及以下	91(17.2)	91(18.9)	182(18.0)		
初中	311(58.9)	287(59.7)	598(59.3)	1.353	0.717
高中或中专	98(18.6)	83(17.3)	181(17.9)		
大专及以上	28(5.3)	20(4.2)	48(4.8)		
母亲文化程度					
小学及以下	166(31.1)	157(33.3)	323(32.1)		
初中	284(53.3)	238(50.4)	522(51.9)	0.855	0.836
高中或中专	66(12.4)	62(13.1)	128(12.7)		
大专及以上	17(3.2)	15(3.2)	32(3.2)		

---

[1] 王亚宁、史慧静、李梦娜等:《进城务工人员随迁小学生刷牙行为与家长口腔健康素养的关联性》,《中国学校卫生》2015 年第 2 期。

续 表

	对照组 ($N=553$)	干预组 ($N=502$)	合计 ($N=1055$)	χ^2 值	P 值
父亲职业类别				6.110	0.191
管理/技术人员	106(20.5)	73(15.9)	179(18.3)		
职员	127(24.5)	116(25.3)	243(24.9)		
服务/农业/运输人员	145(28.0)	127(27.7)	272(27.8)		
个体	130(25.1)	126(27.5)	256(26.2)		
无业	10(1.9)	17(3.7)	27(2.8)		
母亲职业类别				3.266	0.514
管理/技术人员	29(5.6)	21(4.7)	50(5.2)		
职员	187(36.2)	145(32.2)	332(34.3)		
服务/农业/运输人员	143(27.7)	127(28.2)	270(27.9)		
个体	91(17.6)	94(20.8)	185(19.1)		
无业	66(12.8)	64(14.2)	130(13.4)		

（二）干预前后两组学生受欺凌和欺凌别人报告率的比较

通过卡方检验，比较干预前两组学生最近一个月受欺凌和欺凌别人报告率，结果发现，两组学生干预前受欺凌和欺凌别人报告率相近，差异没有统计学意义。干预后干预组学生受到欺凌的比例比对照组学生低6.1%，差异有统计学意义。干预后干预组学生欺凌别人的比例比对照组学生低3.3%，差异有统计学意义。干预组学生干预后受到欺凌的比例比干预前下降了6.2%。对照组学生干预后受到欺凌的比例比干预前略有上升。干预组与对照组学生干预后欺凌别人的比例比干预前分别下降了8.1%和3.3%。见表2。

表2　干预前后两组学生受欺凌/欺凌别人形式自我报告率比较（人数、%）

	干预前				干预后			
	对照组 ($N=547$)	干预组 ($N=497$)	χ^2 值	P 值	对照组 ($N=423$)	干预组 ($N=382$)	χ^2 值	P 值
学生最近一个月是否受到过欺凌								
否	470(85.9)	426(85.7)	0.009	0.923	363(85.8)	351(91.9)	7.374	0.007
是	77(14.1)	71(14.3)			60(14.2)	31(8.1)		
学生最近一个月是否欺凌过别人								
否	496(90.5)	444(89.0)	0.669	0.413	395(93.8)	370(97.1)	4.915	0.027
是	52(9.5)	55(11.0)			26(6.2)	11(2.9)		

（三）干预对学生欺凌/受欺凌行为影响的多因素分析

以学生最近一个月是否受到过欺凌、是否欺凌过别人为应变量，以组别、时间以及时间与组别的交互作用为自变量，同时调整性别、年龄和家庭社会经济水平得分（Green评分）的影响（见表3），构建广义估计方程（GEE），分析干预对研究对象欺凌/受欺凌行为的影响。结果发现，在控制了性别、年龄和家庭社会经济水平以后，终末调查时，干预组学生与对照组学生之间受到欺凌和欺凌别人的变化幅度存在统计学差异（干预与时间的交互作用项 P 值<0.05），干预后干预组学生受到欺凌和欺凌别人的可能性是对照组学生的0.488和0.408倍，即干预措施降低了学生51.2%受到欺凌的可能性和59.2%欺凌别人的可能性，说明干预能起到降低学生欺凌和受欺凌发生可能性的效果。见表3、表4。变量赋值情况：性别：1=男，2=女；时间：1=基线调查，2=终末调查；组别：0=对照组，1=干预组；最近一个月是否受到过欺凌：0=否，1=是；最近一个月是否欺凌过别人：0=否，1=是。

表3 两组学生受欺凌/欺凌别人行为的广义估计方程检验

参数	β	β95%CI		Wald χ^2	P 值	OR	OR95%CI	
		下限	上限				下限	上限
受欺凌行为的参数估计及假设检验								
截距	−3.377	−6.414	−0.341	4.752	0.029	0.034	0.002	0.711
时间=1	0.558	0.125	0.990	6.390	0.011	1.746	1.133	2.691
时间=2	0	—	—	—	—	1	—	—
组别=0	0.718	0.227	1.208	8.214	0.004	2.049	1.255	3.347
组别=1	0	—	—	—	—	1	—	—
干预*时间	−0.578	−1.127	−0.030	4.273	0.039	0.561	0.324	0.970
性别=1	0.112	−0.219	0.444	0.439	0.507	1.119	0.803	1.559
性别=2	0	—	—	—	—	1	—	—
年龄	0.143	−0.073	0.359	1.689	0.194	1.154	0.930	1.432
家庭社会经济地位得分	−0.011	−0.047	0.026	0.330	0.566	0.989	0.954	1.026
欺凌别人行为的参数估计及假设检验								
截距	−1.207	−4.878	2.464	0.415	0.519	0.299	0.008	11.751
时间=1	1.376	0.656	2.095	14.039	<0.001	3.958	1.927	8.128
时间=2	0	—	—	—	—	1	—	—
组别=0	0.897	0.115	1.680	5.051	0.025	2.453	1.122	5.366
组别=1	0	—	—	—	—	1	—	—

续 表

参数	β	β95%CI 下限	β95%CI 上限	Wald χ²	P 值	OR	OR95%CI 下限	OR95%CI 上限
干预*时间	−0.960	−1.824	−0.097	4.754	0.029	0.383	0.161	0.908
性别=1	0.368	−0.048	0.785	3.001	0.083	1.445	0.953	2.193
性别=2	0	—	—	—	—	1	—	—
年龄	−0.125	−0.382	0.131	0.918	0.338	0.882	0.683	1.140
家庭社会经济地位得分	−0.027	−0.069	0.014	1.673	0.196	0.973	0.933	1.014

表 4 干预前、后两组学生受欺凌/欺凌别人行为可能性(OR 值)的差异

调查时间		干预组的 OR 值/对照组的 OR 值	P
学生受欺凌行为可能性的差异	干预前	0.870	0.475
	干预后	0.488	0.004
学生欺凌别人行为可能性的差异	干预前	1.065	0.782
	干预后	0.408	0.025

三、讨论

校园欺凌的发生受到个体水平、家庭环境、组织水平、社区水平的多水平影响因素的共同作用与影响,[1]在影响因素复杂的前提下,如何对其进行有效干预,是一个需要深入研究的问题。挪威政府在全国的 500 所小学和初中倡导并采用了 Olweus 教授研究的反对校园欺凌综合干预策略实施了干预,结果发现,受欺凌和欺凌别人的自我报告率分别下降了 35% 和 45%。[2]同样作为一项基于全校开展的校园欺凌综合干预,本研究与其效果一致。在干预组学校实施了为期 1 年的基于学校健康促进策略的校园欺凌综合干预后,发现干预组学生受欺凌/欺凌别人的可能性低于对照组学生,终末调查时学生受欺凌/欺凌别人的可能性低于基线调查,

---

[1] 张喆、史慧静:《基于社会生态学观的校园欺凌行为研究进展》,《中国学校卫生》2014 年第 5 期。
[2] Olweus D. Dan Olweus Award for Distinguished Contributions to Research in Public Policy. *AMERICAN PSYCHOLOGIST*, 2012, 67(8):673—674.

说明此干预策略能有效改善随迁子女小学生校园欺凌的发生情况。

WHO的《学校健康促进指南》提出了以优化校园规章制度、加强健康教育、改善校园环境、提供卫生服务、加强家校联系五个方面的综合干预策略的建议。[①]校园欺凌行为会受到学校和班级氛围的影响,[②]有研究表明,良好的班级氛围对青少年的亲社会行为有促进作用。[③]有研究表明,家长对孩子的不同的教养方式会影响孩子的欺凌行为角色。[④]本研究的干预措施着重加强学生的健康教育,改善班级氛围和校园氛围,让家长学会与孩子沟通相处的技巧,因此能够起到较好的干预效果。

本研究在4所学校开展为期一年的综合干预,样本量较大,干预时间较长。虽然采取的是自我报告的形式,但本研究向学生充分解释了校园欺凌的定义,在问卷设计过程时尽量考虑减少学生的回忆偏倚。对重复测量的校园欺凌数据应用广义估计方程进行统计分析,解决了两次测量应变量结果之间可能存在的相关性,使得评估结果更加可靠。本研究从公共卫生领域的视角为研究校园欺凌的有效干预方案进行了深入的探索,为今后研究可在全国范围内各类学校推广的校园欺凌干预策略提供了参考依据。

(史慧静 李梦娜 张 喆 王亚宁)

---

① WHO. Violence Prevention: An Important Element of a Health-Promoting School, http://www.who.int/school_youth_health/media/en/sch_violence_prevention_en.pdf?ua=1.

② 李梦娜、史慧静、张喆等:《班级氛围对随迁子女校园欺凌行为的影响》,《中国学校卫生》2015年第2期。

③ 陈斌斌、李丹:《学生感知的班级人际和谐及其与社会行为的关系》,《心理发展与教育》2009年第2期。

④ Ayas T. The Effect of Parental Attitudes on Bullying And Victimizing Levels of Secondary School Students. *Procedia—Social and Behavioral Sciences*, 2012, 55:226—231.

后　　记

儿童是民族发展的希望、国家强盛的未来,也是家庭幸福的所在。儿童福利能有效促进儿童的发展,其中,家庭对儿童的保护和教育对儿童的发展最为关键。2017年9月,第十一届上海"为了孩子"国际论坛在上海隆重召开,会议主题是"儿童福利与家庭发展",这是由上海市妇女儿童工作委员会、上海市妇女联合会、上海社会科学院、复旦大学共同主办,由联合国儿童基金会、救助儿童会支持,由上海市儿童基金会、上海市欧美同学会、上海社会科学院社会学研究所(青少所)、上海市家庭教育研究会、中国社会学会青年社会学专业委员会承办的国际盛会,旨在汇集海内外专家、学者和儿童工作者,全方位、多视角地探讨家庭教育问题。

自1999年以来,"为了孩子"国际论坛已经成功举办了十一届,分别就"儿童发展与教育环境""儿童发展与对策实践""儿童发展与学习化社会""儿童发展与社会责任""儿童安全与社会责任""儿童权益保护与社会责任""儿童健康与社会责任""公共政策与儿童发展""儿童创造力与社会发展""家庭教育与儿童发展""儿童福利与家庭发展"11个主题进行了深入而广泛的交流。论坛是一个围绕儿童发展发布有关研究成果的学术交流阵地,其主要目的在于吸引更多专家学者深入探讨儿童优生、保护和发展进程中出现的新情况、新问题;传播和实践相关科研成果,加大儿童发展理论研究的力度;为政府和有关职能部门制定儿童发展政策提供咨询与依据;整合社会科研资源,凝聚各界研究力量,促进儿童规划实施及相关科研工作发展。本书是此次论坛的论文集,探讨政府、社会和家庭在儿童成长中的责任,为建立完善儿童福利体系,为儿童健康成长给予更多的关心和支持。

本书是"东方家庭教育丛书"之第十一本,是由第十一届上海"为了孩子"国际论坛所递交的论文精选汇编而成,面向社会公开发行。选稿及编辑工作由上海社会科学院社会学研究所研究员曾燕波承担;上海市妇联儿童和家庭工作部方芳给予大力支持;上海社会科学院社会学研究所所长杨雄负责全书审稿;上海市妇联副主席刘琪最后审定。

本书撰文作者(以姓氏笔画为序)

陈彩玉:上海市科学育儿基地
何彩平:上海市科学育儿基地
华怡佼:上海市科学育儿基地
黄晓晗:中国儿童中心家庭教育部
李　杨:中国儿童中心
郭　菲:中科院心理所
课题组:上海市普陀区妇联
任金涛:中国儿童中心
史慧静:复旦大学公共卫生学院
李梦娜:复旦大学公共卫生学院
张　喆:复旦大学公共卫生学院
王亚宁:复旦大学公共卫生学院
汪　慧:浙江省团校科教部
王　倩:上海市闵行区启智学校
卫甜甜:浙江省团校
陈昕苗:浙江省团校
程德兴:浙江省团校
吴念阳:上海师范大学教育学院
钱海燕:上海师范大学教育学院
董　旭:上海市虹口区广灵路小学
柏　雪:上海市青浦区世界外国语幼儿园
吴　燕:上海师范大学教育学院
吴　真:山东社会科学院
张　甦:上海市嘉定区普通小学
张静艳:上海市嘉定区普通小学
赵美荣:广东省东莞市妇女儿童活动中心主任、高级教师
南　方:北京市社会科学院综治研究所
李海云:山西师范大学教育科学学院
魏　衍:山西师范大学教育科学学院
何　芳:上海社会科学院
刘东海:浙江省团校
沈建良:浙江省团校
谢佳兴:华东政法大学法律学院

图书在版编目(CIP)数据

儿童福利与家庭发展 / 刘琪,杨雄主编 .— 上海：
上海社会科学院出版社，2021
（东方家庭丛书）
ISBN 978-7-5520-3279-6

Ⅰ.①儿… Ⅱ.①刘… ②杨… Ⅲ.①儿童福利—研究—中国 Ⅳ.①D632.1

中国版本图书馆 CIP 数据核字(2020)第 136195 号

儿童福利与家庭发展

主　　编：刘　琪　杨　雄
副 主 编：顾秀娟　曾燕波
出 品 人：佘　凌
特约编辑：曾燕波
责任编辑：董汉玲
封面设计：黄婧昉
出版发行：上海社会科学院出版社
　　　　　上海顺昌路 622 号　邮编 200025
　　　　　电话总机 021－63315947　销售热线 021－53063735
　　　　　http：//www.sassp.cn　E-mail：sassp@sassp.cn
照　　排：南京理工出版信息技术有限公司
印　　刷：上海信老印刷厂
开　　本：710 毫米×1010 毫米　1/16
印　　张：13.5
插　　页：2
字　　数：235 千
版　　次：2021 年 8 月第 1 版　2021 年 8 月第 1 次印刷

ISBN 978-7-5520-3279-6/D・590　　　　　　　定价：65.00 元

版权所有　翻印必究